お金か人生か

Your Money or Your Life

給料がなくても
豊かになれる9ステップ

ヴィッキー・ロビン＋
ジョー・ドミンゲス
岩本正明［訳］

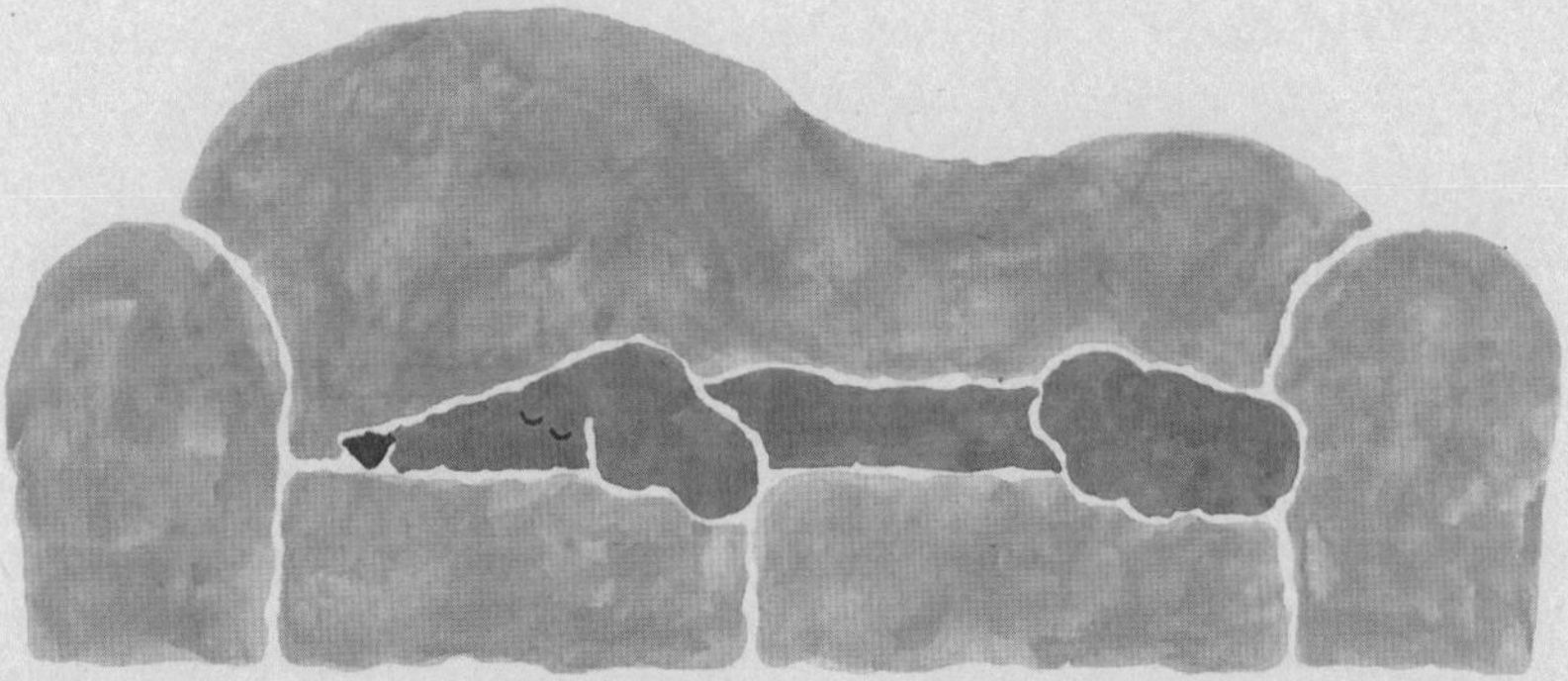

9 Steps to Transforming Your Relationship
with Money and Achieving Financial Independence

ダイヤモンド社

Your Money or Your Life

by

Vicki Robin and Joe Dominguez

This edition published by arrangement with Viking, an imprint of Penguin Publishing Group, a division of Penguin Random House LLC. through Tuttle-Mori Agency, Inc., Tokyo

すばらしい冒険の
かけがえのないメンターであり仲間である
ジョー・ドミンゲス（1938～1997年）に、
そして彼が愛したすべての人に捧げる。

なぜ本書を読むのか？

以下の質問を自分に問いかけてみてください。

・十分なお金を持っていますか？
・家族や友人と過ごす時間は十分にありますか？
・仕事から帰宅した後もやる気や活力に満ちていますか？
・価値があると思える活動に参加する時間を持てていますか？
・もし解雇されても、それを前向きな機会として捉えられますか？
・自分がこれまで世の中へ果たしてきた貢献に満足していますか？
・お金とは良好な関係にありますか？
・仕事はあなたの価値観を反映したものですか？
・半年分の生活費を賄える十分な貯蓄はありますか？
・人生は調和していますか？　自分の仕事、お金の使い方、人間関係、価値観、それらすべてが矛盾のない生活を送れていますか？

もし答えが１つでもノーであれば、本書を手に取る価値があります。

お金か人生か　目次

第2章 お金の概念は変わった

第3章 いったい何に使っているの?

第6章 少額の資本でアメリカンドリームを……229

第7章 好きだから？ お金が欲しいから？

第8章 着火

第9章 どこにお金を投資する？……373

イントロダクション

本書を手に取っていただき、ありがとうございます。ミレニアル世代からベビーブーマーまで、本書に書かれている内容は読み手の世代を問いません。1992年に初版が出版されて以降、世代を超えて読み継がれる名著として、多くの読者の「お金とのかかわり方」を変えてきました。

これまですでに何十万人もの人たちが本書で紹介するツールを活用して人生を変えており、以下のことを読者のみなさんにお約束できます。

・これまでより支出を抑えつつ、人生をより楽しめます。
・自分の想像以上にお金を貯めることができます。
・好きでもない人に見栄を張るために、欲しくもないものを借金して買うことに対する自然な抵抗力が培われ、手持ちの借金を完済できます。

・最も重要なことに使える時間を増やせます。
・自分自身のことを――あまり痛みを伴わず――より深く知ることができます。
・お金に関してオープンに、正直に、気兼ねすることなく話せるようになります。
・お金にまつわる自分自身の過去の過ちを許し、前に進むことができます。
・お金を貯めて、いま思っているよりもずっと早くリタイアすることができます。
・人生の時間をお金を稼ぐためではなく、信じる価値のために使うことができます。

経済的自立

本書で紹介する9つのステップの目的は、あなたのお金とのかかわり方を根本から変え、あなたが経済的自立に到達する手助けをすることです。その結果、あなたにとって最も貴重な資源――時間――を自由に使えるようになります。そしてより幸せで、より自由で、より意味のある人生を送る余裕が生まれるのです。

お金とのかかわり方を「根本から変える」とはいったいどういう意味でしょうか？　いまより多くのお金を稼ぐといった意味ではありません。現在、そして将来にわたって、自分の理想の人生を送るためには、どのくらいの金額が自分にとって十分なのかを知るということです。お金や経済のために自分を犠牲にする生き方から、良心に従った選択をできる生き方に変えるということです。

これは誰にでもできます。

「経済的自立」とはどういった状態を指しているのでしょうか？　最も基本的なレベルでは、もはやお金のために働く必要のない状態のことです。本書はそれだけにとどまらず、モノを買うことで幸せになれる、多いほど豊かだという幻想から解放する旅路にあなたを誘います。お金の使い方や稼ぎ方は、あなたの考え方に影響を受けています。自分自身の考え方を明確に客観視できるようになることで、支出や収入のパターンがリセットされるのです。

本書で紹介するステップを実践することで、借金はなくなります。借金がなくなることで、自然と貯蓄が増えていきます。想定外の支出が発生したからといって、パニックボタンを押すこともありません。お金を貯めることが習慣になります。そして、いまよりも貯蓄ができるようになります。好きなことを仕事にするのか、お金のために仕事をするのか、あなたは選べる立場に立てます。多くの人がそうなりました。あなたも必ずそうなれます。

本書を読み、それぞれのステップを実践することで、お金を稼ぐために働くだけの人生を甘んじて受け入れる必要などないことを理解するでしょう。9時5時の単調な仕事は社会では当然とされているかもしれませんが、人生の方向転換は可能です。あなたが選んだ道の行き先は真の天職であり、もっと楽しく充実した生活です。もしお金のために働く必要がなくなれば、あなたは何をしますか？　いまはまだ思いつかないかもしれませんが、本書のステップを実践することで明瞭なビジョンを得ることができます。あなたを待つ夢の輪郭が次第に鮮明になっていくのです。

あるＦＩｅｒ（本書のステップを実践して経済的自立に到達した人の呼称）は、本書について次のように語っています。

「この本はお金について書かれた本ではありません。人生について書かれた本です」

本書の誕生の経緯

本書で紹介する9つのステップの考案者であるジョー・ドミンゲスについて、少しお話しさせていただきます。中南米にルーツを持つ彼は、ニューヨークのスパニッシュ・ハーレムで育ちました。英語を一度も学んだことのない母親の下、生活保護に頼りながらの貧しい生活でした。小柄で聡明だった彼は、自分の腕力には頼ることができなかったため、ギャング仲間のなかではブレーンの役割を果たしました。爆発物のつくり方を学んだり、周到な逃走ルートを準備した抗争相手への襲撃計画を考えたりして、その時代を生き抜いたのです。そうした生活を通して、彼の生存本能は必要に迫られる形で研ぎ澄まされていきました。

ある意味、本書は、彼の脅威や機会を察知する洞察力、何が起きても生きて帰ってくる生存能力から生まれた部分があると言えます。ジョーに言わせれば、お金のシステムは福祉のシステムや司法のシステム、貧困のシステムと似た部分があります。利用しつつも取り込まれず、いかに自分の思うように切り抜けられるかを考えることが肝要なのです。

彼は大学を卒業していませんが、首尾よくウォール街で職を得ました。仕事をただ覚えるだけでは満足せず、ゲームの仕組みを分析し、最終的には1960年代初頭にテクニカル分析の初期のツールを自ら開発したのです。まだコンピュータが街の一区画くらいの大きさだった時代の話です。彼は自己資金を投資するのではなく、自分の専門知識を著名な投資銀行に売っていたわけです。

そして、ある1つの目標を密かに胸に抱きながら、貯蓄に努めていました。30歳までにリタイアしてマネーゲームから脱出し、仕事に身を捧げるのではなく、自分の人生を生きるという目標です。

ジョーと私は1970年代に、仕事でも私生活でもパートナーとなりました。私たちは亡くなるまでに、世の中を少しでもよくするという人生の目的を共有していました。ふたりの違いから感情的なあつれきが生じることもありましたが、冷静な創造力につながることのほうが多かったです。そのおかげでおよそ20年もの間、セミナー、執筆、講演などの活動を続けることができ、世の中に影響を与えられたのです。彼は内向的なのに対して、私は外向的な性格です。彼は計画的ですが、私は臨機応変なタイプです。彼が大局的に物事を考え、私は彼の大局観に基づいた戦略に頼りながら、個々の仕事をこなしていく競走馬のような役割でした。

ふたりの活動の集大成とも言える本書は瞬く間に成功を収め、私たち自身、そして世の中全体を驚かせました。1997年初頭にジョーはがんで亡くなりましたが、私たちはまさにそのころ、成功のピークを迎えます。本書がニューヨーク・タイムズのベストセラーとなり、ビジネスウィークでは5年もの間、ベストセラーリストに名を連ねました。その手法が多くの人の手に届けば、本書は世の中を変えられるほどの影響力を持つと私たちは信じていました。

ジョーが亡くなった後も、私はひとりで活動を続けました。ムーブメントの拡散に焦点を当て、シンプリシティ運動のリーダーたちとも理念を共有したのです。議会などの権力の中枢や持続的成長に取り組むグローバル規模のネットワークにも私たちのメッセージを届けました。ところが2004年、私もがんの宣告を受けることになります。競走馬としての私はそこで力尽きてしまいました。数十万人もの読者は獲得したものの、「米国人のお金の稼ぎ方、使い方、貯め方を根本から改める」というジョーと私の高尚な夢を果たしたとは言えませんでした。私はリタイアして人口1000人ほどの太平洋岸北西部の島にある町に引っ越し、この小さな島の中で変化を促すことにしたのです。

ところが、それから十数年を経て、私は再び天から啓示を受けます。そのとき、私はお金について忌憚なく語り合う大きなグループに参加していました。それぞれの参加者が自身のお金にまつわる不安や悩みを打ち明ける集まりです。亡くなる前に貯蓄が底をついてしまうのではないかと不安を抱く80歳の裕福な男性や、マンネリ化した仕事を辞める勇気の持てない専門職の人がいました。何人かのコンサルタントは、自分自身がお金についての知識や教養が不足しているため、クライアントにうまく助言することができないと告白しました。大学2年生だったある女性はすでに2万ドルもの借金を抱えており、学んでいる分野で職を得るには修士号や博士号が必要となるものの、それらの学位が本当に借金に見合う価値があるのか頭を悩ませていました。

そうした悩みを聞きながら、私の中で燻《くすぶ》っていた火が再び燃え始めました。国民がただ生き抜くために、そんな不安定で制御不能なもの――お金――に頼らなければならない社会とは、いったいどんな社会なのでしょうか？　知識の乏しい若い人たちを金融業の餌食にする社会とは、いったいどんな社会なのでしょうか？

私は彼らに本書のことを知っているのかどうか尋ねました。知っていると答えたのはほとんど高齢者だけで、35歳未満の人たちは知りませんでした。本書が私たちの世代にもたらした影響を目の当たりにしていた私は、今度は新しい世代の人たちを消費者文化の呪縛から解放し、彼らが与えられた才能を自由に生かせる手助けができるのではないかと考えるようになりました。若い人たちから話を聞いて、彼らの置かれている状況や世の中の見方を理解していくなかで、ＦＩＲＥ（経済的自立、早期リタイア）の考え方がいかにその世代の間で広まっているのかも知りました。さらに多くの友人からの後押しもあって、私は本書を新たな時代に合うよう書き直し、内容を更新する作業に取りかかる決意を固めたのです。

以上のような経緯を経て、この改訂版は生み落とされました。オリジナル版をすでに読んでいる読者の方は安心してください。本書のプログラムの骨子の部分はこの改訂版でも何ひとつ変わっていません。あなたが愛してやまないアイデアは、すべてそのまま残されています。

４つのＦＩ

本書で紹介するプログラムは、あなたの心と人生を大量消費文化の呪縛から解き放つことを目的としています。変えるのは戦略だけではありません。あなたの考え方です。ＦＩ思考と呼ばれており、お金の使い方や稼ぎ方に対する意識を高め、これまでよりも関心を持つということです。

本書を読むだけで考え方は改まりますが、そこで止まってはいけません。本書のステップを生活の中で実践することで、お金とのかかわり方を根本から変えるのです。あなたは４つのＦＩをマスターすることになります。経済的理解（Financial Intelligence）、経済的調和（Financial Integrity）、経済的自立（Financial Independence）、経済的相互依存（Financial Interdependence）です。いずれも本書で紹介するツールを使うことで、自然な形で段階的にマスターできます。

経済的理解

経済的理解とは、お金に関する思い込みや感情からいったん距離を置き、客観視する能力です。お金で幸福は買えるのでしょうか？　誰もが生計を立てなければならないのでしょうか？　お金とは恐れるべきもの、むやみに欲しがるべきもの、愛すべきもの、憎むべきものなのでしょうか？ほぼすべての時間をお金に捧げれば、人生は安泰なのでしょうか？

経済的理解に到達することは、これまでにいくら稼ぎ、そのお金でどういった資産を築き、いまいくら稼いでいて、いくら使っているのかを知ることから始まります。

ただ、それだけでは十分ではありません。お金とはいったい何かを知り、お金のためにあなたが何を犠牲にしているのかを知る必要があります。

経済的理解を得ることで、あなたは借金から解放され、少なくとも生活費の半年分を銀行口座に貯めておくことができます。本書のプログラムに従えば、必ずや経済的理解に到達できるでしょう。

経済的調和

「integrity」とは、「①道徳的、もしくは芸術的価値の規範に忠実に従うこと：高潔、②損なわれていない状態：健全性、③完全、もしくは分割されていない状態：完全性」などと辞書では定義されています。(1)

経済的調和とは、自分の収入と支出があなたの家族、そしてこの地球に与える真の影響を理解することで達成できるものです。あなたが満足度曲線のピークにいられるだけのお金とモノの量――そして何が余分でいらないものか――を知るということです。そして、経済活動のあらゆる側面をあなたの価値観と調和させるということです。本書のプログラムに従えば、必ずや経済的調和に到達できるでしょう。

経済的自立

経済的自立とは、単に確実な収入源を持つこと以外に多くの意味を内包しています。お金に関する誤った考え方、借金、そして現代の便利な生活への過度の依存など、身を滅ぼすものからの自立でもあるのです。

自分の人生をコントロールするために、お金に頼る生活からあなたを解放してくれるもの。そのすべてが経済的自立と言えます。

経済的相互依存

本書のプログラムを実践していく過程で、私たちが望む自立とは、あくまで将来性のないルーティン作業や仕事、人間関係、考え方を切り捨てることであり、他人との相互の関係性を切り捨てることではないことがわかります。最も幸福な瞬間とは、人を愛し、人に尽くすことによって訪れるものであり、私たちは人生を有意義なものにすることに、より多くの時間を割きたいと考えています。

相互依存――お互いのために何かをやる、お互いから何かを受け取る、お互い協力して何かをつくる――とは、私たちの人生を豊かにしてくれるものです。また、相互依存は避けることのできない現実でもあります。私たちはみな、自然界の恩恵に頼っています。私たちはみな、社会のインフラ――道路から空港、図書館、無数のセーフティネット、お金に至るまで――を共有しています。私たちは相互に結びついた社会の中を漂流しているのです。経済的自立に到達し、十分な休息を得て、昔からの夢を叶えた暁には、ほとんどの人が世の中をよくするために自分の時間を使いたいと考えます。

それでは自分を変えましょう！

このイントロダクションを読んで、本書の９つのステップを学びたいという意欲を持っていただけたら幸いです。意欲がわけば、最初の一歩を踏み出すことができます。あなたの好奇心を刺激できたならうれしく思います。好奇心はあなたを前進させる力になります。そして、あなたが将来は変えられるという思いを強められたなら、それ以上の喜びはありません。まずは本書を最初から最後まで読み通してください。その後に第１章に戻り、それぞれのステップに実際に取り組んでみてください。

それでは、あなたのお金とのかかわり方を根本から変える旅、経済的自立に到達する旅を一緒に始めましょう。

第1章

お金という罠——時代遅れのロードマップ

お金：甘い罠？

「金と命、どっちが大事だ？」

もし誰かが拳銃を脇腹に突きつけてこのように言ってきたら、あなたならどうしますか？　ほとんどの人は財布を手渡すでしょう。こうした脅しが通用するのは、私たちがお金よりも自分の命を大事にしているからです。ところが果たして、私たちは本当にお金よりも命を大事にしているのでしょうか？

レイチェル・Zは凄腕の販売員として週70時間働きましたが、心の中では何かが違うと感じていました。「『「豊かさ」の貧困 消費社会を超えて（*The Poverty of Affluence*）』（ポール・ワクテル著）などの本を読んで、何かが足りないと感じているのは自分だけじゃないとわかったわ。ほかの人とも話をしてみて、みんな同じように落ち込むことがあるとわかったの。何でもそろっている快適なマイホームというご褒美を手に入れたにもかかわらず、どこかで『これだけなの？』っていう感覚があった。このまま燃え尽きて会社からお払い箱になるまで、ずっと働き続けるの？ 仕事を辞めたら、貯金を取り崩すだけの生活をしながら、死ぬまでいたずらに人生を浪費するのかしら？」。これがレイチェルの偽らざる気持ちでした。

ドン・Mは音楽を愛していました。ただ、彼はデータ処理の仕事をしており、自分の情熱を仕事にするという夢はほぼあきらめていました。一人前の男になることがどういう意味かもわからず、大人としてのあらゆる虚飾をまとうことで、一人前の男になれる日を待ち望んでいました。大学をきちんと卒業し、結婚し、スキルを習得し、仕事を得て、車やマイホーム、住宅ローン、芝生の生えた庭を手に入れました。ところが一人前の男になったと感じるどころか、ますます身動きが取れなくなってきている自分に気づきました。

イレイン・Hはとにかくコンピュータプログラマーの仕事が嫌いでした。彼女は最低限の業務しかこなしませんでしたが、腕が立つため解雇されることはありませんでした。彼女はあらゆる成功の象徴――スポーツカー、郊外の一軒家――を手に入れてきましたが、それでも退屈な仕事という穴を埋めることはできません。彼女は旅に出て、さまざまなワークショップにも参加しました。ところが、そのひとときがどんなに楽しくても、平日の憂鬱《ゆううつ》が晴れることはありませんでした。残りの人生もこんな毎日が永遠に続いていくだけ。ついに、そんなあきらめの境地にたどり着きました。仕事が人生から大切な部分を奪っていくのです。

クリスティーと彼女の夫は高給のIT業界で働く、典型的なディンクス――共働きの子なし夫婦――でした。若くて、お金持ちで、見た目もよく、まさに完全無欠です。ところがクリスティーは、職場の同僚がストレスで倒れ、デスクで死にかけるのを目の当たりにしました。日本では「過労死」と呼ばれています。1週間後、その同僚は職場に復帰し、何事もなかったかのように振る舞っていました。その様子を見て、彼女は何かが根本的におかしいことに気づきました。それから上司が血栓で入院し、職場の親友は解雇されました。クリスティーはストレスから精神安定剤を服用し、午前3時に急に目が覚めるようになりました。彼女は思いました。「もう我慢できない。こんな生活は割に合わない」

ニコルは父親の敷いたレールに従いました。父親は弁護士で、彼女にも専門職のトレーニングを受けるよう奨励したのです。仕事を始めればすぐに元が取れるため、費用は気にしなくていいという考え方でした。ニコルは8年以上かけてファミリー・ナース・プラクティショナー［訳注：一定レベルの診断や治療が可能な上級の看護職］の上級学位を取りましたが、ゆうに10万ドルを超える借金が残りました。父親がロースクールを卒業した1969年とは時代が違いました。会社の人件費、家賃、諸経費、保険料、継続学習の費用を支払うと、残ったお金では借金の返済が間に合わず、利息は雪だるま式に増えていきます。最も需要のある部類の専門職の学位を手にしても、借金は増えるばかりでした。彼女は友人に「借金を完済できるとは思えない」と匙《さじ》を投げました。

旧友のケヴィンが、通りがかりにブライアンの家に立ち寄ってくれました。彼は高校ではとくに目立たない平凡な男でしたが、いまではオンライン教育のビジネスで6桁［10万ドル以上］の年収を稼いでいます。ブライアンはケヴィンを質問攻めにしました。彼も家計を支えながら、在宅パパとなり、みんなに効率化ツールを教えたかったのです。本音を言えば、楽をしてすぐに儲けたい、ケヴィンが手にしているものを自分も手に入れたいと思っていました。オンライン教育ビジネスの参入障壁は極めて低かった――いくつかのウェブサービスをまとめるだけで、あら不思議、学生がお金を払ってくれます――ものの、成功は保証されていません。ブライアンは最良の人物から学ぶための出費を惜しまず、最良のツールをそろえるためにそれ以上のお金を注ぎ込みましたが、事業を立ち上げて運営するには予想していたよりも時間がかかりました。いまのところ、高価なガチョウは金の卵を産んでくれていません。

自分の仕事が好きでたまらない人もいると思います。ただ、心の底から仕事にまったく不満がないと言える人はほとんどいないはずです。やりがいがあって面白く、余裕があって楽しめて、友情を育める環境にあり、生産性を維持するためのひとりの時間と仕事を終えられる十分な時間、そしてリフレッシュできる十分な余暇が与えられ、必要とされていると感じるほど十分な貢献ができ、面白おかしい経験もできて、毎月の請求書を払える十分な給与（とさらに少しの余裕）がもらえる。それこそが完璧な仕事です。最良の仕事といえども、トレードオフはあります。人生の中盤に差しかかると、親に言われた通りの人生を歩んでいたことに気づきます。17歳の自分（本当に自分だったの？）が歯科医になることがあらゆる可能性の中で最良の人生だと決めつけたがために、20年間、歯に詰め物をしている人だっています。私たちは「現実社会」、妥協の社会に足を踏み入れました。ちまたでは「成功のために全力を尽くすべきだ」と喧伝《けんでん》されているにもかかわらず、1日が終わるころには疲れ果ててしまい、ソファに行くのがやっとです。

もっと納得できる生き方、もっと充足感や意義を感じさせてくれる生き方があるはずだ。私たちの多くはそう信じて生きています。ところが年月がたつにつれて、仕事で生活は単調になり、毎日やるべきことが山積していく中で、そうした思いは徐々に色あせていきます。本書でこれからあなたが目にする人々は、人生にもう1つの生き方があることを見つけました。真正で、生産的で、意味のある生き方です。物質的な豊かさも犠牲にはしません。内面的な生活と外面的な生活のバランスをとりながら、職業人としての自分が、家族における自分、より本質的な部分での自分とうまく折り合える生き方です。

もっと生を感じながら、生計を立てる方法があります。「金と命、どっちが大事だ」と聞かれたときに、「両方大事です」と言えるような、人生へのアプローチがあるのです。

暮らしではなく、墓場を建てている

仕事が好きな人も、なんとか耐え忍んでいる人もいますが、いずれにせよ働いている人の中で、お金か命かの選択をできるような人はほとんどいないように見受けられます。起きている時間の大半は、お金を稼ぐための仕事に占められ、人生と言える部分は残された少ない時間に限られてしまいます。

経済が発展している都市部で働く平均的な労働者を想像してみてください。

朝6時45分に目覚まし時計が鳴り、1日が始まります。携帯電話を確認し、シャワーを浴び、仕事着――スーツ、作業服、白衣、ジーンズとTシャツなど――に着替えます。朝食は時間があるときだけ。コミューターマグとカバン（もしくは弁当）を手に取り、ラッシュアワーという毎日の苦役のために、自分の車もしくは混雑したバスや電車に乗り込みます。

9時5時の（もしくはもっと長い）仕事の間、上司に対応し、悪魔が送り込んだ神経を逆なでする同僚に対応し、仕入先に対応し、クライアント（もしくは顧客、患者）に対応します。仕事のメールは次々にたまっていきます。忙しいフリをし、ソーシャルメディアの画面をスクロールします。仕事のミスを隠します。締め切りに間に合いそうもない業務が与えられれば苦笑いします。リストラというナタがほかの人の頭上に振り下ろされれば、ホッと胸を撫《な》で下ろします。追加の業務が与えられ、時計を見ます。良心の呵責《かしゃく》を振り切って、上司の指示に従います。また苦笑いです。

午後5時になると、帰宅のために車やバス、電車に乗り込みます。夫や妻、子ども、ルームメイトといるときには、人間に戻れます。自炊して、夕食の写真をインターネットに載せます。夕食を食べます。お気に入りの番組を見ます。最後のメールに返信します。ベッドに入ります。あらゆることを忘れられる幸運な8時間です――運がよければ。

これが果たして、暮らしを立てていると言えるでしょうか？　考えてみてください。週の初めと週の終わりを比べると、週の終わりに生き生きとしている人のほうが多くないですか？「暮らしを立てる」ための活動から家に帰った際、より充実した暮らしを手にしていますか？　心を踊らせながら玄関のドアをくぐり、リフレッシュして精気をみなぎらせ、家族や友人との楽しい時間の準備ができていますか？　仕事によって維持される暮らしとは、いったいどこにあるのでしょうか？　私たちの多くは、実際は「墓場を建てている」のではないでしょうか？　仕事によって自分たち自身――健康、人間関係、楽しむ心や好奇心――を殺していませんか？

私たちはお金のために人生を犠牲にしています。ただ、症状が緩やかに進行するため、そのことに気づかないのです。白髪が増えているこめかみ、太くなっているおなかまわりだけが時の経過を教えてくれます。その間に、職場では個室が供与され、社用車が支給され、テニュア（終身在職権）が与えられ、前に進んでいるように錯覚します。最終的には欲しかったあらゆるもの、高級品やぜいたく品さえも手に入るかもしれませんが、惰性で9時5時の生活習慣を続けてしまいます。

結局、働かなければ余った時間を何に使えばいいのでしょうか？　仕事を通じて生きる意味や達成感を見いだすという当初の夢は、社内政治、燃え尽き、退屈、熾烈《しれつ》な競争という現実に徐々に置き換わっていきます。子どものころの好奇心、大学生のころの使命感など、愛によってあらゆるものが心と結びついていた時期はすべて、「まだ若かった」という一言で片付けられてしまいます。

仕事が好きで、世の中に貢献できていると感じている人々でさえも、もっと楽しめるより大きな舞台、9時5時の世界を超越した舞台が自分には用意されているという感覚を持っています。解雇されて失業者の仲間入りをする不安もなく、好きな仕事を何の制約もなく行うことでもたらされる達成感があるはずだと、どこかで信じているのです。「自分ならこうしたいけど、役員たちは彼らのやり方でやりたいんだろ?」などと、これまで何度言ってきたことでしょう? お金や仕事にしがみつくために、私たちはどれだけ夢をあきらめてきたのでしょうか?

仕事こそが自分という錯覚

楽しくもなく価値観と反する仕事に見切りをつけることができたとしても、私たちは心理的にどこかで自分自身を解放することができません。私たちは仕事によって、自身のアイデンティティと自尊心を保っているからです。

いままでは私たちが最も身を捧げるもの、最も愛するものであり、自己表現の場にしているのが仕事です。家族やコミュニティ、市民活動、教会、妻や夫よりも、仕事のほうが優先されています。「仕事は何をされているんですか?」という初対面の人からの質問に答えたとき、自分がどう感じているのか考えてみてください。プライドを感じますか? 恥ずかしいと感じますか? 自分自身の期待に届いていないとき、「私はただの○○です」と言いたいですか? 優越感を感じますか? 劣等感を感じますか? 自己防衛をしていますか? 真実を話していますか? 自分のステータスを上げるために、平凡な職業に風変わりな肩書を与えていませんか?

あなたは給与の額によって、人としての価値を測っていませんか？　高校の同窓会で話をするとき、同級生の成功を内心でどのように評価していますか？　充実した生活を送っているのか、自分の価値観に従って生きているのかなどと聞いていますか？　それとも、どこで働いているのか、どのポジションで働いているのか、どこに住んでいるのか、どんな車に乗っているのか、子どもがどこの大学に通っているのか、そんなことを尋ねていませんか？　これらはありきたりな成功の象徴です。

人種差別や性差別とともに、私たちの社会には仕事を基準とした隠れたヒエラルキーがあります。職業差別と呼ばれるもので、仕事や社交の場、家の中でも、他人とかかわる上で広く見られる現象です。そうでなければ、どうして専業主婦を二級市民と見なすのでしょうか？　教師が苦心している生徒を教えることは、医者が病気の患者を治療することと同じくらい価値があるのに、どうして教師を医師よりも社会的地位が低いと考えるのでしょうか？　自覚していようがいまいが、日々の交流の中では無意識に他人を生計の立て方で評価しているのです。

墓場を建てるコスト

心理療法士のダグラス・ラビアは著書『*Modern Madness*』において、この「現代社会の病理」についてまとめています。彼は、社会的に「成功した」専門職の人々が次々と疲れ切った身体と空っぽの魂を携えて彼のオフィスに来るのを目の当たりにし、物質主義崇拝が心身両面で人々の健康に及ぼす危険に気づきました。個人の達成感や生きる意味を犠牲にしながら、お金や地位、成功に過度に執着することで、数百人の被験者のうち6割もの人々が抑うつ症や不安神経症、一般的なストレスを含めた仕事を原因とする不調で苦しんでいることを突き止めました。[1]

およそ半世紀もの間、法的な週の労働時間は40時間に固定されてきましたが、多くの専門職の人々は組織から脱落しないように残業をこなし、週末も働かなければならないと思っていたのです。経済協力開発機構（ＯＥＣＤ）がまとめた２０１５年の論文によると、米国人の約12パーセントが週50時間以上働いているといいます。[2] さらに、同年に発表された全国産業審議会の論文では、仕事に満足している米国人は全体の半数以下であることが明らかになっています。[3]

私たちはより長い時間働いているにもかかわらず、これまでよりも人生を楽しんでいないのです。その結果、どうなったか？　お金の稼ぎ方を基準とした人の評価という国家的病を発症してしまいました。

その結果、何を得たのか？

たとえ以前ほど幸福ではないにしても、少なくとも昔ながらの成功の証《あかし》である銀行預金は増えていると思っていませんか？　実はそうではありません。貯蓄率は下がっているのです。

米商務省経済分析局によると、近年では個人の貯蓄率は5パーセント近辺で推移しています。２パーセントを割り込んだ２００７年の貯蓄率からは持ち直しましたが、１９８０年以前にはゆうに10パーセントを超えていました。[4]

事態をさらに悪くしているのが、米国人の全般的な賃金の停滞です。上位の人々（と彼らが働く企業）は引き続き資産を増やしていますが、富は底辺の人々から吸い上げられています。シンクタンクのエコノミック・ポリシー・インスティテュートは2016年の報告書で、労働者の下位7割の賃金が2000年以降、5・3パーセントしか上昇していないことを明らかにしています。下位1割にいたっては、たったの2・2パーセントです。その期間に最も年収の高い人々はどうなったのでしょうか？　2000年以降、上位10パーセント、5パーセントの労働者の賃金は、それぞれ15・7パーセント、19・8パーセントも上がっています。

相対的に下がった賃金と低い貯蓄率とが相まって、私たちの債務水準は大きく上昇しました。2017年後半までに家計債務は3・7兆ドルを超え、2000年末の時点から2倍以上に膨れ上がりました。米国の全人口（男性、女性、子ども）1人当たりに換算すると1万1000ドル以上となる計算です(5)。債務こそが私たちの最も大きな足かせの1つなのです。

債務の大きさと貯蓄の少なさによって、9時5時の仕事からはもはや逃れることができないものになっています。住宅ローン、自動車ローン、学生ローン、カードローンを背負うことで、仕事を辞めることができないのです。ますます多くの米国人が車の中や路上で生活しています。

グローバリゼーションが加速し、企業が次々と合併していく中で、製造業からハイテク産業に至るまであらゆる業界でリストラが新たな現実となっています。

週末に羽目を外して平日の穴埋め

それでは、平均的な消費者が苦労して稼いだお金をどのように使っているのかを見ていきましょう。

服をクリーニング店に預け、タイヤの交換や異常の有無を確認してもらうために車をサービステーションに持っていきます。スーパーで家族の1週間分の食料を調達し、4袋分の食料の価格がいつの間にか75ドルから125ドルに跳ね上がっていることに不満を漏らします（クーポンを切り抜きしたり、セールのときに買い物をすれば割引してもらえますが、そんな時間はありません）。ショッピングモールに行って、ベストセラーの本を買います。2冊の本、1着のスーツ（セールで半額です）、スーツに合う靴、子どものための新しい服を買い、すべてクレジットカードで支払います。

家に帰ります。庭の手入れをしようとしますが、その前に園芸店に行って、剪定《せんてい》バサミを買いにいかなければなりません。サクラソウの苗と鉢をついでに買って帰宅します。弱にしてもすぐに焦げてしまうトースターをいじってみます。保証書が見つかりません。ホームセンターに行って、新しいトースターを買います。ついでに小屋に備え付ける棚やブラケットを買い、キッチンを塗装するためのカラーサンプルも持って帰ります。

子どもをシッターに預け、妻（夫）と外食します。日曜日の朝です。家族のためにパンケーキを用意しようとしますが、小麦粉がありません。スーパーに行き、ついでにパンケーキ用の冷凍ストロベリーと冷凍ブルーベリー、メープルシロップ、コーヒーも買います。泳ぐために家族を湖に連れていきます。ガソリンを入れます。値段の高さに尻込みます。田舎の小洒落《こじゃれ》たレストランに行って、夕食代はクレジットカードで支払います。

帰宅します。夜はテレビを見ます。コマーシャルを見ながら、ポルシェや異国での休暇、新品のパソコンなどに彩られた優雅な生活を空想します。

つまり何が言いたいのかというと、私たちは必要な生活費を払うために働いていると思い込んでいますが、実際は必要以上のものを買うために、稼いでいる以上のお金を使っているのです。その足りない分を埋め合わせるためにもっと働かなければならず、稼ぎが増えたら増えたで、結局、さらに多くのものを買ってしまいます。その繰り返しなのです！

幸せになりたいのでは？

もし日々の退屈な仕事が私たちを幸せにしているのなら、イライラや不自由さは小さな代償にすぎません。もし自分たちの仕事が実際に世の中をよくしているのなら、睡眠やプライベートを犠牲にしても何かを失っているとは感じないでしょう。もし働いて稼いだお金で買った余分なものが、その場限りの快楽や他人に対する優越感以上のものをもたらしてくれるのであれば、喜んで仕事に打ち込めるはずです。ところが、ある一定の満足感が得られると、それ以上お金を使っても幸せにならないことが明らかになっています。

私たちが主催したセミナーの初期の参加者たちは、収入の多寡にかかわらず、幸せになるためには「もっと」収入が必要だと口をそろえます。次のような質問をセミナーの参加者にしました。自分のことを幸福度の点数1（悲惨）～5（幸せに満ちている）で採点してもらい、その点数を収入と関連づけてみたのです。米国、カナダ出身の1000人以上の参加者のうち、平均スコアは

1-1　人生の評価点数

いまの自分の人生に最も当てはまる点数を選んでください				
1	2	3	4	5
不快	不満	そこそこ満足	幸せ	幸せに満ちている
疲れている	求めている	OK だ	成長している	やる気に満ちている
不完全	十分でない	平均	満足	充実している
欲求不満	人間関係は改善の余地がある	許容できる	生産的だ	満ちあふれている
不安	対処している	幸せなときも落ち込んでいるときもある	リラックスしている	有頂天
よく孤独を感じる	良くなっている	安定している	緊張はない	力がみなぎっている
怒っている	あまり生産的でない	通常	効率的だ	変化をもたらしている
愛を必要としている	安心が必要	あまりリスクはない	時間に余裕がある	
不安定		落ち着いている	楽しい	
			安泰	

いまの自分に最も当てはまる月収を選んでください					
月収（ドル）	0 ~ 1500	1501 ~ 3000	3001 ~ 4500	4501 ~ 6000	6001 以上
月収レンジ内の参加者の平均スコア	2.81	2.77	2.84	2.86	2.63

常に2・6〜2・8の間でした（3にも届いていないのです！）。月収が1500ドルを下回ろうが、6000ドルを上回ろうが、点数には違いがありませんでした（表1‐1を参照）。

結果を見て、私たちは驚愕《きょうがく》しました。大半の人が幸せではないどころか、いくら稼いでいようが幸福度とは関係ないことが明らかになったのです。金銭的には恵まれている人でさえ、必ずしも人生に満足していません。同じ質問表で、「幸せになるためには、いくら必要ですか？」という質問もしてみました。結果はどうなったと思いますか？　どのような月収でも、「いまより（50〜100パーセント）多く必要」という答えが返ってきたのです。

世界中を我が物顔で歩ける最も豊かな社会で暮らしていながら、私たちは常にあくせく働いています。家と職場の往復という生活を永遠と繰り返している一方で、心はどこか遠くにあるもの、もしかしたらまったく手が届かないかもしれないものを求めているのです。

繁栄と地球

もしこの不幸な状況が個人の領域に収まるのであれば、単なる悲劇で済みます。ところが、そうではありません。私たちの豊かなライフスタイルは、ますますこの地球という美しい惑星を破壊しているのです。

国連の「環境と開発に関する世界委員会」は1987年、先進国の消費パターンが地球環境を破壊している主な要因の1つであると警告を発しました。それ以降、私たちのライフスタイルはほとんど変わっていません――むしろ衝動買いを誘発するテクノロジーはますます進化しています。

私たちが変われなかったのは、警告が足りなかったからではありません。データにまったく耳を貸さない人もいますが、私たちはニュースを見ていても、もはや何を信じればいいのか、なぜ気にかける必要があるのかがわからないのです。

気温が下がったときに寒いと感じるのと同じように、地球の温暖化を肌で感じてもらえるよう、環境問題の専門家はデータを生き生きと身近なものにしようと努力しています。

グローバル・フットプリント・ネットワークが広めているエコロジカル・フットプリントという指標は、地球の資源の量を基準に、私たちが買うもの――自動車からソファまで――を数値化するものです。自分自身の消費行動に関する質問に答えることで、数値が割り出されます。消費に関して注意深く、意識の高い人でも、全人類が自分たちのような消費をすれば、4つ分の地球の資源が必要であることがわかるでしょう。ただ、地球は1つしかありません。

同ネットワークは毎年、ワールド・ワイルドライフ・ファンドとの協同で、アース・オーバーシュート・デー――地球が1年で再生することのできる資源量を私たちが使い切った日付――を発表しています。つまり、その日以降は地球に対して借金をしている状態になるわけです。1971年にはその日付は12月21日でした。10年後には11月12日になり、1991年には10月11日、そして2001年には9月23日まで早まりました。年々早まっています。2016年には8月3日でした。

読者の方も確認してみてください。いまでは何月何日になっているでしょうか。地球の蓄えとは、まさに母なる自然の食品庫です。生きるために不可欠な食材を使い切るまでに、あとどれくらいの年数が残されているのでしょうか？

私たちは借金をすると、家や車を失うかもしれませんし、新たにお金を借りられなくなるかもしれません。それでも生きている限りは、再びお金を貯めることは可能です。自分のやる気次第で、やり直しはできます。ところが地球に対して借金をしてしまうと、そうはいきません。地球は１つしかないからです。

マネーゲームの最大の敗者

残念なことに、多くの人は地球に対して借金をしていることに気づいていません。施しをしてくれる地球は声を上げられないため、私たちは借りていることすら認識していないからです。あなたの貸し手は「銀行」だけではありません。私たちは将来の世代、そしてこの極めて寛大な惑星・地球からも借りているのです。

私たちが食べるもの、着るもの、運転するもの、買うもの、捨てるものは、すべて地球が与えてくれたものです。アニー・レナードが短編アニメ映画『モノの物語（*The Story of Stuff*）』で鮮やかに描写したように、私たちの物欲に従い、資源は片道旅行をしています。地球に始まり、工場、お店、私たちの自宅、そしてゴミ捨て場へと一直線です。私たちは偉大な（そして無料の）地球の恩《おん》寵《ちょう》――土、水、空気――のおかげで、いまの豊かさのレベルを享受できているという事実を忘れています。無料ではありますが、限界まで課税されています。私たちの社会は文明化し、進歩しているといえども、呼吸できる空気、飲んで安全な水、肥沃《ひよく》な土壌のおかげで生活は成り立っているのです。

こうした事実はいたるところで繰り返し指摘されていますが、それでも私たちは消費を止めることができないように思えます。企業には私たちの消費を抑制するインセンティブがありません。政治的にも、消費を制限する法律を制定することは自殺行為です。個人のレベルでも、ほかのみんなが変わらない限り、自ら率先して犠牲になろうという人はほとんどいません。

環境意識の高い企業や地方政府、非営利団体（NPO）が私たちの行動を変えるためには、地球への負荷が少ない商品のほうが、消費主義の3つの誘惑——快楽、制御、便利——を満たすことができると人々を納得させるしかありませんでした。太陽光発電はそのコストが競争力のある水準まで下がったとき、導入が加速しました。電気自動車も充電スタンドがガソリンスタンドくらい便利になれば、地球温暖化に優しい移動手段として利用されるようになるでしょう。これは私たちが自分の考え方を変えているわけではありません。テクノロジーを変えているだけです。

ただ、それで十分なのでしょうか？　ロバート・オーンスタインとポール・エーリックによると、答えはノーです。彼らは著書『*New World New Mind*』の中で、次のように指摘しています。私たちの脳は目の前の脅威——虎、火、敵の目の白い部分——にしっかりと反応するよう設計されています。ところがいまの世界では、負債（個人と国の両方）や環境への脅威（気候変動など）はゆっくりと蓄積されているため、脳がその危機をうまく察知できないというのです。虎の牙から逃れるために木に登るときと同じ切迫した気持ちで、環境指標の警告に初期の段階で対応しなければならないと、ふたりは警鐘を鳴らしています。[6]

変化に前向きな消費者もいます。彼らはこうした生態系のトレンドを理解し、早い段階でグリーンエネルギーの革新的技術を採用しています。あなたもそうした消費者のひとりかもしれません。

ただ、美徳だけでは変化の速度を変えることはできません。「多ければ多いほど豊か」という幻想から目を覚ますことは、自発的に変わるということです。義務ではなく、自発的な変化でなければならないのです。最良かつ最適だといずれ誰もが気づく生き方を率先して始めることで、そうした境地に達することができます。墓場を建てること、あらゆるものを手に入れることが、人生の唯一の生き方でも最良の生き方でもありません。それを理解して初めて、あなたは自分自身を解放できるのです。

多いほど豊かなのか？

私たちの多くがあくせく働いて墓場を建てているのは、多いほど豊かという世にはびこる消費神話を信じ込まされているからです。この神話に踊らされた生活をしているのです。私たちは毎年収入を上げたいと思っています。昇進を重ねながら、より大きな責任を担い、より多くのボーナスを手にしたいと思っています。ゆくゆくは、より多くのものとより大きな名声を手に入れ、周囲の人からより多くの尊敬を勝ち取りたいと思っています。自分自身や世の中により多くのものを期待することが習慣化しています。ところが、より多くのものを持てば持つほど、満足するどころか、さらに多くのものを求めるようになります。現状にますます不満をため込むのです。

より多くのものを求める執着心は、北米人のメンタリティの中枢にある飽くことのないフロンティア精神による部分もあります。『スター・トレック』では、宇宙でさえ「最後のフロンティア」と呼ばれました。西部諸州は「自明の宿命」（米国移住者には西部を開拓して領土を拡張する使命が与えられているとする考え方）の政治的プロパガンダによって「勝ち取られた」ものです。

米国人は（ほかの国の消費者たちも）この「多いほど豊か」という価値観に従い、自家用車を3年ごとに買い替え、イベントや季節ごとに服を新調し、お金を貯めるたびにより大きくてよりよい家に買い替え、単に発売されたという理由だけでテレビからスマートフォンまであらゆるものを最新のものに取り替えます。こうした消費行動は地球に負荷をかけているだけではありません。ナショナル・オピニオン・リサーチ・センターによると、1950年代後半以降、自分たちが「とても幸せ」だと考える米国人の割合は下がり続けているのです。

「多いほど豊か」という価値観は、まさに不幸のレシピでした。すべてを手に入れようとあくせく働いたところで、満たされることはありません。多いほど豊かという環境の中では、「十分」というのは地平線のようなものです。進めば進むほど後退していきます。自ら歩みを止めるべき水準を見極めることができなくなります。これこそが心理的袋小路です。多いほど豊かという消費神話の目には見えないジレンマなのです。

多いほど豊かである場合、いま持っているものでは十分ではありません。たとえ多くのものを手に入れた後でも、もっと多ければもっと豊かという信念に突き動かされて行動してしまいます。つまり、ようやく手に入れた多くのものでも十分ではないのです。ただ、欲望は満たされることを知りません。もう少し手に入れさえすれば……そうした思いが永遠と繰り返されます。さらに多くの借金を抱え、さらなる絶望の淵に足を踏み入れます。生活を豊かにすると思っていた多くのものでさえ、決して十分ではないのです。

成長の限界

「多いほど豊か」の経済版が「成長こそは善」という考え方です。現代経済学は、経済成長を崇拝しています。成長は貧困を解決すると理論は説きます。生活水準を改善し、失業を減らし、インフレを相殺します。豊かな人の退屈を紛らわせ、貧しい人の窮乏を和らげます。ＧＤＰ（国内総生産）を押し上げ、ダウ平均を上昇させ、世界の競争相手を負かします。上げ潮はすべてのボートを浮かび上がらせるのです。

ただ、私たちが見落としているのは、経済成長の源はすべて自然に由来しているということです。最も恵まれた環境の中でも、自然は永遠に豊かなわけではありません。資源はいずれ枯渇します。自然には制限があります。身体的にも、永遠に成長し続けるものはありません。すべての動植物にライフサイクルがあります。最適な大きさまで成長すれば、それ以上大きく成長することはなく、生命エネルギーを生存と生殖に費やします。また、あらゆる動植物がエネルギーや食物、水、土、空気の制約に絡んで限界の数に達すると、その数は踊り場を迎える、もしくは減っていきます。必ず資源不足から、死滅する、もしくは環境が支えられるぎりぎりの水準で数が安定するのです。

アース・オーバーシュート・デーが示してくれているように、私たちは――そして私たちの経済は――自然界のこの基本的な事実を無視することで、地球の許容範囲を超えてしまっているのです。

クレオパトラの弁明

パム・ティリスは1993年に発表した楽曲の中で、「みんな、私をクレオパトラと呼んで。私は否定の女王なの」と歌っていましたが、まさにその通りです。多くの人は戦略が失敗しているという証拠が確かなほど、そのやり方を変えようとはしません。

どうせテクノロジーがなんとかしてくれるから、いまの生活を変える必要はないと私たちは言います。過去を振り返ると、科学とテクノロジーが天然痘からジフテリアまであらゆる死の病を克服してくれました。私たちは水を純化するテクノロジーを開発し、極限状態でも成長できるよう種子の遺伝子を組み換え、汚染をなくし、無限に安価なエネルギーを手にするカギも見つけるでしょう。

たとえテクノロジーがなんとかできなくても、政府が必ず救ってくれます。社会の進化を生物の進化と捉えてみてください。政府に財政を投じるよう働きかけさえすれば、プログラムを開発してくれるはずです。何が起きているのかを熟知している専門家がいて、彼らがなんとかしてくれます。

私たちはとにかく、自分たちの問題ではないと結論づけます。第三世界の問題なのです。「彼ら」が出生数を減らし、森林を燃やさなければ、私たちは生き延びられます。変わるべきは彼らなのです。私たち自身が生活を変えることはばかげています。報道はおそらく間違っています。科学者や政治家、メディアは以前も嘘をつきました。環境問題などは賢い法律家や臆病で神経質な心配症の人たちがでっち上げた問題にすぎません。いずれにせよ、自分に何ができるというのでしょう?

借金を抱えているので、工場への40マイルの通勤をやめることはできません。地球上の生命の存続が、それにかかっているとしてもです。

人としても惑星としても、私たちは豊かさを目指しながら、心は貧しくなっています。いったん立ち止まり、それに本当に価値があるのか、求めている満足感を得られているのかを、よく考え直す必要があります。もしその答えがノーであれば、どうして中毒のように自分たちを蝕んでいく習慣をいつまでも続けているのでしょうか?

消費者の誕生

自身にも地球にもプラスにはならないのに私たちが豊かさに固執するのは、おそらくお金とのかかわり方に原因があります。これから見ていくように、お金は映画館のスクリーンになりました。その中で私たちの人生の舞台は繰り広げられます。妄想を実現させ、不安を和らげ、痛みを鎮め、新たな高みに引き上げてくれる万能の力をお金に投影しています。実際、私たちはお金を使ってほとんどの欲求や願望を満たしています。希望から幸福まで、あらゆるものをお金で買っているのです。もはや人生を生きているのではなく、消費しているにすぎません。

先進国の人々はかつて、「citizens(市民)」と呼ばれていました。いまでは「consumers(消費者)」です。「consume」という単語を辞書で引くと、「使い果たす」「浪費する」「破壊する」「散財する」という意味が出てきます。大量消費主義は20世紀の産業社会がつくり出したものにすぎません。経済成長を続けるために、より多くのものを買うよう奨励することが必要だと見なされていた時代です。

産業革命を経て、1920年代初頭になると、ちょっとした問題が浮上しました。機械がその驚くべき力で見事に人々の欲求を満たしたことで、経済活動が停滞し始めたのです。本能的にもう十分に豊かになったと感じ、米国の労働者は週の労働時間の短縮と労働の果実を楽しむための余暇を求め始めました。そうした世の中のトレンドに不安を感じた2つのグループがいました。プロテスタントの労働倫理を受け継いだモラリストは、「小人閑居して不善をなす」と考えました。余暇は人々を退廃させ、7つの大罪のほかの罪は免れても、怠惰に陥ると考えたのです。経済界も警鐘を鳴らしました。工場でつくる製品に対する需要が減れば、経済成長への脅威になります。食料や服、住居のような昔ながらの必需品とは違い、労働者は本能的に（自動車や家電、娯楽などの）新しい商品やサービスの購入に対しては意欲的ではないように見えました。

成長に代わるものは、成熟ではなく、文明の停滞と生産性の終焉《しゅうえん》の前兆だと見られました。機械がものすごいスピードと正確さでつくり続ける財を消費するための、新たな市場が必要とされたのです。そこで妙案が生まれました。新たな市場を支えるのは同じ人々です。必要なものだけではなく、必要でないもの——新しい商品——まで買うよう、彼らを洗脳するのです。「生活水準」という概念の始まりです。「マーケティング」と呼ばれる新しい芸術、科学、産業が生まれ、米国人に対して基本的な欲求を満たすためだけではなく、生活水準を上げるために働くべきだと説得しました。近年の経済変化に関するハーバート・フーヴァー委員会は1929年、この新たな戦略の進《しん》捗《ちょく》度合いに関する報告書を公表しました。

この調査において、理論的に正しいと長く考えられてきた真実が最終的に証明された。欲望は決して満たされることはなく、1つの欲望が満たされても、また新たな欲望が生まれる。つまり、経済的には無限の広野がわれわれの眼前に広がっているのだ。新たな欲望が生まれても、それが満たされるたびに次なる新たな欲望が生まれる……幸先はよく、この勢いはとどまるところを知らない。(7)

余暇は単に「くつろぐための時間」ではなく、さらなる消費の機会——旅行や休暇のように余暇自体の消費——に生まれ変わりました。ヘンリー・フォードも次のように述べています。

働く時間が減れば、人々はもっとモノを買うようになる……ビジネスとは財の交換だ。財は欲求を満たすからこそ買われる。欲求は感じるからこそ満たされる。人々が欲求を感じるのは、主に余暇の時間なのだ。(8)

フーヴァー委員会も同じ意見でした。余暇とはくつろぐための時間ではありません。さらなる欲望で埋めるべき隙間なのです（その欲しいものを買うために、人々はさらに働きます）。このように消費を促す解決策は、物質的楽園をつくり出そうとする経済界の快楽主義者と、余暇によって罪が呼び込まれることを恐れるモラリストを満足させました。実際は、この新たな大量消費主義は怒りと怠惰を除く、すべての罪（色欲、強欲、暴食、傲慢《ごうまん》、嫉妬）を呼び込むことになるのです。

一時的に世界恐慌によって収まったものの、大量消費主義は第二次世界大戦後にさらに勢いを増して猛威を振るいます。経済学者のヴィクター・リボーは１９５５年に次のように述べています。

この極めて生産的な経済では……消費こそが生き方となり、モノの購入と使用は儀式となり、消費に精神的な充足、エゴの充足を求めなければならない……われわれはますます速いペースでモノを消費し、燃やし、使い古し、買い替え、捨てなければならないのだ。(9)

そしてラットレースが始まり、私たちはぜいたく品を買うためにもっと働くことと、買ったものを楽しむために十分な余暇を得ることとの間のバランスで苦しむことになります。いまではそこにもう１つの側面が加わりました。インターネットとスマートフォンが生活のあらゆる時間に入り込み、私たちはいつでもどこでも消費者になれます。欲しいものが手元に届くまでに必要な作業は、数回のスワイプ、タップ、クリックで完了します。少数の限られた人の特権だったことが、いまでは大衆の権利のようにさえ見えるのです。消費者として新たなステータスを求めるために、私たちは悪徳企業に立ち向かい、権利を主張することを学びました。ところが、その「権利」がそれまでとは異なる様相を呈するようになります。

買う権利

米国人は、消費することは自分たちの権利であると心底から信じるようになりました。お金さえあれば、欲しいものが何でも買えます。必要であろうがなかろうが、使おうが使うまいが、楽しもうが楽しむまいが関係ありません。米国は自由の国です。現金がなくても、クレジットカードがあるではありませんか？　買い物するために私たちは生まれました。一番多くのおもちゃに囲まれて亡くなった人の勝ちです。生命、自由、および物質的所有物の追求です。

私たちは買うことが善であるという価値観を受け入れただけではなく、消費することで米国の国力を維持できると考えました。消費しなければ、多くの人が仕事にあぶれてしまうと聞かされたのです。家族は住む場所を失います。失業率は上がります。工場は閉鎖されます。町全体が経済的基盤を失うのです。米国の国力を維持するためにはモノを買わなければなりません。だからこそ、消費者信頼感指数が米国の国力維持を測る指標なのです。

消費者の手持ちのお金が少なくなっている理由の1つは、節約がアメリカらしくないと見なされるようになったからです。現代経済学ですら消費を促しています。〝可処分〟所得を実際に処分しないでどうするのですか？　腐ってしまうくらいなら、徒《いたず》らに持っておくのではなく使ったほうがいいに決まっています。

もし消費こそが経済力を維持する行為で、節約家は国民から仕事を取り上げる人たちであるというのなら、インターネットでの爆買いすらも愛国的行為と見なすことができます。唯一の負の側面は、期待が身の丈を上回り、平均的な愛国的消費者の首が借金で回らなくなってしまったことです。

私たちは盲目になってしまいました。経済的愛国心を発揮する唯一の方法が、より多くの借金を抱えることになったのです。まさに勝者のいないゲームです。モノを買っても間違いであり、モノを買わなくても間違いです。

広告によって状況はさらに悪化します。２〜11歳の米国の子どもたちは年間２万５０００もの広告を目にします[10]。世界の広告費は５０００億ドルを大きく上回ります[11]。私たちの欲望を刺激するこうした広告は、以前はテレビ、活字媒体、掲示板に限られていましたが、デジタル時代に突入したことで、どこに行っても私たちについて回るものになりました。ますます多くの時間をモバイル端末に費やす中、ポップアップ広告、バナー広告、サイドバー広告がどこでも私たちの目に飛び込み、過去の検索履歴やオンライン購入履歴を思い出させてくれます。

人は不安や排他性、罪悪感、強欲、承認欲求に突き動かされるというのがマーケティング理論です。市場調査や洗練された心理学で武装した広告テクノロジーが私たちを感情的に揺さぶり、この商品を買えばその不安を解消できると約束するのです。

同時に、テレビや携帯電話、ラジオ、インターネット、新聞の広告は、環境に関する悪いニュースを報じています。商品パッケージがゴミ処理場を埋め尽くしている。商品の製造工程が気候変動を引き起こし、地下水を汚染し、アマゾンの森林を枯らし、川を汚し、地下水の水位を下げている。もし私が伝統的な手法で栽培された綿の服を着ていたら、大量の殺虫剤の使用を奨励していることになります。もし合成繊維の服を着ていたら、化石燃料を使っていることになります。もし何も着ていなければ、多くの労働者を路頭に迷わせることになります。まさに痛し痒《かゆ》しの状況です。

消費者が正しくあろうとすることは不可能にすら思えます。何をやっても環境に負荷はかかります。新しい「環境に優しい」「サステナブルな」製品でさえ、相対的に地球にかかるストレスが少ないというだけで、決して環境によいものではありません。

朝、仕事に向かうときには、このことについて考えたりはしません。「消費すべきか、せざるべきかは悩ましい問題だ」などと思ったりはしません。毎日、消費することが正しいと考えた結果、私たちは借金で首が回らなくなり、環境に負荷をかけながらロシアンルーレットを回しているという状況に陥ったのです。

忙しく時間に追われる生活の中では、人類が直面している大きな問題に意識を向ける余裕などありません。問題の解決に取り組むなどもってのほかです。「ひとりの人間に何ができるって言うんだ?」。私たちは自問自答するだけで、すぐにラジオのチャンネルを変えます。1週間は自分の生活を変えてみようと試してみますが、次の週には反動買いをし、目の前の困難な選択から目を逸らそうと防衛機制に頼ります。

ほんの小さな変化を続けたところで、貧しい将来に向けて一直線に進む、いまのペースを少し遅らせるだけです。必要なのは変化ではありません。大転換です。変化とは問題に対していろいろな解決策を試してみることです。大転換とは問いそのものを見直し、問題を新たな角度から問い直すことです。

私たちは成長の倫理からサステナビリティ(持続可能性)の倫理にシフトする必要があります。そのために、私たちはみなお金や物質世界とのかかわり方を大きく転換しなければなりません。経済活動を見直すことで、私たちの生活、社会、グローバルコモンズ（地球全体で共有する資源）を正しい軌道に戻すことができるかもしれません。過去に学び、いまの現実を見極め、現実に則した新たなお金とのかかわり方を見いだす必要があります。時代にそぐわない思い込みや通説を捨て去る必要があるのです。お金と物質主義の新たなロードマップが必要です。この時代に真に則したロードマップです。

新たなロードマップの始まり

消費行動をここまで焚《た》きつけている要因は、いったい何なのでしょうか？　広告産業は物質主義に乗っかって、私たちにモノを売ろうと画策していますが、実際に買っているのは私たち消費者です。私たちはなぜモノをこれほど買っているのでしょうか？

心理学者はお金のことを「最後のタブー」と呼びます。セラピストにセックスライフについて話すほうが、税理士にお財布事情について話すよりも簡単だと言われています。お金は――いくら持っているかではなく、お金についてどう感じているかは――何よりも私たちの人生を支配します。不満やゴシップを除いて、お金は正当で興味深い話題にもかかわらず、友人やパートナーとの会話の中で話題に上ることはありません。いったいなぜでしょうか？　お金について正直に話すと、私たちは何を失ってしまうのでしょうか？

信念のパターン

まず初めに、人の心というものについて私たちは少し理解しなければなりません。現代の脳科学者から古代の東洋の哲学者にいたるまで、「心はあるパターンをつくり、繰り返す装置である」という基本的な考え方で一致しています。動物のようにあらゆる刺激に対して決まった行動を取るのではなく、人は反応のパターンをつくる傾向にあります。個人的な経験——とくに生まれてから最初の5年——に由来するものもあれば、遺伝に由来するものもあります。文化的なものもあれば、普遍的なものもあります。ただ、いずれも生存の可能性を高めることが目的だと考えられています。パターンが記録され、試され、生存に有利だと考えられると、それを変えるのは非常に困難になります。私たちはソテーされた玉ねぎの匂いを嗅《か》ぐと唾液が出ます。赤信号が視界に入ると思わずブレーキを踏みます。誰かが「火事だ!」と叫ぶと、アドレナリンが出ます。これらの行動に紐づけられた膨大な解釈のライブラリーがなければ、私たちは確実に生存できないでしょう。

ただ、ここで問題が生じます。これらのパターンすべてが客観的な事実に則しているわけではありません。それでも変わらずに私たちの行動を支配しています。あまりに強力なため、現実すら無視、もしくは否定して、自分たちの解釈を優先してしまうことも少なくないのです。梯子《はしご》の下を歩いたり、鏡を割ることが、果たして本当に不幸をもたらすのでしょうか? 私たちのほとんどは、もはやそうした原始的な迷信を信じたりはしていません。では、あまり疑われていない信念はどうでしょう? 私たちはどうすれば風邪をひきますか? 濡れた髪のまま外に出るからですか? 細菌に触れるからですか？　前者はくだらない迷信だと考えられていますが、後者はどうでしょう？　オフィスを歩き回っても風邪をひかない人はいます。細菌は彼らだけ襲わないのでしょうか？　細菌理論も現代の迷信にすぎないのでしょうか？　将来世代にはどちらの考え方が奇異に映るでしょうか？

私たちの行動は何を示唆しているのか？

私たちのお金に関する考え方の一部が、地球平面説と同じように、もはや現実に則していないという可能性はありませんか？　その考え方は、本当に正しいのでしょうか？　私たちのお金の使い方は、その一部が迷信であることを物語っていませんか？　子どものころに使ったベッドの下には怪物がいるという迷信から卒業したように、私たちはお金にまつわる迷信からも卒業する覚悟があるのでしょうか？

例えば、私たちは表向きはお金では幸福を買えず、人生で最良のものにはお金がかからないことなどわかっていると言い張るものの、自分の実際の行動にきちんと目を凝らしてみてください。まったく言行が一致していません。

気分が落ち込んでいるとき、孤独なとき、愛されていると感じられないとき、私たちはどういった行動を取りますか？　多くの場合、気分を盛り上げるために買い物をします。新しい服、お酒、新車、アイスクリーム、ハワイ旅行、観賞用の魚、映画のチケット、甘いもの。

幸運を祝福したいときも、何かを買います。全員分のお酒、食事付きの結婚式、バラの花束、ダイヤの指輪。

退屈したときも、何かを買います。雑誌、クルーズ船、携帯アプリ、馬券。

人生にはもっとほかに何かあるに違いないと考えたときも、何かを買います。ワークショップ、自己啓発書、別荘、都内のマンション。

いずれも間違っているわけではありません。それが私たちが普段行っていることです。私たちは何かバランスを欠いていると心がシグナルを送ってきたとき、外に解決策を求めるようになりました。心理的、精神的な欲求を、物質的な消費で満足させようとします。どうしてそうなったのでしょうか？

次のグラフを見てください。

満足度曲線

満足感と支出額——通常はより多くのものを持つための支出——の関係を表すのが満足度曲線（グラフ１-２）です。
生まれたばかりのころは、シンプルにより多くのものがより大きな満足感につながります。まず基本的な欲求が満たされます。十分な食事ができ、寒い思いもせず、風雨をしのげる状態です。１枚の毛布と母乳によって解消された寒さや空腹の恐怖を記憶している人はほとんどいませんが、私たちは全員それを経験しているはずです。不快なとき、泣き叫べば外から何かが提供され、その不快な気分を解消してくれます。まるで魔法のようでした。欲求は満たされ、生き残ることができ

1-2　満足度曲線

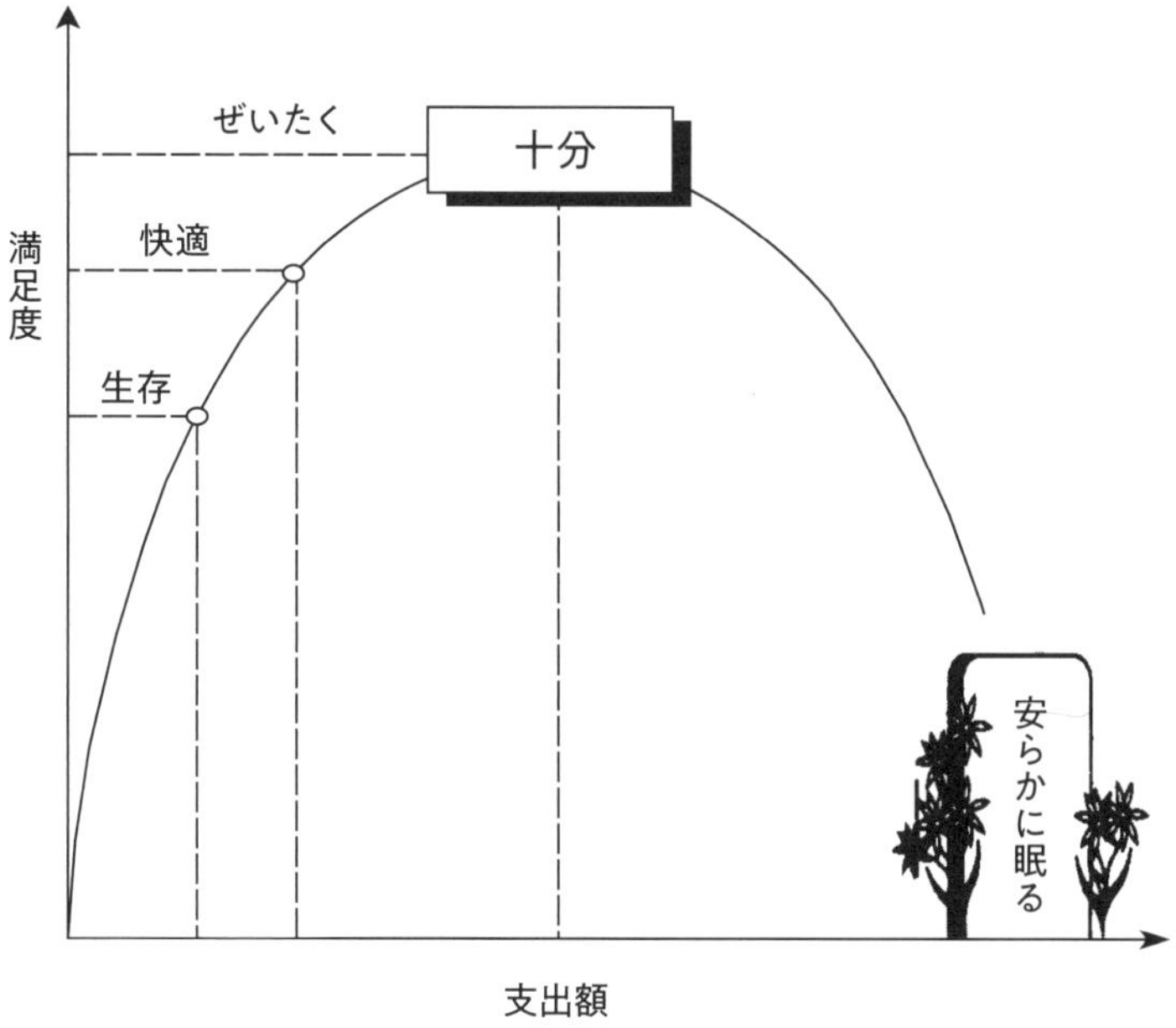

ます。私たちの心はそうした出来事をすべて記録し、記憶します。何か必要なものがあるときは、欲求を満たしてくれる不思議な魔法の機械に必要なものを察知してもらい（泣け、泣き叫べ、つかめ、手を振れ、言葉をしゃべれるならお願いしろ、何でもいい）、必要なものは届けられ、また幸せな状態に戻ります。必要なものがある。外に求める。手に入れる。満足する。そうしたパターンが記憶されています。

私たちはその後、最低限の必需品（食料、衣服、住居）を超えて、楽しいもの（おもちゃ、ワードローブ、自転車）を手に入れるようになります。そしてモノと満足度の正の相関がさらに強まります。子どものときにどうしても欲しかったおもちゃを手に入れたときの、あの興奮を覚えていますか？　もし責任感のある両親であれば、すぐに次のように諭してくれるはずです。「こういうものにはお金がかかるのよ。お父さんとお母さんが外で汗水垂らして、あなたのために稼いだお金なの。あなたを愛しているからよ」。新たなルールの登場です。必要なものがある。外に求める。お金を稼ぐ。手に入れる。満足する。お金の価値を学ぶためにお小遣いを手にしました。いまでは自分で選んで、幸福を買うことができます。そうした経験がその後も続いていくのです。

最終的には、楽しいのさらに上を行く、ぜいたくなものを手に入れるようになります――ところがその変化には気づきません。例えば、自動車は世界的に見ると、ほとんどの人が生涯手に入れられないぜいたく品です。一方で私たち米国人にとっては、初めて買った車でさえ、その後の長きにわたる車との付き合いのほんの始まりにすぎません。初めての旅行、大学への進学など、私たちはもっとぜいたくな経験をしていきます。初めての一人暮らしも経験します。それぞれワクワクするものですが、興奮1単位当たりの支出はかさむようになり、ワクワクは以前よりもすぐに収まってしまいます。

ただ、まだそのころは支出額が満足度に等しいと信じ、満足度曲線が踊り場に突入し始めていることにほとんど気づいていません。人生は続きます。家を買い、仕事を始め、家族に対する責任を負います。会社で昇進の階段を上り、お金を稼ぐほど、心配事が増えて、より多くの時間とエネルギーが必要とされます。家族との時間は減ります。泥棒に入られると失うものも多くなるため、泥棒を心配するようになります。税金も増え、税理士に払う手数料も増えます。地域の慈善活動からは多くの寄付を求められます。リフォームの請求書。インターネットやケーブルテレビ、携帯電話の料金。子どもの幸せな生活にかかるお金。

ある日、2・5エーカー［およそ1万平方メートル］の木々に囲まれた土地にある、車3台分の車庫と地下の高額なトレーニング設備を備えた大きな家で、心が満たされていない自分に気づき、貧しい大学生のころに公園で散歩するだけで楽しかった時代を懐かしく思います。満足度は頭打ちになり、「お金＝満足」という公式がもはや成り立たず、むしろお金が自分にマイナスになり始めていることにまだ気づいていません。どんなに多くのものを買っても、満足度曲線は下降するばかりです。

十分：満足度曲線の頂点

このグラフには非常に興味深い点があります。頂点です。人生がうまくいく秘訣《ひけつ》とは、最大の満足感をもたらす点を見極めることにあるのではないでしょうか？　満足度曲線の頂点には名称があり、あなたのお金とのかかわり方を根本から変えてくれる土台となるものです。私たちが日々使っているものの、なかなか気づくことができない言葉です。

その言葉とは「十分」です。満足度曲線の頂点で、私たちは十分に満たされます。生存のために十分な必需品。くつろぎや喜びのために十分な楽しいもの。そして少しばかりのぜいたく品です。必要なものはすべて手に入れています。重荷になったり、悩みの種になったり、借金で買ったり、一度も使ったことがなかったり、支払いのために身を粉にして働く必要のある余分なものなどいりません。十分とは安らぎの場所です。信頼できる場所です。正直でいられ、内省できる場所です。お金があなたの人生にもたらすものに感謝し、十分に楽しみつつ、必要でないもの、欲しくないものには決してお金を使わない。自分にとって何が十分なのかがわかったとき、あなたの満足度曲線は方向を変え、上昇に向かいます。あとはそのまま生きるだけです。

ガラクタ：欠乏よりも避けるべき運命

それでは満足度曲線が下降し始める点、つまり十分を超えた支出とは、いったいどういったものなのでしょうか？　答えは単なるガラクタです！

ガラクタとは、あなたにとって余分なものです。あなたの役には立たないものの、あなたのスペースを奪い取るものです。ガラクタを片付けることは欠乏ではありません。身軽になることであり、新しいものを入れるためのスペースをつくることです。

自明のように思えますが、多くの人はそれを受け入れることにささいな（もしくは大きな）抵抗感を感じます。モノを減らすこと、倹約すること、節約することが欠乏や不足のように聞こえるのです。まったくその反対です！　十分とは広大かつ安定した台地です。注意深く、創造力を発揮できる自由な場所です。この場所から移動し、ガラクタの山――保管し、きれいに保ち、動かし、片付け、分割で支払わなければなりません――に埋もれて窒息しそうな状態になることは、欠乏よりも避けるべき運命です。

愚かな道行き

ガラクタは、いったいどうやって生まれるのでしょうか？　満足度曲線を見る限り、ほとんどのガラクタは「多いほど豊か」というドアから私たちの生活に侵入してくるようです。物質主義、つまり外部のモノを持つことによって内面を満たそうとする病が原因です。不快な思いは、外部のモノ――哺乳瓶、毛布、自転車、学位、ＢＭＷ、お酒――によって解消されるという、小さいころからの刷り込みが原因なのです。

また、無意識の習慣にも由来します。ここでガジンガスピン（gazingus pin）について説明します。ガジンガスピンとは、あなたが買わずにはいられないもののことです。これは誰にでもあります。イヤホン、極小ドライバー、靴、ペン、チョコレートまで、ありとあらゆるものです。

あなたはショッピングモールやインターネットで買い物をします。愚かな道行きを進む買い物ロボットです。ガジンガスピンの売り場に着くと、あなたの頭はガジンガスピンについてあれこれ考え始めます。おっ、ピンクのやつがある……ピンクのやつは持ってなかったなぁ……おっ、ワイヤレスのやつだ……これは使いやすい……ウソでしょ、防水のやつだ……使わなくても、知り合いにあげればいいし……ヘーゼルナッツが入ってる……これはココナッツ……これはアマレット……買ったことないな……。そしていつの間にか、あなたの背中から第三の手が伸びてきて、ガジンガスピンを手に取り（もしくはクリックし）、レジに向かいます。意思のないねじ巻き式のゾンビのようです。

買ったものを手に家に帰り着くと（もしくは買ったものが家に届くと）、あなたはそれをガジンガスピンの引き出し（そこにはすでに10個並んでいます）に入れます。しばらくはガジンガスピンのことを忘れますが、次の買い物ではまたしてもガジンガスピンの売り場に足を運ぶのです……。

ガラクタの顔と機能

表に出ていない、目に見えないものでもガラクタはたくさんあります。ガジンガスピンの引き出し——屋根裏、地下室、ガレージ、クローゼットなど——はガラクタの天国です。やり通すことのない計画、一度も使わない製品で埋まっています。無視するのは恥ずかしいですが、片付けるのも罪の意識を感じます。何回か着ただけの服を古着屋に売るために紙袋に入れると、なんとなくやりきれない感じがします。ゴミとして捨てるとなれば、なおさらです。

何がガラクタなのかを理解すれば、それはいたるところにあります。無意味な活動はある種のガラクタではないでしょうか？　ビジネスランチ、カクテルパーティー、交流イベント、テレビをだらだら見ているだけの夕方——あなたの人生にまったく有益なものをもたらさない活動——がどれだけあったでしょうか？　まったく達成感のない、忙しいだけの締まりのない1日はありませんか？　手をつけていないＴｏＤｏリストの項目はありませんか？　毎週のようにリストの項目につまずくのは、雑誌や子どものおもちゃで散らかっている他人の家のリビングを歩くフラストレーションに似ています。

政府の政策から個人的決断まであらゆることを気にかけているときのように、心が散らかっているときがあります。事前の計画が不十分な買い物で、時間を無駄にすることがよくあります――定期的な買い物で、買い忘れたものを買うために、1日に二度も同じ店に足を運んだりします。実際に使っているものに比べて、保有しているものの割合が高くなったとき、趣味も多くのガラクタを生み出す要因となります――例えば、スマートフォンでベストショットが撮れるのに、レンズやフィルターが並んだスーツケースを持っているカメラオタクです。これらすべてがガラクタ、つまり役には立たないのにスペースだけを取るものです。

ガラクタに対する意識が研ぎ澄まされれば、生活全般を大掃除しようという意識が働きます。浄化したい、不要なものを取り除きたいという思いは、米国人のメンタリティに深く根付いているものです。ピューリタンからヘンリー・デイヴィッド・ソロー、クエーカー教徒、デュエイン・エルジンやセシル・アンドリューなどの作家にいたるまで、シンプルな生活は資本主義が生み出す過剰とバランスを取るために、幾度となく注目されてきました。最近では「ミニマリズム」や「お片付け」などと呼ばれています。

私たちは「十分」と呼びます。十分とは、明確で具体的なものではなく、あなた次第のものです。「少ないほど豊か」ということではありません。太陽の光が窓から降り注ぐ、シミ1つない鏡台に置かれた、花瓶の中の1本の完璧なヒナギクではありません。引き出しの中に唯一ある、1本の完璧な包丁ではありません。欲しいもの、必要なものをすべて手に入れる過程で感じる「まさに十分だ」という最適で居心地のよい感覚なのです。十分は人によって千差万別です。ある人にとっては宝物でも、ほかの人にとってはゴミかもしれません。

本書で紹介する9つのステップを実践することで、あなたは徐々に自身のガラクタの定義を明確にし、ゆっくりと、痛みを伴うことなく、楽しくガラクタを片付けることができるでしょう。それでは9つのステップについて説明していきます。最初のステップは、「どうしてこれを買ったのか？いままではどれくらいの価値があるのか？　本当にそうなのか？」と自分に問いかけることです。1週間、自分のゴミをリュックに入れて持ち歩くことで、どれくらいの量のゴミを捨てているのか体感できた学生のように、あなたはこれまでに蓄えてきたもの、稼いだもの、使ったものをすべて把握し、いかに生命エネルギーを無駄にしてきたのかを見つめ直すことで、モノとのかかわり方を見直し始めます。

ステップ1　過去に折り合いをつける

これから、あなたのお金とのかかわり方や、お金で買ってきたものを調べていきます。心の準備はよろしいですか？　この行為の目的は意識を高めることです。あなたを増長させたり、恥をかかせることが目的ではありません。時間と空間における自分の立ち位置を把握し、過去の収入と支出を見直す上で役に立つプロセスです。

ここで注意事項があります。重要なので読み飛ばさないでください。これはＦＩプログラムのステップ1ですが、このステップを最初に行う必要はありません。また、これを終えるまで本書をめくる手を休める必要もありません。最終的にはやらなければなりませんが、ステップ2から始めて、後で戻ってきてもかまいません。実際、私たちは本書を読みながら並行してそれぞれのステップを実践していくことより、最初に本書をすべて読み通すことを勧めています。読み終えてから、それぞれのステップを始めてもかまいません。

ステップ1は2つに分かれます。

(A) これまでにいくら稼いだのか――初めてもらった給与から最近の給与まで、すべての収入の合計――を把握する。
(B) 資産と負債から成る個人の貸借対照表を作成し、純資産を把握する。

(A) これまでにいくら稼いだ?

この作業は当初は不可能に思えるかもしれません。「きちんと記録なんか残していませんよ!」と抗議したくなるでしょう。ただ過去を多少掘り返してみるだけでも効果はあります。まず、過去の所得税申告書を探してみましょう。それから申告漏れの分――チップ、裏で現金を手渡されたアルバイト、非公式のコンサルティング、ギャンブルで勝ったお金、親類からの贈与、盗んだお金、もらった賞金、間貸しで稼いだ家賃など、あらゆる申告していない所得――を調整します。高校や大学のときの夏のアルバイトや若いころのやりくりまでさかのぼってみましょう。昔の銀行の取引明細書や給与明細、途中でつけるのをやめた家計簿など、掘り返した記録を数日間かけてじっくり調べてみてください。紙の時代の後に生まれた？　それではインターネット口座の記録を見てみましょう。

もし履歴書を持っていれば、これまでの職歴をたどるために利用しましょう。「キャリアトレーニング」と称していた3年間についても、嘘偽りなく申告してください。どんな変わった仕事をしていましたか？　りんごの収穫、ハウスシッティング（他人の家の留守を預かる仕事）、ライフガードの仕事でいくら稼いでいましたか？

米国在住者で、ずっと会社勤めであれば、社会保障局が記録を残してくれています。地元の役所や政府機関から社会保障明細書を取り寄せてみてください。あなたの生涯の収入が細かく把握できます。具体的な数字を掘り起こすのが難しいなら、可能な限り推測してください。目的は、あなたがこれまでに稼いだ収入の総額を可能な限り正確に、正直に把握することです。

ステップ1の価値

このステップにはいくつかの利点があります。

①霧が晴れるように、あなたの過去のお金とのかかわり方がはっきりします。ほとんどの人はこれまでいくら稼いできたのかを把握していないため、これからいくら稼げるのかがわかりません。

②「私はあまりお金を稼げない」「心配無用よ。その気になればいつでも大金を稼げるから」（扶養されている人に限ってよく言います）といった、根拠のない思い違いや誤った自己概念を打破してくれます。もしあなたがこれまでの自分の稼ぎを過小評価していた大多数のひとりであれば、このステップは驚くほどの効果を持ちます。あなたは自分が思っているよりも価値のある人間――稼ぐ力だけではなく、おそらくほかの面でも――だとわかるのです。

③スタートする準備が整い、お金を稼ぐ能力に関して明確な理解と自信を持って、このプログラムに取りかかることができます。

④クローゼットにしまっていた過去の虚飾――あなたの現在のお金とのかかわり方を歪《ゆが》めた可能性のある過去の秘密や嘘――を剥がし取ることができます。

私たちのセミナーに参加してくれた、ある30代半ばの離婚した女性の話がこのステップの効果の大きさを物語ってくれます。彼女は郊外に住む主婦としてほとんどの人生を過ごし、主婦にありがちな精神的病で苦しんでいました。自分が他者に扶養され、世間知らずで、（率直に言えば）価値のない人間だというイメージを抱えていました。彼女は、このステップは自分には当てはまらないと思い込んでいました。家族に対して金銭面で貢献したことはなく、その日まで離婚調停でお金を受け取ったこと――自分が稼いだわけではないと思えるお金――を恥ずかしく思っていました。

ところが過去をよくよく振り返ってみると、何も稼いでいないと思い込んでいた結婚期間に手がけた雑多な仕事で、5万ドル以上稼いでいたことがわかったのです。彼女は初めて、自分のことを有能な稼ぎ手だと思えました。この簡単なステップに取り組むだけで、想定していた金額の2倍の給与の仕事に応募する自信が持てたのです。

同様に、初めてフルタイムの仕事をしている人であれば、若いころにやった雑多な仕事でいくら稼いでいたのかを思い出して、自分への自信を深めるでしょう。インターンシップ、夏休みのバイト、フリーランスの仕事のすべてが、いまのあなたにつながっているのです。

役に立つ心構え
「ノーシェイム、ノーブレイム」

このステップを通して、自己批判――もしくは恥――の感情がわき上がる人がいるかもしれませんが、以下のことを試してみてください。これをすれば気持ちが変化し、新たな考え方を手に入れられます。サンスクリット語の「マントラ」という呼び方をする人もいますが、集中を促すための心構えを表現したシンプルな言葉やフレーズのことです。マントラとは、舵《かじ》のようなものです。あなたの心を危険から遠ざけ、明るく開けた水平線に向かわせてくれるものです。このプログラムを実行する上で役に立つマントラ、それは「ノーシェイム、ノーブレイム（恥じない、責めない）」です。

ふさわしくない態度や行為を改めるためには、リクリミネーション（非難）とディスクリミネーション（区別）という2つのやり方があります。リクリミネーションとは、恥と非難、善と悪であり、ディスクリミネーションとは、虚偽と真実を区別することです。自分を非難したり恥じたりしても、経済的自由に向かう足取りを遅らせるだけです。リクリミネーションは動きを止め、やる気を奪い、気持ちを逸らします。一方、ディスクリミネーションはあなたが迂回《うかい》できるよう、落とし穴を明るい光で照らし出してくれるものです。

このプログラムを実践していく中で、自分自身（もしくは他人）を非難したいと何度も思うかもしれませんが、そんなときはディスクリミネーションとマントラを忘れないでください。ノーシェイム、ノーブレイムです。あなたの生涯収入は単なる数字であり、あなた自身の価値ではありません。多すぎることも、少なすぎることもありません。あなたの価値や価値のなさを証明するものでもありません。まったくお金が残っていないからといって絶望するための理由でもありません。友達より稼いでいるからといって悦に入る理由でもありません。あなたが過去に金銭的な過ちを犯していた――そして自分と他人に痛い思いをさせていた――としても、そんな過ちはノーシェイム、ノーブレイムの前では泡とともに消えていきます。

「完璧を目指す」

このプログラムのすべてのステップにおいて、正確さと説明責任が求められます。この2つのことを肝に銘じておきましょう。

このステップ（ほかのすべてのステップについても）に取りかかる際には、完璧を目指しましょう。収入に関する書類をすべて調べ、記憶をすべて掘り起こしましたか？　妥協することもできますが、私たちは完璧を求めることを勧めます。なぜならあなたが正直になればなるほど、このプログラムの効果が大きくなるからです。1ドル単位まで調べると骨が折れますし、給与明細を穴が開くまで見ないといけません。100ドル単位だとやや緩いですが、生涯という長い期間で見れば十分に正確と言えるでしょう。あまりストレスを感じないでください。とりあえずやれる範囲のことをやりましょう。それだけの時間をかける価値はあります。

〈チェックリスト〉
①社会保障明細書
②所得税申告書
③小切手帳
④銀行取引明細書、給与明細
⑤贈与
⑥賞金
⑦貸し付け
⑧キャピタルゲイン
⑨違法な収入
⑩国税庁に申告していないアルバイト（チップ、ベビーシッター、お使い）

（B）手元に残った資産は？

給与目当てで働いてきた日々を通じて、あなたは一定の金額（いま計算した数字です）を稼いできました。そのうち、いま手元に残っている金額があなたの純資産になります。

しっかりと心の準備をしておきましょう。あなたはおそらく人生で初めて自分の純資産（総資産－総負債）を計算することになります。気持ちを引き締めましょう。巨額の借金を抱えていることが判明するかもしれず、この瞬間まで金額の大きさに気づいていないかもしれません。その真実に目を向けるチャンスはいまです。

一方、すでに経済的自立の状態にいることがわかる人がいるかもしれません。多くの人がこのステップを通してそのことに気づきました。

このステップの文言は、ある意味、挑発的です。「結局、手元に残った資産は？」と声に出してみてください。イントネーションを変えてみてください。通常は、少し批判的に聞こえます。嫌みにさえ聞こえます。正直であろうという強い気持ちで、気の弱さを打ち負かしてください。それでは始めましょう。あなたがこれまで稼いできた結果、手元に残った資産はいくらですか？

純資産を大まかに把握するためには、持っているすべてのもの（資産）と借りているすべてのもの（負債）をリストに挙げなければいけません。

流動資産

現金、もしくはすぐに現金化できるものがこの分類に入ります。例えば、次のようなものです。

・手持ちの現金——貯金箱、化粧台にある小銭、手袋の引き出しに隠れているへそくりなどが含まれます
・普通預金——忘れているかもしれない古い口座や、無料でついてくるデジタルなんちゃらのために最低限度額の１００ドルだけ預けた口座も確認してください
・当座預金
・譲渡性預金
・貯蓄債券
・株式（時価で計上）
・債券（時価で計上）
・投資信託（時価で計上）
・マネー・マーケット・ファンド（時価で計上）
・証券口座残高
・貯蓄型生命保険

固定資産

この項目をリストアップする際は、大きな持ちものから始めましょう。これも時価で計上します。例えば、あなたの持ち家、自家用車です。持ち家の現在の価格は不動産会社に問い合わせるか、インターネットで検索してみましょう。自家用車の現在の価格を調べる際は、中古車価格ガイドブックを使って車の仕様やモデル、年数を基に調べましょう。

屋根裏部屋、地下室、ガレージ、物置小屋をくまなく調べましょう。1ドル以上の価値のあるものはすべてリストに挙げてください。「こんなのは1銭の価値もない」といった主観的な評価はしないでください。忍耐強く行ってください。ガレージが本物の宝物で埋め尽くされている収集癖のある人たちが、このプロセスだけで救われてきました。あなたがいまやらなければ、あなたが亡くなった後に愛する人たちがやらなければならないことをわかってください。もし物置エリアが床から天井までこれまでに集めてきたもので埋め尽くされていたら、圧倒されるといけないので、そこは最後に手をつけたほうがいいかもしれません。

すべての部屋をあまねく調べ、すべてのものをリストに加えましょう。天井に垂れ下がっている装飾的な照明器具を忘れないでください。床の上の絨毯《じゅうたん》も忘れないでください。数年前に買ったウォルナット材の棚、ネイティブアメリカンの工芸品、特注のパソコンを忘れていませんか？　自分のガラクタと正面から向き合いましょう。徹底的に洗い出しますが、不合理になってはいけません。ナイフやスプーン、フォークをすべてリストアップする必要はありません。ただ、マホガニーのケースに入った、取っ手がローズウッド材の取り分け用ナイフ一式は高額なので個別にリストに入れてください。箱に入ったままのお皿セットもです。

あなたが持っているものすべてにおおよその現金価格をつけてください。現在の価格、つまり委託販売店、ガレージセール、ネットオークション、個人間売買サイトなどで手に入れるときの価格です。価格付けをするために、ネットオークションや個人間売買、地元新聞の「フォーセール（売り出し中）」欄などを参考にしてください。高額な持ち物に関しては、専門家に鑑定をお願いしてください。

見落としがあってはいけません。あなたにはゴミのようなものでも、ほかの人には貴重な骨董品《こっとう》である可能性もあります。あなたにとって価値がないからといって、実際の価値がないわけではないのです。

また、あなたが誰かに貸しているお金も忘れないでください。少なくとも回収できると思えるものはリストに入れましょう。携帯電話や借りている部屋の保証金もきちんと入れましょう。

現金化できるものであれば、どんなものでもリストに加えましょう。自分の財産の鑑定人になるのです。楽しんでやりましょう。別に売る必要はないので、私情を挟んではいけません。感傷がわき上がって作業を中断したり、悲しいからといって亡くなった夫が残した工具に金銭的な価値を付けることをためらってはいけません。ルームメイトが出ていくときに残した薄型テレビも一緒です。衝動的に買った靴が20足も履かずに放置されているのが恥ずかしいからといって、価格を付けるのをためらってはいけません。買ったのに一度も使っていない運動器具があっても、後ろめたさを理由にリストに加えるのをためらってはいけません。それどころか喜ぶのです！　あなたはついに、そのエアロバイクやウェイト器具の真の価値に気づくのです。あなたが減らせる体重ではなく、ガレージセールで売れる値段です。

作業を1～2日で終える人もいますが、ある女性は3カ月もかかりました。すべての段ボール箱を開封し、すべての写真に目を通し、すべての引き出しと戸棚を開け、ただリストアップするだけではなく、そのすべてをどうして自分が手にしたのかを思い出しました。そうした作業を通じて、いま持っているものに感謝の念を抱くという尊い経験ができました。私たちは手にしていないものばかりに目を向けることで、不満を抱えます。すでに持っているものに価値を与えることで、私たちの見方は根本から変わるのです。実際、生存可能なレベルを超えれば、豊かさと貧しさを分かつのは、単に持っているものに感謝できるかどうかにかかっているという人もいます。

負債

この分類には、ローンから未払いの請求書まで、あなたの債務すべてが含まれます。現金で返済するものでも、モノやサービスで返済するものでもかまいません。

資産として持ち家を計上した人は、その住宅ローン残高を負債として計上しましょう。車についても同じです。

銀行ローンや友人から借りたお金、カードローン、学生ローン、未払いの医療費なども忘れないようにしましょう。

純資産

流動資産と固定資産の金額を足し合わせ、そこから負債の額を引きましょう。弾き出された金額が、最もシンプルかつ具体的な意味でのあなたの純資産です。あなたがこれまで稼いできた結果、手元に残った資産です。貸借対照表のルールに則《のっと》れば、それ以外は単なる記憶や幻想にすぎません。

モノ以外の資産は含まれません。これまで受けた教育、習得したスキル、お金を使って育んだ友情、NPOへの寄付で得た控除、ある団体に所属することで得たビジネスチャンス。これらもすべて価値あるものではありますが、あくまで無形資産です。客観的な数値で価値を測ることはできません。

この純資産を計算する作業を通じて、自尊心が傷つく人もいれば、逆に自尊心が高まる人もいると思います。あなたは目をそらしたくなるような真実に向き合わなければなりません。痛みを伴うこともあれば、自由にしてくれることもあります。何を感じたとしても、純資産は自己の価値とイコールではないということを肝に銘じておきましょう。

貸借対照表をつくる理由

当初はそう思えないかもしれませんが、貸借対照表の作成はあなたの士気を大きく高めてくれる作業です。これまでのあなたの生活には、ほとんど方向性や強い意識がありませんでした。経済的自立という観点から言えば、目的地もなくドライブしている人のようなものです。ガソリンを浪費し、タイヤを擦り減らしても、どこにもたどり着けません。楽しい思い出などの無形資産はあるかもしれませんが、現金化できるような有形のお土産はほとんどないのです。自分の経済活動の舵を取りましょう。やる気と明確な方向性さえあれば、より成果を出しやすくなります。

あなたはいま、自分の経済状況の全体像を把握し、固定資産の一部を売却して預金を増やすべきか、それとも借金返済に充てるべきか客観的に選べる立場にいます。

ある女性はこのステップを実践することで、余分な持ち物の売却資金を投資に回すだけで、すぐに経済的自立に必要な収入を得られることに気づきました。彼女はすぐには実行に移しませんでしたが、そのことに気づけたことで、本当に好きだった芸術の道でより大きなリスクが取れるようになりました。

まったく使っておらず、もはや必要でないものがたくさん手元にあったものの、「いつか必要になるかもしれない」という理由だけで手放せなかったことに気づけた人もいました。これら不要なものの売却資金を、将来必要になるときのために貯めておくというのが彼が選んだ解決策でした。その間、売却資金は利子を稼ぎ、彼の生活はよりシンプルになり、売却したものも本当に必要な人の手に渡り、役立ててもらえます。

忘れないでください。「ノーシェイム、ノーブレイム」です。貸借対照表を作成する過程で、持ち物に紐づけられたさまざまな感情――悲しみ、郷愁、希望、罪悪感、恥、きまりの悪さ、怒りなど――がわき起こるかもしれません。冷静な心と熱い心を両方持つことで、このステップは本当にさまざまな気づきや教えを与えてくれます。長い間、あなたが背負ってきた心身両面でのさまざまな重荷を取り払ってくれるのです。

ステップ1のまとめ

（A）これまで稼いできた収入の総額を把握しましょう。
（B）資産と負債を計算し、個人の貸借対照表を作成しましょう。これまでに稼いだ結果、手元に残っている資産はいくらですか？

次の質問を自分に問いかけてみよう

・あなたにお金にまつわる教訓を最初に与えた人は誰ですか？　あなたはそこから何を学び取りましたか？
・大人になるまでに、あなたはお金に関してどのような教えを授かりましたか？　どこで授かりましたか？　両親からですか、教師からですか、広告ですか、もしくはそれ以外……？
・お金に関する幼いころの記憶は、いまのあなたにどのような影響を与えていますか？

・お金にまつわる過去の過ちについて考えてみてください。これからどう改めたいですか？
・「十分」とはあなたにとって何を意味しますか？
・（収納スペースやクローゼットの中にある）これがないほうが自分の生活がよくなると思えるものは何ですか？　どうしてそれをいまだに持っているのですか？

第2章

お金の概念は変わった

オンドリーとカイルのW夫妻にとって、ステップ1はそれほど難しい作業ではありませんでした。22歳の理想主義者であるカイルはこれまでずっと、お金に対してアレルギーがありました。彼は髪を長く伸ばし、田舎の一軒家で小さな部屋を借り、深い会話こそお金で買える最良の娯楽であると考えていました。彼はお金を避けてきたにもかかわらず（避けてきたからこそ？）、1万5000ドルもの借金を抱えていました。「いつか」返済するつもりのお金です。

オンドリーと出会ったとき、彼女の思慮深く、献身的な部分には惹《ひ》かれましたが、彼女のライフスタイルは別でした。彼女にも4万ドルを超える借金があることを知ったのは、恋に落ちた後でした。多くの若い人と同じように、オンドリーも自分らしくあることがモノをたくさん集め、部屋を飾り、借金することだと思っていました。多くの人と同じように借金は生活の一部であり、急いで返すつもりもありませんでした。いまは遊び、後で返せばいい。つまり、目先の支出は事務アシスタントのパートタイムの仕事で稼いだお金で賄いつつ、自分の成長を追い求めるということです。

ふたりが同棲《どうせい》を始めた後も、オンドリーはカイルの倹約習慣を嫌がり、カイルはオンドリーの買い物癖を嫌いました。そうした経緯で、ふたりは私たちのセミナーに参加する運びとなったのです。オンドリーはお金の使い方に関してもっと意識を高く保ちたいという思いと、膨らむ借金を意識したくないという思いの間に矛盾があることに気づきました。彼女はよいものを持ちたいという自分の嗜好《しこう》を見直す決意をしました。カイルも彼女をせっつかず、自分の価値観に無理やり従わせずに、彼女自身で正しい在り方を見つけてもらうことで同意しました。ふたりは結婚を決意し、カイルは愛する人だけではなく、4倍に増える借金とも結婚することになると冗談を言いました。ステップ1を行うことで、ふたりは自分たちの純資産がマイナス5万5000ドルだという事実と向き合うことになりました。新たな生活の仕方が始まったのです。

ステップ1を終えたあなたは、自分の資産の価値がいくらか把握していると思います。本当ですか？　オンドリーとカイルのように、あなたが把握しているのは金額で表された数値です（プラスであることを望みます）。貨幣に換算した数値です。ただ、その数値はいったい何を意味するのでしょうか？

私たちがこれからやるべきことは、お金の謎を解明することです。お金とは、いったい何なのでしょうか？　これは重要なタスクです。それが何かを知らなければ、良好な関係を築くことなどできないからです。その正体を見誤っていれば、なおさらです。お金の普遍的かつ一貫した真の定義を知らなければ、うまく扱おうとしても不適切か非常識な行為となり、ほぼ必ず自分の望みのものを手に入れるのとは逆の行動を取る羽目になります。

お金とは、いったい何なのでしょうか？

私たちは毎日、お金のやり取りを何度もしています。給与や投資収益の形でお金を得る一方で、現金やクレジットカードでの支払い、借金の利息、税金の支払いなどの形でお金は出ていきます。携帯電話やインターネットのプラン、車、保険、ガソリン、家の水道光熱費、家賃、自治会費、固定資産税、車の修理代、家の清掃代、気晴らし、コンサートのチケット、会合、休暇、お店やレストランめぐり、服、食料品、ペットフード。お金は財布や口座から出し入れするたびに、レーダー上の点のように視界から消え、忘れ去られてしまいます。生活の中でお金を認識することはできますが、お金とは本当はいったい何なのでしょうか？　何を表しているのでしょうか？

本書のプログラムを開発した実務の天才ジョー・ドミンゲスは、１９８０年代にセミナーに出席した数千人もの聴衆にこの質問を投げかけてみました。ウォール街のバンカーが着るスーツを身にまとって壇上に上がった彼は、静かに鋭い眼差しでフロアを見渡しながら、ステージの上を歩きました。聴衆の中で最も体格が大きく、たくましく見えた男性（ジョーは１７０センチほどしかありません）に焦点を定め、「あなたはどれくらいですか？」と大きな声で聞きました。

沈黙と忍び笑いです。

「もう一度、聞きます」。彼の声はさらに大きくなります。「あなたはどれくらいですか？」

また沈黙と忍び笑いです。

「みなさん、何か勘違いをされていませんか？　私はただ、彼の給与の額がどれくらいか聞いているのです。この質問こそ、他人に対して聞く最も個人的な質問ではないでしょうか？」

何か新しいことを学ぶときは、自分の常識の檻《おり》を揺さぶらなければなりません。この最初の質問を聞いて、多くの人の常識は揺さぶられました。ジョーが次の質問をする舞台が整ったのです。

「お金とは、いったい何なのでしょうか？」。決して聞かれることのない質問です。すでに知っているものと思い込んでいるからです。ただ、本当に知っているのでしょうか？

「毎日のように使っているものです。そのためなら死んでもかまいません。誰かを殺してでも手に入れたいものです。もちろんお金とは何なのか、知っているはずですよね！」

そして彼は１００ドル札をおもむろに取り出しました。

「ん〜、ただの紙です」

彼は引っ張り、ねじり、「非常にしっかりしています」と言いました。

さらにライターを取り出し、こう言いました。「火で燃えるかテストしてみましょう」

聴衆が固唾《かたず》をのむ音が聞こえます。彼らは前のめりになりました。ジョーは紙幣に火が付く直前でライターを閉じました。

「どうしてそんな反応をしたのですか？　この紙を燃やすことが、どうしてそのような反応をさせたのですか？　明らかにお金は単なる紙や金属ではありません。では、いったい何なのでしょうか？」

勇気のある経済学初級講座の受講者はこう言うかもしれません。お金は交換手段だと。

「よろしい。では、この100ドル札であなたの妻が買えるわけですね？」

買えません！　このとき、彼はジョージ・バーナード・ショーの逸話を披露します。彼は夕食パーティーの席で相手にこう言います。「マダム、あなたは100ドルで私と一夜をともにしてくれるはずです」。彼女は当然、ショックを受け、侮辱されたと思います。さらにショーはたたみかけます。「1000ドルではどうでしょう？」。彼女は黙ってしまいます。その間を逃さず、「明らかに芝居ではないですね。それがあなたと一夜をともにする値段です」と彼は言います。

ジョーが説明したかったのは、お金は取引相手も価値があると同意してくれている限りにおいて、交換手段になるということです。

「アマゾン川のピラニアが生息している地帯で乗っているボートが転覆し、あなたが中州に向かって泳いでいる場面を想像してみてください。心の中ではもう一巻の終わりだと思いますが、財布の中にお金が残っていることに気づきます。これで救われる！　あなたはその後、カヌーに乗っているふたりの男（彼らは人食い人種です）を見つけ、札束を握り締めた拳《こぶし》を突き上げて、『助けてくれ！』と叫びます。ところが彼らはあなたが持っている貨幣を認識できません。あなたのことを今晩の夕食だと認識するのです」

お金とは取引の双方がその価値について同意している限りにおいて、交換手段になりえます。不換紙幣です。実際は素材である紙の価値すらありません。

「これについて、いかなる場合でも真実だと言えることは、いったい何でしょうか?」」。100ドル札を振りながら、彼は大きな声で問いかけます。

経済学初級講座では、ほかの答えも用意しています。「価値の保存手段です」。つまり、別の日に使えるように貯めておくことができます。森林(自然的価値)を木材(経済的価値)に換えて売り、将来必要となるもののために稼いだお金を貯めておくことができるのです。

実際、これはお金を代表する機能です。われわれが日々の収穫物を共有する狩猟採集民から、職場で時間(1時間の通勤時間は含まれていません)と才能を切り売りしてお金を稼ぐ企業の歯車に変わることを可能にした抽象概念です。

「もちろん価値の保存手段ですが、バブルがはじけ、政府が失策を重ね、ハイパーインフレになり、昨日、牛1頭を買えたお金で、今日は1クォート[およそ1リットル]の牛乳さえ買えなくなるときのことを想像してみてください。お金の価値というのは一夜にしてなくなりうるのです」。ジョーがもっと長く生きていれば、エンロンが2001年に破綻したときの従業員の年金や、2008年のグレート・リセッション、2009年に有罪が確定したマドフのポンジ・スキームについて言及していたかもしれません。

もしかしたらスティーヴン・コルベアがつくった造語である「トゥルーシネス(truthiness)」という言葉を使っていたかもしれません。「価値の保存」はトゥルーシー(truthy:真実っぽい)ですが、トゥルー(true:真実)ではありません。その場で考え込んでいる聴衆の声が聞こえてくるようです。大事なのは、そのもの自体ではありません。そのものが意味していることです。

「お金は地位です」と別の参加者は言います。確かにそういう部分もありますが、必ずしもそうではありません、とジョーは答えます。見た目や知性、家柄などのほうが、成り金どもの集まる晩年の社交場で見られる、これ見よがしの財産よりも地位を表しているかもしれません。

「お金とは力です」と言う人もいます。お金さえあれば、人を動かすことができます。他者の好意を買うこともできます。影響を与えることもできます。ロビイストを見てください。政治の世界の裏金を見てください。確かにそういう側面もあります、とジョーは言います。ただ、ほかの形の力を使っても、勝利を収めることはできます。インドのガンジーを考えてみてください。英国はインドを去りました。マーティン・ルーサー・キング・ジュニアを考えてみてください。高い志を持つ小さな人間が、巨大な悪を退治する神話や物語、映画を考えてみてください。お金は力を行使する際によく使われますが、必ずしも力を保証するものではないのです。

わかりました。お金とは悪です。あらゆる諸悪の根源です。聖書を学んだ人間として、ジョーはこう言い返します。「そうではありません。諸悪の根源はお金への愛です。お金自体ではないのです」

お金は抑圧のツール
お金は公平ではないもの
お金は謎
お金は重要ではないもの

お金は有り余るもの
お金は点数をつけるためのもの

いろいろ出てきますが、次第に答えに窮していきます。聴衆は何か見えないトリックがあることに気づいているからです。定義という定義はない。どれも正しいが、常に正しいものはない。考えうるあらゆる定義が答えられ、ジョーはその一つひとつを却下していきます。そして最後にオチが待っています。目の前をうろつく不快なハエであるかのように聴衆の答えを次々と切り捨て、ジョーは情け容赦ない人物のように見えますが、その下に愛が潜んでいることを聴衆は感じ取っています。彼が名声やお金のために壇上に立っているわけではないことを知っているからです。彼は腕を振りながら、私たちの不安やごまかしだらけの真実に語りかけます。

私たちは慈善団体「ニュー・ロードマップ財団」を立ち上げました。収益はすべて寄付に回します。セミナーで稼いだ収益すべてです（私たちはお金持ちではありません――ふたりとも月８００ドル以下の生活です！――が、十分なお金を持っていましたし、ほかの慈善団体に寄付するお金を稼ぐためにセミナーを開くことを楽しんでいました）。

ついに彼は秘密を明かしてくれました。

「どのような状況でも１００パーセント、常に真実であると言えること。それは、お金とは、あなたが自分の生命エネルギーを差し出して手に入れるものだということです。あなたは自分の時間を売って、お金を手に入れます。彼は時給100ドルで時間を売り、あなたは時給20ドルで時間を売る。そうした金額の多寡は重要ではありません。彼が彼の時間をいくらで売ろうが、あなたには何の関係もありません。あなたが持つ真の唯一の資産は、あなたの時間です。人生の時間なのです。

あなたはこの世に生を受け、年間8800時間を与えられています。おそらく亡くなるまでの合計は65万時間ほどです。その半分の時間は、睡眠や食事、着替え、くつろぐ時間などに使われます。あなたはすでに人生の半分を終えているかもしれません。つまり、残された時間は15万時間足らずです。その時間はあなたにとって宝物です。あなたにとって大切なこと――家族を愛する、社会貢献、偉大な自然を楽しむ、何かに挑戦する、人生の意味を探す、何かを残す、我を忘れる（教会やベッドの中で）、本来のあなたの人生――に割ける時間はたったそれだけなのです。そして、あなたはその貴重な時間の一部を、これ（手に持っている100ドル札を振る）のために売っています。これにはまったく意味はありません。意味や価値があるのはあなたの時間なのです。

お金を生命エネルギーだと理解することで、あなたはマネーライフの運転席に座ることができます。お金を稼ぐために、人生のどれだけの時間を差し出せますか？　これまでお金を使って得てきたものを見渡しながら、次のように自分に問いかけてください。『これ――椅子、自動車、おそろいの調理器具、壁にかけている卒業証書――を手に入れるために、人生の何時間を投資したのだろうか？』と。こう問いかけることで、お金の使い方にどういった影響が出るのか確かめてみてください」

本書のプログラムはもっと多くのお金、もっと多くのものを約束するものではありません。あなたのお金とのかかわり方を根本から変えることを約束するだけです。

「それについて考えたことはありますか？　お金にはかかわり方があるということを考えたことはありますか？」とジョーは聴衆に尋ねます。彼はひざまずき、手にしているお金に対して自分のことを愛してくれと懇願します。悪の100ドル札にひるみ、恐れおののくふりをします。ニンジンのようにお札を掲げ、それを追いかけます。手を伸ばしますが、手に取ることはできません。

「あなたのお金との関係はまさにこういった感じです！　考えてみてください。もしあなたがお金なら、あなたと一緒に遊びますか？」

お金とはいったい何か、そして何でないか

ジョーの寸劇を見て、聴衆はお金にまつわる誤解を瞬く間に理解しました。お金には4つのレベルでの理解があります。

物質的レベル。単なる紙であり金属でありプラスチックです。単なる収入と支出、貯蓄、投資に関連する日々の取引です。ほとんどの人がほとんどの時間にお金として捉えている日常のレベルです。

心理的レベル。あなたの不安と願望です。人それぞれのものです。あなたは控え目ですか、派手ですか？　金遣いは荒いですか、ケチですか？　あなたのお金に関する感覚や考え方に影響を与えたのは誰ですか？

文化的レベル。法律や慣習に組み込まれた信念です。多いほど豊か、成長は善、勝者と敗者、私有財産、報酬と罰。あなたのマネーライフはこれらを土台に築かれていることを認識していますか？

生命エネルギー。あなたが人生の時間を差し出して、手に入れるものという理解です。

最初の3つのレベルも本物かつ重要なものですが、常にそうとは限りません。実際、お金の物質的レベルでの理解を改めるだけでも、心に大きな平穏がもたらされます。お金にまつわる心理がいかに日々の選択に影響を与えているのかを理解することで、あなたはより高い次元の自由を獲得できます。また、自分が無意識に周囲の文化的価値観に従って生活していることを理解すれば、無意識の習慣から解放されることになるでしょう。

本当に多ければ豊かなのでしょうか？　成長は善なのでしょうか？　そして、最後の1つは極めて重要です。お金があなたの生命エネルギーであると知ることで、お金とのかかわり方は大きく変わります。あらゆる間違った認識を、明るい光で照らしてくれるのです。

本書のプログラムを実践すれば、お金に対する霧、混同、通説、誤解は必ず晴れます。私たちは必ず安心した気持ちで選択することができます。お金とのかかわり方を根本から変えるカギは、お金が普段思っているようなものでもなく、金融システムの暗部でもないということをはっきりと理解することです。お金とは、私たちが自ら生命エネルギーを差し出して得るものなのです。

「お金とは生命エネルギー」だという考え方を頭で理解するのは容易ですが、その考え方に従って生きることは容易ではありません。亡くなるまで発見の連続です。あなたの過去の経済的な過ちを帳消しにしてくれる魔法の杖《つえ》ではありません。お金でもめていた両親、もしくはアメや鞭《むち》としてお金を使っていた両親の下で、あなたが育ってきたという事実は変わりません。お金を稼ぐのが困難な時代、もしくは楽な時代に大人になったという事実は変わりません。苦境に遭うか、それとも千載一遇のチャンスに恵まれるかで、結果に大きな差が出る時代に社会に出たという事実は変わりません。相変わらず借金を抱えているという事実は変わりません。パートナーとも意見が合わないままです。

たとえお金とのかかわり方を変えたとしても、具体的に求められるものは変わりません。鋭く断面の多いダイヤモンドのようなもので、義務は変わらないのです。小切手は不渡りになります。製品は壊れます。給与は交渉しなければなりません。医療費は請求されます。住宅ローンを返済しなければ、不動産は差し押さえられます。お金を生命エネルギーだと理解した後でも、あなたは義務をできるだけ忠実に果たさなければならないのです。

お金は水の如しでもあります。流れ、その流れの中で人生を育みます。自分の下に流れてくるとうれしく思い、流れてこないと苦しい気持ちを味わいます。私たちはプレゼントを買い、他人の祝日を祝います。ボーナスを使って家族とハワイ旅行をし、思い出をつくります。お金が生命エネルギーだと理解したところで、お金に付随する感情がなくなるわけではありません。お金の人生における役割を見つめ直すことで、経験はより豊かになります。新車を買えば必ず幸せになれると思うのではなく、何が本当に自分を幸せにするのか考えるのです。自動車ローンを3年間払い続けるよりも、ビーチで過ごす1日のほうが幸せかもしれません。お金とは自分を映し出す鏡です。小切手や請求書が送られてきたときに何が起こるのか、パートナーから「ちょっとお金について話があるの」と言われたときに何が起こるのか、チップを多めに払ったときにどう感じるのか、他人があなたの高級腕時計に気づいたときにどう感じるのか？

お金の水のような側面をより明確に理解すればするほど、あなたは大変な日々の取引をうまく対処できるようになります。限度額以上に小切手を振り出すことや支払いの遅延は減り、支出もコントロールできます。税金や請求書も期限通りに払えます。感覚がクリアになるほど、取引もクリアになるのです。

お金とはゲームであり、ルールに則ってプレイしなければなりません。好むと好まざるとにかかわらず、私たちは全員そのゲームの参加者です。ルールに則ってプレイする限り、製品やサービスを国内で売ろうが、海外で売ろうがかまいません。アフリカとベネズエラで原料が調達され、中国で組み立てられ、ロサンゼルスでブランド名が付けられ、フィリピンで包装されて、世界中のウォルマートで販売されている商品を買うこともできます。私たちは食料品を家に持ち帰り、コンサートのチケットを買い、クレジットカードでの取引はコンピュータ上で日々突き合わされます。このマネーゲームの中で私たちは生活し、移動し、存在します。取引という言語を通じてお互いを理解します。誰しもお金が必要です。誰もがそのために働きます。お金が介在したものに触れることなく、1日でも生活できる人はほとんどいません。だからこそ、私たちの心は自分がお金に依存し、ゲームの一部となっているという事実に正面から向き合うことに抵抗するのです。お金が生命エネルギーだと知っていても、それがなければ日々の生活は成り立ちません。

お金のゲームとしての側面を理解することで、お金を使ってゲームをプレイするときと、ほかの通貨――愛、スキル、知識、手づくりのもの――を使ってプレイするときを、意識的に選択できるようになります。また、いかに自分たちがマネーゲームに転がされているのかを知ることもできます。ショッピングモールやデパート、ウェブサイトがいかに私たちの不安や願望を利用しながら注意を引いて、お金を奪い取るよう設計されているのかを理解することができます。大量消費主義に抵抗することもできます。あの水着や自動車は、はたして自分の生命エネルギーを差し出すほどの価値があるものなのでしょうか?

私たちのお金にまつわる思い込みも、ゲームの基本設計の一部です。「一番多くのおもちゃに囲まれて亡くなった人の勝ち」という価値観は、私たち全員をゲーム内にとどまらせ、プレイさせ続ける基本設計の一部です。テクノロジーを最新のものに買い替えるというのもゲームの基本設計の一部です。計画され、あらかじめつくり込まれた陳腐化なのです。流行もゲームの一部です。初めて購入する持ち家もそうです。広告はあなたに買ってもらえるように、商品を身につけた美しい女性や筋肉質の男性を使用しています。もっと大きなスケールで言うと、高速道路や大聖堂もマネーゲームの一部です。

私たちは悪い部分には目をつむり、永遠にお金を使おうとします。すべてはゲームの一部であり、それが唯一遊べるゲームだと自分を納得させるのです。ゲームは参加するプレイヤーの数に従って成長します。もしプレイヤーが興味を失えば、ゲームは成り立ちません。恐ろしいことです。私たちはあらゆるものについてお金に依存しています。モノを買いましょう。経済を成長させましょう。全員でプレイすれば、誰もが勝者です。

このゲームは悪人の登場で完成します。パーソナル・ファイナンスという悪魔です。彼らは私たちを整列してプレイさせます。インフレ、生活費、景気後退、不景気。私たちは経済指標を個人のこととして捉えるよう奨励されるのです。エコノミストという神から経済が不景気であるというお告げがあれば、今年は休暇を取らないようにするかもしれません。たとえお金をたくさん持っていて、仕事が安泰でも、安全のためです。エコノミストという神から生活費が上昇しているというお告げがあれば、私たちは自動的に貧しくなったように感じます。たとえ消費者物価指数を構成する商品がほんの数十年前にはぜいたく品——携帯電話のようなハイテク商品など——で、なくてもかまわないものだったとしてもです。

こうしたお金の基本設計をマトリックス——人口増加を抑え、人々のエネルギーを奪い取るために、知覚機能を持つ機械がつくったシミュレーションの世界——と呼ぶ人もいます。映画の中で、解放された人類のリーダーであるモーフィアスは、主人公であるネオに次のように語りかけます。「マトリックスは至るところにいる。私たちの周りにどこにでもいる。いま、この部屋にもいる。窓から外を見ても、テレビをつけても、目にすることができる。仕事に出かけるとき……教会に行くとき……税金を払うとき、それを感じ取ることができる。真実を見えないようにするために、君の目の前に張りめぐらされている世界だ」。モーフィアスはネオに選択肢を提示します。いままでは有名になったシーンです。「青い薬を飲めば、物語は終わる。君はベッドで目を覚まし、自分が信じたいものを信じることができる。だがもし赤い薬を飲めば、君は不思議の国にとどまり……」

お金が生命エネルギーだと知ることは、赤い薬を飲むようなものです。あなたの目の前には選択肢があります。自分で選んで、結果を見て、学習してください。一番多くのおもちゃを持っていることが勝利ではありません。必要なものだけを持ち、余分なものをいっさい持たず、自分の意思でゲームをやめられることこそが勝利です。

お金が生命エネルギーだと知ることで、あなたは最も貴重なリソースを最大化し、最適化することができます。それはあなたの時間、あなたの人生です。

あなたの生命エネルギー

「お金＝生命エネルギー」とは、あなたにとってどういう意味を持ちますか？　お金を価値のあるものと思うあまり、あなたは与えられた時間の4分の1をお金を稼ぐため、お金を使うため、お金で悩むため、お金を夢想するため、お金に反応するために使っています。

確かに、学ぶ価値のあるお金にまつわる社会的慣習もありますが、お金の価値を決めるのは、あくまであなたです。それはあなたの生命エネルギーなのです。お金のために、あなたは自分の時間を捧げています。そのお金をどう使うかを決めるのはあなたです。

お金をこのように定義することで、大切なことがわかります。お金という形よりも、実際の経験のほうが生命エネルギーをよりリアルに捉えることができます。お金にはリアリティーが備わっていませんが、生命エネルギーには備わっています――少なくとも私たちにとっては。肌身で感じられるもの、有限なものです。生命エネルギーとは、私たちが唯一持っているものです。限りがあり、取り戻すことができないからこそ貴重です。そのエネルギーをいかに使うかで、私たちに与えられた時間の意味や目的がわかるのです。

もしあなたの年齢が40歳だとすれば、亡くなるまでに生命エネルギーのおよそ35万6500時間（40・7年）が残されています（年齢別の余命については表2-1を参照）。その時間の半分を必要な身体のメンテナンス（睡眠、食事、排泄《はいせつ》、お風呂、運動）に使うとすれば、以下のことに使える時間は17万8000時間しか残されていません。

・自分自身と向き合う
・他者とかかわりを持つ
・創造的活動
・地域社会に貢献する
・世界に貢献する
・心の安らぎを得る
・仕事に打ち込む

お金とは、生命エネルギーを差し出して得るものです。それを理解したいま、その貴重品をどのように使うべきか、新たな優先順位を決める機会です。あなたにとって、生命エネルギー以上に大

2-1　年齢別の余命[1]

年齢	平均余命	
	年	時間
20	59.6	522,096
25	54.8	480,048
30	50.1	438,876
35	45.4	397,704
40	40.7	356,532
45	36.1	316,236
50	31.6	276,816
55	27.3	239,148
60	23.3	204,108
65	19.3	169,068
70	15.6	136,656
75	12.2	106,872
80	9.1	79,716

（出典）全国保健統計センター

切な「もの」などあるのでしょうか？

経済的自立とは

イントロダクションでお話ししたように、本書の目的の1つは、あなたをより経済的自立に近づけることです。それぞれのステップに従うことで、あなたは間違いなく経済的調和や経済的理解に近づき、いつの日か（願わくば亡くなる前に）経済的自立に到達します。いかにそれが可能かをお見せする前に、経済的自立とは言えないことをまず初めに説明しなければなりません。

「経済的自立」という言葉がどのようなイメージを想起させるのか、まず見ていきましょう。墓場を建てる？　遺産を引き継ぐ？　宝くじに当たる？　クルーズ船、南国の島、世界旅行？　宝石、ポルシェ、ブランドの服？　私たちの多くは、経済的自立とは使い切れないほどのお金を持つ大富豪になるという達成不可能な夢物語だと思っています。

それは物質的なレベルでの経済的自立です。単純にお金持ちであることを要求していますが、ここで但し書きがあります。「お金持ち」とはいったい何でしょうか？　お金持ちとは相対的なものです。自分よりお金を持っている人がお金持ちです。ほとんどの人よりもお金を持っている人がお金持ちです。ところが私たちは、多いほど豊かという通説の嘘をすでに暴きました。多いとは蜃《しん》気楼《きろう》のようなものです。実在しないため、決して到達することができません。ジョン・スチュアート・ミルはかつてこう言いました。「人はお金持ちになりたいのではなく、ほかの人よりもお金持ちになりたいだけだ」。つまり、私たちの誰もがお金持ちになれたときには、すでにお金持ちではないのです。

お金との関係において自分で舵取りができるようになったとき、真の経済的自立の最初の定義がわかり始めます。私たちが定める定義は、お金持ちの定義という解決不能な難題とは切り離されたものです。経済的自立とは、あなたがお金持ちかどうかとは関係ありません。十分なもの——プラス少しのぜいたく——を持つという経験のことです。

十分とは満足度曲線の頂点のことです。定量化できるものであり、本書のプログラムのステップに従うことで、自分なりに定義できるものです。いつまでもお金持ちであり続けるという、経済的自立の古い定義は達成不可能です。十分は達成可能です。あなたにとっての十分は、隣の人にとっての十分とは違うかもしれません。ただ、あなたにとってはリアルな数字であり、あなたの手に届くものです。

経済的自由と精神的自由

十分（と少しのぜいたく）を経験するための最初のステップは、自分の心を解放してあげることです。そうするまでは、いくらお金を貯めたところで、あなたが解放されることはありません。

十分を経験することで、お金にまつわる無意識の思い込みから解放され、お金の問題から感じていた罪悪感、怒り、妬み、フラストレーション、絶望からも解放されます。そうした負の感情を再び感じることもあるかもしれませんが、服と同じように、いつでも好きなときに脱ぎ捨てることができます。子どものときに親や社会から受け取ったメッセージ――成功するため、尊敬されるため、道徳的であるため、安泰であるため、幸福であるために、どのようにお金とかかわるべきか――に縛られる必要はありません。

お金についての悩みからも解放されます。税金の処理や投資を任せていた専門家に脅されることもありません。欲しくないもの、必要でないものは買わず、ショッピングモールやスーパー、メディアの誘惑にも惑わされません。あなたの心の財産は、経済的な財産とは紐づけられていません。気分の浮き沈みがダウ平均と連動することもありません。

心の中の壊れた機械は止まります。終業までの時間を数え、給与までの日数を数え、バイクの頭金や家の改装費用が貯まるまでの給与の回数を数え、リタイアまでの年数を計算する機械です。最初は耳が痛くなるほどの静けさに感じます。お金のことで頭を悩ませることもなく、人生が突きつける課題に対処するために、心の中で財布に手を伸ばそうとすることもなく、数日、もしくは数週間が過ぎ去るのです。

経済的自立に到達したとき、お金が人生で果たす役割を決めるのはあなたです。周囲の社会や人ではありません。お金はコントロールできないものではなく、人生において意図的に利用できるものになります。このように考えれば、65歳まで9時5時で働く、墓場を建てる、他人を出し抜く、お金持ちになる、有名になるといったありきたりの人生――私たちが当たり前のように目指すもの――は、単に数ある選択肢の1つとして考えられます。経済的自立とは、私たちの多くが感じているお金にまつわる霧、不安、幻想から自由になることです。

もし経済的自立が心の安らぎだと聞こえるなら、それは正しいです。経済的至福です。お金持ちになることと同じで達成不可能に聞こえるなら、それは間違いです。本書で紹介するアプローチに従った数万人もの人たちが、実際すでに経験していることです。彼らは本書の実践的なステップを実行したのです。

ステップ2　現状把握——生命エネルギーの使い道を調べる

この偉大なる真実——お金＝生命エネルギー——は、あなたの人生にどのような変化をもたらすでしょうか？　お金をただ対処すべきもの、もしくは安全、力、悪魔のツール、人生のご褒美だと考えていたとき、あなたは「こうすべきだ、ああすべきだ」といった観点から自分の行動を合理化してきました。お金＝生命エネルギー——あなたの生命エネルギー——であることを理解したことで、これまでその貴重なエネルギーを使って、どれくらいモノを買ってきたのかに、ますます興味がわいてきていると思います。経済的自由に向けた第2のステップは、この好奇心を満たすためのステップです。

ステップ2はふたつの部分から成ります。

（A）仕事をするために必要な時間とお金、両面でのコストを計算し、実質時給を計算する。

（B）あなたの収入と支出を1セント単位で逐一把握する。

（A）生命エネルギーをいくらと交換しているのか？

お金とは単に生命エネルギーを差し出して手に入れるものだということを、これまで明らかにしてきました。それでは実際に、あなたは自分の生命エネルギー（時間）をいくら（ドル）と交換しているのでしょうか。つまり働いた時間に対して、いくら稼いでいるのでしょうか？　ここからは、そのことについて調べていきたいと思います。

大半の人はその交換比率の見方を間違っています。非現実的かつ不適切な見方です。「週40時間働いて、１０００ドル稼いでいるので、生命エネルギー1時間を25ドルと交換していることになります」。残念ながら、こんなシンプルな計算ではありません。あなたの仕事と直接関係する生活の中での行動――生命エネルギーの使い方――をすべて洗い出してみてください。その仕事と直接関連するあらゆる支出を思い浮かべてみてください。つまり、もしその仕事をしなければ使わずに済んだ時間とお金について考える必要があるのです。

驚く準備をしておいてください。自分の仕事に対して怒りの感情――単調な時間、退屈、社内政治、本当にやりたいことができなくなる、上司や同僚との性格の不一致などが原因――を抱いている人もいます。彼らは無力感に苛まれ、買い物で気を紛らわせるしかありません。その「嫌いな仕事」に人生のどれだけの時間を使っているのか、知る覚悟はできていますか？

また、仕事をしていなければ自分でやっていた料理や掃除、修理などの代行にどれだけのお金を使っているのか、知る覚悟はできていますか？

会社で昇進し続けるために必要なあらゆるもの、つまり野心を満たすための多くの費用を知る覚悟はできていますか？　ふさわしい車。ふさわしい服。ふさわしい都市のふさわしい地域にあるふさわしい家。子どものためのふさわしい私立の学校。

以下の説明を参考にして、9時5時の仕事を続けるために浪費される時間とエネルギーの真のトレードオフを自分で調べてみてください。すべての項目があなたに当てはまるわけではありません。ここで挙げていないものでも、あなたには当てはまるものがあるかもしれません。

フリーランスの人にとっては煩雑な作業になりますが、それだけに得られる対価も大きいです。すべての仕事について同じ分析をしましょう。実際よりも低く評価していた仕事、もしくは高く評価していた仕事を発見して驚くかもしれません。

以下に挙げる例では、支出表を作成するために時間とお金に関して恣意《しい》的な数字を割り当てました。この説明の最後で、生命エネルギーとお金の実質交換レートを表にまとめています。自分自身の計算をするときは、自分の数字を使って実質時給を計算しましょう。

通勤

家と職場の往復には、時間かお金、もしくはその両方が必要です。自分で車を運転しても、タクシーを使っても、ライドシェアしても、自転車でも、徒歩でも、公共交通機関でも変わりません。ここでは、自家用車で通勤すると仮定します。駐車場代や有料道路の通行料金、維持費などを忘れないでください。通勤時間を往復で1・5時間、週7・5時間、ガソリンと維持費は週100ドルと仮定します（公共交通機関を利用する場合は、数字は多少変わるでしょう）。

7・5時間／週、100ドル／週

仕事着

職場で着る服は、休みのときに着る服と同じですか？　もしくは、仕事にふさわしい特別な格好をする必要がありますか？　看護師のユニフォームや建設作業員の安全靴、シェフのエプロンなどわかりやすい服だけではなく、オーダーメイドのスーツやハイヒール、ネクタイ、ストッキングなど、職場で標準となっている格好も含まれます。その仕事着をよく見てみてください。仕事で必要とされていなければ、あなたはネクタイを締めたり、3インチのヒールで毎日歩いたりしますか？アフターシェーブローションや派手な化粧など、身だしなみのために使う時間やお金のことも考えてください。

買い物や化粧、髭剃《ひげそ》り、ネクタイの着用など、服や身だしなみのために使うあらゆる時間を勘案してください。あなたは週1・5時間、週25ドル、こうした行為に時間やお金をかけると仮定します（年間の服代を52週で割り、さらに化粧代を加える）。

1・5時間／週、25ドル／週

食事

仕事が原因で増える食費や食事のための時間にはさまざまなものがあります。例えば、朝と昼のコーヒー、社食のために並ぶ時間、自炊できないほど忙しい（もしくは疲れている）ときに取る出前や外食などです。

週5時間、外食や朝のコーヒーの時間に使っていると仮定します。また、地元のレストランでの昼食は自炊よりも週30ドルほど余分にかかり、仕事のご褒美として飲んでいるコーヒーブレイクに週20ドル使っているとすると、総額50ドルになります。

5時間／週、50ドル／週

日々のストレス解消

あなたは仕事を終えて帰宅した後もやる気に満ち、個人的なプロジェクトや地球環境のためのプロジェクトに嬉々として取りかかっていますか？　もしくは家族や愛する人と親密な時間を過ごしていますか？　それともクタクタに疲れ、「今日も大変だった」と言って、ビールやマティーニを片手に黙々とテレビの前のソファやパソコンの前の椅子に座り込みますか？　もし仕事によるストレスや疲れを解消するのにしばらく時間がかかるのであれば、その時間も仕事がらみの時間と言えます。聞いてくれる人に仕事や同僚の愚痴を言う時間も計算に入れてください。大雑把《おおざっぱ》に言うと、週5時間、週30ドルといったところでしょうか。

5時間／週、30ドル／週

逃避のための娯楽

「逃避のための娯楽」という言葉がよく使われますが、いったい何から逃避するというのでしょうか？　逃げなければならない牢獄や抑圧的な環境とは、いったい何なのでしょうか？　もしあなたの人生が充実し、ワクワクするものであれば、何から逃れる必要があるのでしょうか？　スクリーンの前で膨大な時間を過ごしていませんか？　「今週の仕事は大変だったから、夜は街で羽目を外そう！」「週末は仕事を忘れて、ラスベガスにでも行こう！」。そういう気晴らしは必要ですか？　退屈な仕事を耐え抜く正当な報酬として、生命エネルギーとお金をどれくらい使っていますか？　週末の娯楽にいくら必要だと考えますか？

もちろん、芸術鑑賞は心地よく心を揺さぶり、この上ない刺激になり、大きな滋養を与えてくれます。こうしたことに費やすエネルギーは人生に価値を与え、一瞬たりとも無駄ではありません。芸術に夢中になることは逃避ではなく、自分を高めてくれるものです。仕事に関係する支出ではありません。逃避のための娯楽に週5時間、40ドル使うと仮定しましょう。

5時間／週、40ドル／週

休暇

自然の中で過ごす時間や、異文化や知らない土地へ足を運ぶのは、芸術と同じように人生で最良の経験になりえます。ただ、もし「休暇を取ること」がリングに戻るためのコーナーでのタイムアウトのような時間であれば、それは仕事がらみの出費と言えます。例えば、仕事で疲れすぎて旅行を計画する気力さえなく、バハマのリゾートに家族を連れて行き、家でダラダラする代わりにラウンジのソファでゴロゴロするのであれば、それも仕事関係の出費と言えるかもしれません。一方、収納スペースにあるものをすべて売って資金づくりをし、バハマでサンゴ礁の健康状態を調べる研究チームに1週間、ボランティアで参加するのであれば、それは自分のための時間と言えるかもしれません。区別できるのはあなただけです。

ほかには？　別荘やボート、キャンピングカーなど、現実逃避のために年に数週間しか使わないものはどうでしょうか？　洗いざらい数え上げて、総額を52週で割ると、日々の単調な仕事から解放されるために週5時間、30ドル使っているといったところではないでしょうか？

5時間／週、30ドル／週

仕事が原因の病気

病気のうち、ストレス、過酷な労働環境、休みを取る正当な理由が欲しいという強い願望、雇用主や同僚との性格の不一致などが原因で発症したものはどれくらいあるでしょうか？　グレーター・グッド・サイエンス・センター（有意義な人生を送るために科学に基づいた習慣を奨励する機関）は健康や幸福に関する研究を集め、幸福は心の健康を改善し、免疫系を強化し、ストレスを打ち負かし、痛みや苦痛を和らげ、慢性病を減らし、寿命を延ばすという証拠を見つけました。[2] 私たちの長年に及ぶ経験から言っても、賃金労働者よりもボランティアで働いている人のほうが病気の頻度や病気による長期欠勤が大幅に少ないという印象です。端的に言えば、幸福で充実している人は健康だということです。

医療コスト（時間とお金）の何割が仕事によって生じているのかを判断するには、あなた自身の主観的な感覚に頼るしかありません。自己負担の出費は週25ドル、病院や薬局へ行く時間、ベッドに横になっている時間を年間50時間としておきましょう。

1時間／週、25ドル／週

その他の費用

資産と負債の貸借対照表（ステップ1を参照）を見てみましょう。仕事と直接関係がなければ買わなかったと思える項目はありませんか？　その「代行」にいくら払っているのか確認してみてください。仕事がなければ、家政婦、造園業者、修理屋、ベビーシッターは必要ですか？　片親や共働きの人の場合、保育園の費用に収入の大部分を充てていませんか？　仕事がなければ、必要ないのではありませんか？　典型的な週の時間を計算してみてください。そのうち何時間が厳密に仕事がらみですか？　インターネットの求人情報を調べる時間や、仕事の人脈づくりのための社交の時間などはどうでしょう？　仕事のフラストレーションをパートナーに吐き出す時間は仕事がらみと言えませんか？　本書のほかのステップに取り組む際にも、そうした隠れた出費にはとくに注意を払いましょう。

教育プログラムや本、ツール、会合など、キャリアアップのためのコストも見落としてはなりません。置かれている状況はそれぞれ違いますが、基本的な考え方は通用するはずです。仕事がらみのコストに関して独自の項目を見つけてください。

あなたの実質時給

それでは、これらの数値を表にまとめてみましょう。通常の週の労働時間に、これまで計算した仕事がらみの余分な時間を加えます。さらに、もらっている給与から仕事がらみの支出を差し引くのです。休暇や病気など期間の長い項目に関しては、年間費用を50（休暇のある仕事をしていると仮定すると、年間52週－休暇の2週）で割りましょう。

もちろん、各項目はあくまでおおよその数値になりますが、真面目にやればかなり正確な数に近づくと思います。

表2－2には、あなたの時間当たりの実質賃金を計算する過程が示されています。あなたが使った1ドルが、あなたの人生の何時間何分に相当するのかもはじき出されます。この表で使われる数値はあくまで任意のものです。あなた自身の数値や項目は、この表のものとは大きく異なるでしょう。

注記：もしあなたが会社の福利厚生（健康保険、会社負担のある企業年金など）を得ている場合、これらも時給に換算して加えましょう。

2-2　生命エネルギーvs. 収入：あなたの実質時給は？

	時間／週	ドル／週	ドル／時間
労働時間と給与（調整前）	40	1,000	25
調整項目			
通勤	＋7.5	−100	
仕事着	＋1.5	−25	
食事	＋5	−50	
ストレス解消	＋5	−30	
逃避のための娯楽	＋5	−40	
休暇	＋5	−30	
仕事が原因の病気	＋1	−25	
仕事を続けるために必要な時間とお金（調整分の合計）	＋30	−300	
調整後の労働時間と給与（実質の数値）	70	700	10

1ドルはあなたの生命エネルギーの6分に相当

結論：あなたは10ドル稼ぐために、生命エネルギー1時間分を差し出していることになります。あなたの実質時給は、給与を基に計算した25ドルではなく、10ドル――税引き前でも！――なのです。ここで自問自答すべき質問があります。この時給の仕事をあなたは引き受けますか？（仕事を変えるたび、もしくは仕事がらみの習慣を変えるたびに、この計算をすべきです）

補足の数値も興味深いです。この例で言うと、あなたが使う1ドルは、あなたの人生の6分に相当するという計算になります。新たに20ドルのガジンガスピンを買おうとするときは、この数を頭に思い浮かべてみてください。このモノは果たして、１２０分の生命エネルギーに見合う価値があるのだろうか？　2時間の通勤や仕事にふさわしい価値があるのだろうか？

私たちの計算では、昇進のための戦略を練る時間や、仕事が原因で悪化した家族関係の修復時間、仕事に見合ったライフスタイルを維持するための時間や費用は含まれていません。実際は、仕事にからむコストはさまざまな形であなたの生活の隅々まで浸食しています。

ステップ2の作業を始めると、マーク・Hの人生はひっくり返りました。彼は建設業界でプロジェクトマネジャーとして10年間働いてきました。「生活のためにやっていた仕事には満足してなかったけど、収入がかつかつだったんで『大都市での生活はこんなものさ』と開き直っていたんだ」

マークはステップ2を実践し、自分の実質時給を計算してみました。「自分たちの支出パターンを分析してみると、収入のおよそ半分が仕事に使われていたことが明らかになったんだ。ガソリン、オイル、修理、ランチ、その他もろもろ。いずれも仕事を続けている限り修正不能な習慣だった。もし在宅でパートタイムの仕事をしていれば、以前の半分の収入でも貯金できた」

仕事を辞めて、本当にやりたかったことや目標を追いかけることができると気づいたとき、彼の人生のすべてが変わりました。長い間、後回しにしてきた金銭的な問題――カードローンの返済、レストランでのランチの習慣をやめる、過去の言い争いを蒸し返すことなく、妻と長年の懸案だったお金の問題について話し合う――に手をつけることができました。お金とのかかわり方を見直すことで、妻が好きでやっている仕事（特別な支援を必要とする子どもへの教育）の給与だけで夫婦が生活でき、彼自身は昔からやりたかったカウンセラーやセラピストの学校に行けることに気づいたのです。「お金を稼ぐことではなく、お金との異常なかかわり方を見直すことに集中したおかげで、ストレスはなくなったよ」

このステップの目的

どうしてこの作業が、お金とのかかわり方を根本から見直す上で不可欠なのでしょうか？

①賃金労働者を現実の観点に立たせ、自分が実際にいくら稼いでいるのかを教えてくれます。

②現在の仕事と将来就くかもしれない仕事を、実際の収入の観点から現実的に評価できます。このステップで集めた情報は、将来就く可能性のある仕事にも応用することができます。長時間の通勤を伴ったり、服装や身だしなみにうるさい仕事は、給与の低いほかの仕事よりも実際に

は割に合わないかもしれません。生命エネルギーをどれくらい差し出すのかという真実の観点から仕事を比べてみましょう。

③あなたの仕事に対するモチベーションや仕事を選ぶ際の選択基準をより明確にしてくれます。マーク・Hの話は決して珍しいものではありません。非常に多くの人が、仕事を続けるためだけに、収入以上のお金を使っています――そして幸運だと思っているのです。ほかにも仕事がらみの不要な出費を意識できるようになったおかげで、実質時給が以前の2倍になったという人もいます。支出全体のうち仕事に伴う出費の割合を認識できたことで、その多くを削減することができたのです。例えば、飲食店を利用する代わりに家から弁当を持参したり、車を運転する代わりに公共交通機関を利用したり（帰宅途中の気分転換の時間にもなります）、オシャレな服を何着もそろえる必要があるのか見直したり、妻と毎日散歩に行って運動する（体調だけではなく、夫婦関係も改善します）ようになりました。

また、このステップの結果をもとに求人募集に応募したり、仕事を引き受けたりする際の基準にこの結果を利用する人もいます。実質時給がいくらかを計算すれば、その仕事が自分に見合うのかどうかがはっきりとわかります。実際、以前であれば応募したものの、いまでは検討すらしない仕事もあります。

ノーシェイム、ノーブレイム

このステップは、あなたの仕事やアイデンティティに対する感情が最も強烈にわき上がるステッ

チェックリスト　生命エネルギーVS. 給与

	時間 時間／週	お金 ドル／週
通勤：		
車の損傷		
ガソリン・オイル		
公共交通機関		
駐車場代		
通行料金		
メンテナンス		
徒歩・自転車		
タクシー／ライドシェア		
保険		
身だしなみ：		
仕事着		
化粧		
高級カバン		
髭剃り		
食事：		
コーヒー		
ランチ		
付き合い		
ご褒美としてのごちそう		
コンビニの食べ物		
日々のストレス解消：		
子どもがおとなしくしていなければならない時間		
市民生活を送れるまでの余分な時間		
作業を始められるまでの余分な時間		
気晴らし		

	時間 時間／週	お金 ドル／週
逃避のための娯楽：		
映画		
バー		
ケーブルテレビ		
インターネットのサブスクリプション		
ゲーム		
休暇、たまにしか使わないもの：		
運動器具		
スポーツ用品		
ボート		
別荘		
仕事が原因の病気：		
風邪、インフルエンザ		
腰痛のためのマッサージ		
ストレスで引き起こされた病気のための入院		
その他：		
掃除代行		
芝刈り代行		
ベビーシッター		
保育園		
教育プログラム		
専門雑誌		
会合		
コーチング		

プでもあります。思いやりのある自己認識がカギです。感情がわき上がるたびに、きちんと向き合いましょう。その感情を批判してはいけません。仕事や上司、自分自身、もしくは本書を批判してもいけません。

仕事を続けるために、むしろお金を払っていたらどうしますか？　次の週のモチベーションとして、自分自身へのご褒美に給与をすべて使っていたら？　たった時給10ドルの仕事のために、出世コースに求められるプライベートを犠牲にする生活を送っていたら？　それらはすべて、もはや過去の生活です。「お金＝生命エネルギー」だという事実を知る前に、必要だと思い込んでいた生活にすぎません。

（B）収入と支出を1セント単位で把握する

ここまでは「お金＝生命エネルギー」であることをお伝えし、あなたが1ドル稼ぐのにエネルギーの何時間分を差し出しているのかを計算してきました。ここからは、そのお金という生命エネルギーが形を変えたものが、どのように生活の中で出入りしているのかに意識を向ける、つまり日々の収入と支出を細かく把握する必要があります。このステップ2の2番目の作業は、シンプルではあるものの、必ずしも簡単ではありません。では、あなたの収入と支出を1セント単位で把握していきましょう。

多くの人は意図的にお金に対して無頓着に振る舞います。「お金」と「愛、真実、美、精神性」は分けて考えるべきだという、誤った信仰があるからです。恋人にはすべてをさらけ出しますが、給与をさらけ出すことはありません。多くの家族が、お金の使い方について互いを非難することは愛に反する行為だと思い込み、どんどん借金の泥沼にハマっていきます。地域のボランティア団体は、日々の業務を管理する職員の給与を払うための募金をためらい、結果的に燃え尽きてしまいます。多くの友人が他人に貸したお金やモノを取り戻せません。いちいち覚えておくのは心が狭いし、しつこく返済を迫るのは相手にとって失礼だと思うからです。

これは親と子どもの間でよく起こることです。貸したお金を逐一把握しておくのは、無償の愛に基づくべきやりとりを、安っぽくするように思えるからです。これらすべての過ちが、同じ考え方に由来します。お金はお金、愛は愛、それら2つが交わることは決してないという思い込みです。自分自身の心の中をのぞいて見てください。高尚な哲学的、精神的理想を理由に、お金に対して無頓着になっていませんか？

精神の規律

時代を問わず、古今東西の宗教には、自分の心をいまこの瞬間に集中させるための技術があります。呼吸を意識する、散漫な心を集中させるために同じ文言を繰り返す、過去の記憶や将来の幻想に惑わされることなく、目の前の事象に集中力を研ぎ澄ます、格闘技（合気道や空手）の稽古をする、いま手がけていることを俯瞰《ふかん》する心の中の傍観者をつくり上げるなど、形式はさまざまです。このリストに、私たちは意識を研ぎ澄ませるためのもう1つの規律を加えます。本書のプログラムには不可欠で、地に足がついた物質主義的な西洋人のメンタリティには、秘儀的な訓練よりもおそらく受け入れやすいものです。呼吸の流れを意識するのではなく、お金の動きを意識するのです。やることはいたってシンプルです。あなたの生活の中で出入りするお金を1セント単位で把握するだけです。

具体的に決まったやり方はとくにありません。指定された形式の記録帳もとくにないです。ポケットサイズのメモ帳を携帯するだけで十分です。それさえあれば、入ってきたお金と出て行ったお金の金額と日付を記録できます。お金よりも日付を重視する人は、スケジュール帳の決まった部分に収入や支出を記録してもかまいません。

仕事のアポや業務内容、住所などと一緒に、携帯電話やパソコンに記録する人もいます。彼らは銀行口座をインターネット上のツールと連結させ、デビットカード（もしくは毎月精算されるクレジットカード）だけを使います。最新の数字を常に手元に持ち歩いているのです。パソコンやスマートフォンによって、作業はこれまでよりも楽になりました。ただ、これが正しいという決まったやり方はなく、あなたに最も向いたやり方が最適なやり方です。

ここでつまずく人もいます。お金を細かく把握したくないのです。面倒すぎる。几帳面《きちょうめん》すぎる。時間がかかりすぎる。あまりに自分と向き合いすぎる。1セント単位？　1ドル単位じゃダメなの？　10ドル単位では？

キャロリン・Hは当たり前のように自分のお金の出入りを把握していました。ところが、夫はそうではありません。「1セント」にこだわってもしょうがない。誰もそんなふうに生活したくはない。それが彼の持論です。「数年前、彼を乗り気にさせるために、彼の性格に合うように収支の把握の簡素化をしたの。それが見事にハマったわ」と彼女は言います。彼女はおおよその数字だけを把握するようにしました。可能な限り把握に努めるものの、過度に執着することはしません。最低限は使徒不明の支出も許容し、そのための項目もつくりました。ほとんどゼロのときもあれば、200ドルに達するときもあります。以前はイライラすることもありましたが、いまでは何とも思いません。

興味深いことに、夫のほうがその金額を気にするようになり、少ない額に抑えるようになったのです。「大きな金額を実際に目にしたことで、自分の支出に以前よりも意識を向けるようになったの。どんな話し合いや言い合い、本なんかよりも効果的だったわ。本当にうれしかった」

マイク・Lは長い間、自発的にシンプルライフを実践するグループを主導してきました。すべてのメンバーに彼や彼の妻と同じように、律儀に「それぞれのステップを実践」するよう奨励し、驚くべき成果を上げてきました。彼こそまさに、1セント単位で把握しないと気が済まない人でした。

ところが、夫婦で新しいコミュニティのぼろ家に引っ越した際、彼はグループのメンバーがステップ2に圧倒される理由が徐々にわかってきたのです。彼は自らその家をリフォームすることに決めました。日々の金銭的な取引が急増したため、領収書のシワを伸ばし、支出を記録する作業に費やす時間も急増しました。彼はデビットカードを使い、銀行に取引データを送ってもらうことにしました。リフォームに伴う支出が落ち着くまでの生活を楽にしてくれるオンラインツールを利用したのです。

ある人によれば、経済的忍者タイプの人――数字を弾いたり、システムを最適化したり、隙間を開拓するのが好きな人――は、収支を逐一把握することを呼吸のように自然な行為だと感じ、他人による説得すら必要としていません。一方、右脳タイプの人――創造性と直感的思考で知られている――にとっては、利き腕とは反対の手で文字を書くように感じてしまうようです。カレン・Eは「私は収支を細かく把握するのは大好きよ。もう14年も続けていて、やらない自分を想像すらできないわ。おかげでヨーロッパ（フランスのハウスボート）で1年の半分を、残りの半分をアメリカで過ごすことができてるの。好きなときにボランティアをして、好きなときに旅行もできるのよ」と言います。彼女はこの作業にうってつけの人物と言えるでしょう。

ミニマリストやクリエイティブなタイプの人は、マイク・Lと同じような戦略――あらゆる支出をデビットカードで支払う――を取り、以前はまったく把握できていなかったものを制御できるようになることで、驚くほど心の平静を取り戻せます。彼らは創造したり、瞑想《めいそう》したり、旅行したりする時間が増えると考えることで、収支の把握を習慣づけることができるのです。

収支の把握を始めて、お金の使い方がより鮮明になったことで、ドン・Sは外食する代わりに弁当を持参するようになり、自炊の回数も増えました。「僕にとっては支出を制限できたことよりも、これまでいかに罪悪感を感じることなくお金を使っていたかに気づけたことが大事でした。食費をおよそ半分まで減らし、月100ドルほど節約しました。自分のお金の使い方に気づけたことで、自然に無駄な支出を抑えることができ、自分や自分の幸せにとってより大事だと思えるものにお金を使えるようになりました。毎月、数百ドル節約することで、3週間のヨーロッパ旅行をすぐに実現できました！　より効率的なお金の使い方をすることで、以前よりも幸せになり、貯蓄も増え、楽しいものにお金を使ってもストレスを感じなくなりました」と彼は言います。

やり方は問いません。とにかくやってください（やらずにプログラムは成功しません！）——そして正確に把握しましょう。あらゆる収入と支出、正確な金額、取引の名目を記録する習慣をつけましょう。お金を使う、もしくは受け取るたびに、その場で書き留めることを習性にするのです。『となりの億万長者』の著者、トマス・J・スタンリーとウィリアム・D・ダンコによると、収入と比較して純資産の金額が大きい人たちは、服や旅行、住居、移動などにいくら使っているのかを把握していると言います。一方で、収入と比較して純資産の金額が小さい人たちは、自分たちがいくら使っているのかを知らないと言います。まったく対照的なのです。

表2-3は、2日間の記録を示したものです。まったくのフィクションです。それぞれの支出がいかに詳細に書かれているのか、いかに具体的に説明されているのかに注目してください。コンビ

2-3　日々の収支の記録

金曜日、8月24日		収入	支出
通勤途中の橋の通行料金			1.50
仕事中のコーヒーとデニッシュ			5.50
トイレで拾ったお金		0.25	
職場でのランチ			7.84
ランチのチップ			1.50
ジャックから返してもらったお金		7.00	
職場でのコーヒー休憩			3.25
職場での寄付			10.00
職場での炭酸飲料（自販機）			1.25
職場でのアメ（自販機）			0.75
ガソリン:10ガロン(3.5ドル／ガロン)			35.00
コンビニ:チップス、ディップ、炭酸飲料			5.39
コンビニ：8個入り単三乾電池			7.59
週の給与		760.31	
（控除に関しては給与明細を参照）			
土曜日、8月25日		収入	支出
食料品店での買い物			121.55
	品目		
潤滑油	6.00		

2-3　日々の収支の記録（続き）

グリーティングカード	3.50		
雑誌	4.50		
家庭用品	17.75		
トイレ用品	15.50		
ワイン	10.00		
小計	57.25		
食料	64.30		
合計	121.55		
デパートでの買い物			75.92
	品目		
家庭用品	12.00		
仕事用シャツ	27.00		
キャンディー	4.50		
写真	16.00		
金物類	6.00		
自動車付属品	10.42		
合計	75.92		
昼食、サンドイッチ店			7.88
友人と夕食、中華料理店			23.94
夕食のチップ			4.50
友人とコンサート			24.00

ニで使ったお金についても、おやつ（チップス、ディップ、炭酸飲料）と電池で区別されています。土曜日の雑貨店やデパートでの買い物も、同様の仕分けがなされています。各品目に関しては概数です（できるだけ正確であることが推奨されますが、トイレットペーパーやワインなどの正確な支出額を計算するのは時間がかかります）。総額は1セント単位で正確でなければなりません。

1セント単位？……でもどうして？

覚えておいてほしいのですが、この作業の目的は単純にあなたの財布に入ってくる、もしくはあなたの財布から出て行くお金を1セント単位で把握することにあります。

「どうしてそこまで細かく徹底しないといけないのか？」と聞きたくなるかもしれません。ただ、このやり方が最良の方法なのです。実際のお金の出入りの仕方が、自分の想定とどれだけ違うのかを痛感することができます。

それまでは、日々の細かいお金の出入りに関して無頓着な人がほとんどです。古い格言にある「penny wise, pound foolish（小さい金額を使うときはケチだが、大きな金額を使うときは無駄遣いする）」とは逆の行動を取る人が少なくありません。つまり、新しい4色の左利き用のある機器を75ドルで買うべきかについてはきちんと深く考え、パートナーとも相談する一方で、ささいなつまらない買い物には無頓着になるあまり、1カ月という期間で見ると、それ以上のお金を無駄にしてしまうことがよくあります。

「でも、1セント単位で把握しなければならないの？」と聞きたくなるかもしれません。

答えはイエスです。1セント単位です！

どうして1ドル単位や概数ではなく、1セント単位なのでしょうか？　その理由は、生涯続けるべき重要な習慣づけにつながるからです。どのくらいまでが誤差で、どのくらい正確であれば十分なのでしょうか？

経済的自立を達成した人も1ドル単位の把握で妥協する人が少なくありませんが、それは堕落です。人間の性質を考えると、少しでもごまかし始めれば、それが次第に大きくなり、すぐに次のように考えるようになります。「何から何まで書き留めなくてもいいだろう。大きな品目だけで大丈夫だ」。それからさらにこうなります。「もう1カ月続いたな。これからは1000ドル単位で把握しよう」（ダイエットのようなものです。火曜日の朝にバターなしのトーストの代わりにバターたっぷりのイングリッシュマフィンを食べてダイエットを中断すると、もっと平気にごまかすようになり、夕方には1カートンのアイスクリームと1ポンドのケーキを胃袋の中に入れています）

成果のある取り組みにしたいのであれば、正しくやることが大切です。1セント単位に抵抗感があるのであれば、10セント単位、もしくは1ドル単位でやってみてください。それ以上大雑把にすると、細切れだからといって、10切れのケーキを平然と食べてしまうようなものです。実際に口に入れているのはかなりの量です。

本書の初版を書いて以降、クレジットカードは消費者文化の中で誰もが当たり前に利用するものになりました。いまではクレジットカードを持つことが、大人への通過儀礼のようになっています。クレジットカードは非常に便利ですが、お金の使い方が不注意かつ無意識になりがちです。もし収支の把握が難しくなれば、1カ月の間、カードを使わないことをお勧めします。銀行からお金を下ろし、その1カ月間、いくら使ったのかを逐一把握しましょう。お金の使い方に対する意識が高まるだけではなく、貯蓄に対するモチベーションも上がります。こうすることで地に足の着いたお金の使い方に戻れると、多くの勤勉な節約家は感じています。

お金と生命エネルギーとは表裏一体です。貴重品である生命エネルギーを大事にし、その使い方については高く意識を持ちましょう。

徹底して細かく把握することに最初は抵抗感を感じるかもしれませんが、最終的には自ら受け入れなければなりません。お金のプロになる道程の中で、極めて大切な通過点だからです。

あなたの財布に入ってくる、もしくは財布から出て行くお金を1セント単位で把握しましょう。

役立つ心構え

大雑把にやらない。 レンズが少しでもずれている望遠鏡では星は見えません。私たちの生活にも同じことが言えます。少しごまかすだけで、明るく照らしてくれる光の量は減ります。この作業は情け容赦なく、果断に、完璧にやらなければなりません。

あなたのやる気が試されています。このプログラム（そして人生）に成功するカギの1つは、適当や大雑把から、正確、精密、完全無欠の心構えにシフトすることです（人生のほかの局面でも、妥協しない心構えが奇跡を起こします。多くの人がこのステップに取り組むことで、体重を減らし、机を片付け、壊れた関係を修復しました。とにかく完璧、完璧、完璧です）。

判断しない――識別しよう。判断する（自分や他人を非難する）というのは、物事を善悪の観点で色付けするということです。お金とのかかわり方を根本から変え、経済的自立に到達する過程で、判断や非難は役に立たないことに気づくと思います。一方、識別するというのは極めて大切なスキルです。識別とは虚偽から真実を見分け、もみ殻から小麦を選別することです。生活における収支を1セント単位で書き留める過程で、どの支出が適切かつ満足いくもので、どの支出が不必要かつ無駄なものか、もしくは完全に恥ずべきものかを識別できるようになるでしょう。

識別とは、誰もが持っているより高度な能力――真実を見抜き、大局観を持ち、死ぬ前に世の中を変えることが真の生きがいだと悟る能力――と密接につながっています。本書のプログラムを実践していく中で、この能力はますます求められるようになります。お金を使うときに、この識別する能力を活用することが経済的調和のカギになります。1セント単位で記録することで、この眠っている超能力を呼び覚まし、人生の羅針盤としてますます役立てられるようになります。

ステップ2のまとめ

（1）（正確かつ正直に）生命エネルギーをいくらと交換しているのか明確にし、自分の実質時給を弾き出しましょう。

（2）自分の生活における収入と支出を1セント単位で把握することによって、自分のお金の使い方を知りましょう。

次の質問を自分に問いかけてみよう

・お金とは何ですか？
・5単語以下でお金との関係を説明してください。どうしてそれらの単語を選んだのですか？
・お金を持っているときと持っていないとき、どちらがよりストレスを感じますか？
・以下の文章を完成させてください。「もっとお金を持っていれば、私は……」。詳細に書いてください！
・自分の価値に見合う収入を得ていますか？
・なりたい人物になる、やりたいことをやる、欲しいものを手に入れる上で阻害要因となっている信念は何ですか？

第3章

いったい何に使っているの？

おめでとうございます！　ついに現在の時点までたどり着きました。これまでの人生――今日、先週、先月、初めてお小遣いをもらって以降――におけるお金の出入りを知ることは、経済的理解に向けた一里塚であり、非常に大きな一歩です。ただ、このプログラムの最終的なゴールから振り返れば、あなたはまだスタート地点に立っただけです。これまで学んできた内容はすでに鮮烈なものかもしれませんが、まだまだ序の口です。

ステップ1とステップ2では、お金の呪縛から解放されるためには徹底的に金額を把握する必要があるという、専門家（著者である私たちやこのプログラムの成功者）の教えに従うだけでした。収入や支出、銀行残高、持ち物など金額で表せる項目に名称や金額を付けることだけを求められました。ステップ3では、より独自性が求められます。これまで集めてきた情報に、自分で評価を下すというプロセスが始まるのです。

予算は必要か？

このステップのお金に対するアプローチは、予算を立てるのとは真逆のやり方になります。予算を立てることは、いい加減なお金の使い方をしないようにするための効果的な手段になりえます。収入に基づいた、計画的な支出ができるようになります。毎月の支出をきちんと収入内に抑え、家賃を払うお金で衝動的にドレスを買ったり、公共料金を払うお金を使って衝動的にネットショッピングで散財することはなくなります。ただ、予算を立てるのはあくまで手段です。

一方、本書のプログラムの目的は、「あなたにとっての十分な支出の水準を知る」ことにあります。住居費は収入の25～35パーセント、食費は20パーセント、医療費は5～10パーセントといった、常識的なアドバイスに従って標準的な予算を組むことではなく、あなた独自の水準を知ることです。前述した支出の基準に従うだけでは、65歳まで9時5時で働くといった、ありきたりな人生を歩むことになるかもしれません。

例えば、あなたはジャスティンと同じかもしれません。彼は週10時間、家事を手伝う代わりに、高齢女性の自宅の1室に住まわせてもらっています。こうした住居の確保の仕方は予算の項目にはありません。彼はキャンピングカーを買うためにお金を貯めています。予算のどの項目に入れればいいのでしょうか？　キャンピングカーで生活しながら米国全土を旅して回る計画です。旅先で場所を提供してくれるホストから私設車道を借り、そこで寝泊まりするつもりです。いわゆる低予算旅行という扱いでしょうか？　彼はその旅行をネタにブログを書き、スポンサーを募って経済的な支援をしてもらう計画です。これは収入扱いになるのでしょうか？　彼は食料の探し方や、狩りについても学びたいと思っています。これに関連する支出は食費扱い、もしくは娯楽扱いですか？

こうした分類を見ると、一部の人たちは自分の生活をスプレッドシートの項目に杓子《しゃくし》定規に当てはめるのが難しいことがわかります。予算を立てるのとは違って、ステップ3では、あなたの個性や創造性を犠牲にすることなく、お金の使い方をはっきりさせるために、自由な発想が許されています。

標準的な分類や標準的なパーセンテージを使って支出計画を立てるのではなく、あなたは自分の生命エネルギーの使い方を観察することで自分なりのパターンを発見し、あなた固有のお金とのかかわり方を明確にしていきます。独自の支出パターンに気づき、意識することで、あなたの人生は必ず変わります。何らかの経済的目標を目指しているわけではなく、あなたが求めているのは、与えられた人生の時間を正しく使うことだからです。

ダイエットとマインドフルな食事の違いのようなものだと思ってください。ダイエットの場合、あなたは成果――体重を減らす――を求めて、ある型にはまったやり方に従って食事をします。ダイエットのやり方にはさまざまなものがあり、真っ向から対立するものも少なくないため、自分に不満がある人は、その過体重を解消するために、次々と新たなダイエット法を試していきます。外部に解を求めながら変化を促す作業です。

マインドフルな食事ではゆっくりと箸を進め、自分が実際に何に飢えているのかに注意を払います。そうした自己認識がなければ、疲れているときや喉が渇いているとき、日光浴と散歩が必要なときに、食事を取ろうとするかもしれません。マインドフルな食事とは、食事を味わうということです。味わうことは、食べているものが自分にとってよいものかを五感で感じる1つの方法です。身体が十分に満たされたのかを知るために、何度も箸を止めましょう。もし十分に満たされているのであれば、箸を置きます。自分の心に解を求める作業であり、標準に従うのではなく、身体の満足度に従います。

『ダイエットしないで痩せる方法』の中で、ボブ・シュワルツはダイエットの新たな手法を次から次に試すのをやめるための4つのルールを紹介しています。

①お腹が空いたときに食べる
②身体がちょうど欲しい量を食べる
③毎回の咀嚼《そしゃく》を意識して食べる
④身体が十分だと感じたら箸を置く[1]

非常にシンプルです。やらなければならないのは意識することだけです。考えたり感じたりしながら、自分が考えていること、感じていることを意識するという意味です。心の中の目を養うということです。心の中の目とは、温かい眼差しでいま起きていることを観察する目です。判断したり、評価したりはしません。ただ、好奇心を持つのです。もし自分が昔の習慣——退屈なときに食べる、キッチンでひとりで食べる、仕事の合間に食べる、仕事のご褒美として食べる、落ち込んでいるときに食べる、人をうらやんでいるときに食べる、怒っているときに食べる——に戻っていると気づいたら、再び意識するようにしましょう。罪悪感を感じる暇があれば、すぐに身体の飢え、満足、モチベーションを観察する習慣に戻るのです。

シンプルですが、必ずしも容易ではありません。心の筋肉を発掘し、鍛える必要があります。間違った使い方をして、衰えているかもしれません。「空腹」とは何か、「満腹」とは何か、本当は何が欲しいのか、食べながら実際に何を食べているのかを見極める必要があります。本書のプログラムはマインドフルな食事と同じ方向にあなたを導きます。

①外部の助言や習慣化した欲望ではなく、心が発するシグナルを見極め、それに従う必要がある
②短期的な支出ではなく、長期的な支出パターンを観察し、調整する必要がある

このステップは、標準的な項目（食費、住居費など）に収入の何割を割くべきかといった、誰かがつくった予算に従うことではありません。毎月、月初に、今月はもっと頑張ると誓うことでもありません。罪の意識を感じることでもありません。自分自身で（何が欲しいかではなく）何が必要か、どんな買い物が満足感をもたらすのか、何が自分にとって十分なのか、実際に何にお金を使っ

ているのかを見極める作業です。誰かがつくった基準ではなく、あなたの現実に基づいたプログラムです。つまり、成功するかどうかは、あなたが正直かどうか、誠実かどうかにかかっているのです。

数多くある経済状況を改善する方策との違いも、ここにあります。予算や欠乏ではなく、意識や満足、選択に基づいています。

ステップ3では意識の筋肉を鍛えます。もし衰えている場合は、痛みを感じるかもしれませんが、実際には痛みのあるような作業ではありません。ただ楽しいだけです！

ノーシェイム、ノーブレイム

この言葉を覚えていますか？　ノーシェイム、ノーブレイム。あなたが向き合っているのは、あなたがこれまでの人生で下してきた選択です。ノーシェイム、ノーブレイム。国税庁による税務調査を受けるのではなく、自分でこの作業をできることは非常に幸運なことです。亡くなる数時間前ではなく、今できることは非常に恵まれていることです。ノーシェイム、ノーブレイム。ベッドの下に隠れたいとき、悩みを忘れるまで散財しているとき、このプログラムをやめようと思ったとき、この言葉を必ず唱えてください。ノーシェイム、ノーブレイムです。

アニータ・Cは、新たな意識を持ってクローゼットの服を調べるときに、まさにこの言葉が必要でした。彼女が何に中毒になっているのかは明らかでした。服とコスチュームジュエリーです。彼女は買い物依存症でした。車を運転していると、セール品を確かめるためにショッピングモールに立ち寄りたい衝動に駆られるのです。

買い物は自分の心を落ち着かせる効果がありましたが、その結果がクローゼットに眠る大量の服です。長年の買い物依存症の結果でした。そのとき改心していればよかったのですが、できませんでした。買い物の習慣は続き、ついにバランスが崩れました。着もしない服を買いだめすることに嫌気がさしたのです。当面の措置として、持っている服をプレゼントとして人にあげて、余分な量を正当化しました。一度も着ていない服を友人や親類に手渡すのは楽しい行為でした。徐々に買い物をしたいという欲求は収まりました。

ところがある日、お気に入りのデパートで新色のセーターを物色している自分に気づいたのです。そこで意識が警鐘を鳴らします。「これが人生でやり続けたいことなの？　これからも死ぬまでこんなことを続けるの？　私はいったい何をしているの？　もう、うんざりよ！」。彼女は何も買わずに店を後にしました。そうした経験を経て、アニータは買い物をしたいという欲求がなくなったことに気づいたのです。

もしアニータが標準的な予算と支出計画に取り組んでいれば、自分の買い物が衝動・強迫行為であることを認識できなかったかもしれません。本質的な問題から目を逸らしながら、買い物好きのままだったはずです。買い物の習慣に対して、しっかりと温かい心の眼差しを向けることで、自分がすでに十分持っていることを自覚することができたのです。いまでは買い物にアレルギーすら感じており、ウィンドウショッピングが定番だった旧友を何人か失いました。ただ、失ったものよりも、得たもののほうが大きいと感じています。

それでは取り組むべきことを理解したところで、ステップ3に実際に取りかかりましょう。

ステップ3　毎月の支出表をつくる

ステップ2で、収入と支出を1カ月間、詳細に把握したいま、あなたはお金の出入りについて具体的な情報を――1セント単位で――十分に持ち合わせているはずです。**ステップ3では、あなたの生活の個性を映し出す支出カテゴリーを明らかにしていきます。**ここで言う支出カテゴリーは、食料、住居、衣服、移動、医療といった単純化しすぎた予算のカテゴリーとは違います。

食料や住居など基本的なカテゴリーを設けるかもしれませんが、それぞれの代表的なカテゴリーの中に、あなたの支出の全体像をより正確に映し出してくれる多くのサブカテゴリーが見つかると思います。このステップの楽しい（そして難しい）部分は、あなた独自のカテゴリーとサブカテゴリーを見つけることです。あなた自身のユニークな支出習慣をまとめた百科事典のようなものです。おそらくこれまでで最も正確にあなたのライフスタイルが映し出されたものになるでしょう。

ここに映し出される生活が本当のあなたです。これまでの思い込みや通説など忘れてください。

経歴や所属している組織など忘れてください。ステップ3に取り組むことで、あなたは自分の生活——長期にわたる収入と支出——をきれいに映し出すピカピカの鏡を手に入れます。その鏡の中には、お金を稼ぐために投じた時間と引き換えに、何を手に入れたのかが映し出されているはずです。

カテゴリーを決める

独自のカテゴリーを決める際には、過度に凝ることなく、正直かつ正確になることが肝要です。

食料

あなたがほかの人と大きく違わない限り、食料というカテゴリーは外せないと思います。ただ、毎月の食費にはいくつか区別すべき種類があることに気づくでしょう。まずは家族だけで取る食事と、友人や親族を招いて取る食事があります。つまり2つのカテゴリー、「自分たちだけ」と「ゲスト」です。ただ、狂信的にならないでください。小さなメモにゲストが何をどれだけ食べたのかを事細かに記録しながら、彼らの周りをうろうろ歩かないでください。「おじさん、お代わりはどうですか？」の意味がすっかり変わってしまいます。食費全体のうち、どのくらいの割合がゲストの分かを推測するだけで十分です。例えば、4人のゲストが夕食のテーブルを囲んでいれば、あなたとパートナーしかいなかった場合、食費の3分の2がゲストの分だと計算しましょう。食費の総額は1セント単位で正確でなければなりませんが、内訳は推測でかまいません。

さらにレストランというカテゴリーもあります。仕事中のランチのテイクアウトから夜の外食までを含みます。外食がもはや特別ではない人、お金をかけて外食する習慣がある人なら、レストランというカテゴリーも「疲れて自炊できない場合」や「特別な場合」などに分解できます。家を出てから帰宅するまで12時間という忙しい生活の中では、キッチンを汚さず、8時間の睡眠を確保するためには外食が唯一の選択肢のように思えるかもしれません。軽食にいくら使ったのかを知りたい人もいるでしょう。コーヒー休憩に毎月いくらかけていますか？　テレビを見ながらの軽食――チップス、ポップコーン、キャンディー、ジュース――にかけている金額は？　また、自分で決めたことをきちんと守れているのか、家計を破綻させることなくオーガニックな食事を実践できるかどうかを知るために、健康な食事とジャンクフードを区別したいと思う人もいるかもしれません。

食料というカテゴリーに一括りにまとめるのではなく、あなたの実際の行動を反映したサブカテゴリーを設ければ、あらゆる独自の支出パターンが浮かび上がります。正確に記録するのは、ファイナンシャルアドバイザーに報告することが目的ではありません。「お金をいったい何に使ったんだ？　ほとんど何も買ってないじゃないか！」といやになってお手上げのときに、「オフィスの3階のキャンディーの自販機に使ったんだよ」と冷静な声で答えられることが目的です。

住居

住居のカテゴリーには住宅ローンや家賃、サブカテゴリーには水道光熱費、住宅ローン控除が含まれ、旅行者に部屋を貸して稼いだ収入も記録します。

一部の大金持ちの人は複数の住居——郊外に1軒、海辺に1軒、都内に小さなマンション——を所有しているかもしれません。それぞれの住居でカテゴリーを設けておくと、必要なときに賃貸に出すべきかどうかがわかりやすくなります。

50年前までは、収入の25パーセントを住居費に充てるというのが予算のおおまかな立て方でした。ところが、住居がらみのあらゆる費用をこのカテゴリーに含めると、収入の4割以上を占めている人も少なくありません。多くの人が実際の支出額を見ることでモチベーションが高まり、住居費を賢く節約する方法を見つけ出しています。住居費をゼロにする人まで出ています。

IT関係の仕事をして、住む場所を問わないカップルは、夏は北半球の活気があり生活費の高い場所に住み、冬は南半球の人里離れた海辺でお金のかからない生活をし、年間の住居費を半分に抑えました。また、観光地にある見晴らしのいい持ち家を貸し出しつつ、自分は友人の家の敷地内でキャンピングカーを使って寝泊まりすることで、住宅ローンを返済した独身女性もいます。ある引退した女性は過去の経験から、家を所有することでどれだけの時間とお金が削られるのかを知っていました。彼女は気配りを徹底して建物を管理できる人物としてその名をとどろかせ、いまでは売れっ子のハウスシッターとなり、その地域で最も優雅な家に住みながら収入を得ています。いまでは旅行好きのハウスシッターのための専用マッチングサイトがあります。

標準的な予算のカテゴリーがどうして役に立たないのか、おわかりいただけましたか？

衣服

衣服に関しても、衣服という大雑把なカテゴリーだけでは自分独自の支出パターンについて十分な情報を得られません。実用本位の服とファッションとしての服（職場では2日続けて同じ服を着ない、社交の場で優雅なドレスを身にまとって他人を出し抜きたい）を区別する必要があるかもしれません。具体的に記録しましょう。適切な区別をつけるのです。自分の支出パターンの正確な地図を描くためには、いくつかのサブカテゴリーが必要です。普段着の服と職場に適した服、外遊びに必要とされる特別な服などいろいろあります。

どうして収入の2割がいつも使途不明のまま消えてなくなるのかを知るためにこのプログラムを始めた医師は、靴を思わず買ってしまう習性があることに気づきました。ゴルフ、テニス、ジョギング、ボート、散歩、ハイキング、登山、クロスカントリースキー、ダウンヒルスキー、スキーの後に履くもの、それぞれに特別な靴をそろえていました。靴のカテゴリーを設けるだけで、使途不明となった収入の使い道がわかったのです。実際に履いているのは、家で履くスリッポンタイプの楽な靴ばかりでした。靴フェチは彼だけではありません。2015年時点で、靴産業の売り上げは640億ドルを超えています。[2] 同年に実施された全米の女性を調べた調査によると、平均19足もの靴を持っていることが明らかになりました。そのうち、定期的に履いているのは4足だけです。[3]

これはただ帳簿をつけるプロセスではありません。自己発見のプロセスなのです。始める前よりも必ずバランスシートが健全化する、唯一の自己発見のプロセスかもしれません。状況ではなく、自分の感情を基準にカテゴリーを設けるやり方もあります。気分を盛り上げる服、上司や彼氏（彼女）によい印象を与える服、自分に合う服。服は人をつくると言われています。自分がどんな服を買っているのか、その高い服にどれくらいの費用をかけているのかを知り、自分が目指している自分を把握するのも決して悪くはありません。

移動

移動では、適切なサブカテゴリーを設けることで、年間数百ドルの節約につながるような気づきを得られるかもしれません。もし車を保有していたら、どうして公共交通機関を利用せずに車を保有しているのか考え直す絶好の機会になります。利便性、ステータス、必要性、自分に合う、自由の感覚を得られる……？　ライドシェアや短期のレンタルなど、車をほかの人と共有するサービスで代用することはできませんか？　一部の都市では、携帯電話のアプリを使って車を借りられます。キャンピングカーでさえ借りられるのです！

移動の費用が高いのは、住む場所を間違ったせいではないですか？　多くの人は徒歩で行ける範囲については、あまり考慮に入れていません。公共交通機関が整備されていない、もしくは自転車専用道路のない地域で家を買ったり借りたりしてしまいます。カンザス州の農家であれば、トラックなしでは生活できないかもしれませんが、いま住んでいる郊外から、職場や学校、お店から数ブロック以内の場所に引っ越すだけで、移動の費用はゼロになる人もいます。自動車保険を見直す絶好の機会でもあります。必要だからですか？　それともなんとなく加入していますか？　それとも営業マンの脅し作戦に乗せられたからですか？　ついでに、住居や骨董品など過度に保険をかけているものも見直しましょう。2台目の車はどのカテゴリーに入りますか？　移動手段？　趣味？　見せびらかし？　もし車を1台も所有していないなら、公共交通機関やほかの選択肢があるにもかかわらず、高額なタクシーを使っていませんか？

通信費

常に最新の情報を把握し、他人とつながっていることは、現代社会では不可欠とされています。過去10年間、上昇の一途をたどったのは通信費でした。携帯電話、インターネット、ケーブル回線、タブレット端末、スマートウォッチは、急速に巨大な支出カテゴリーになっています。もし電話というカテゴリーしか設けなければ、貯蓄につながるさまざまな選択肢を見逃すかもしれません。多くの人は通信費にいくらかかっているのかを知れば、固定電話をやめます。もしくは携帯電話のサービスを2年縛りのないものに変更します――さらに、中古品売買などを扱うコミュニティサイトで携帯電話を買います。固定電話、携帯電話、機器といったカテゴリーがあれば、自分の支出パターンをより明確に把握することができます。仕事や余暇、自己啓発のために、どんなテクノロジーが必要なのかも考えてみましょう。

娯楽

かつては映画を見に行くのがこの種の唯一の娯楽の形でしたが、いまではホーム・エンタテイメント・システム、スマートフォン、タブレット端末、パソコンなどでも映画を見れます。ストリーミングサービスのサブカテゴリーを設ければ（それぞれのサブスクリプションで分けてもかまいません）、いろいろなことに気づくでしょう。それらはすべて必要ですか？　音楽のストリーミングサービスは？　ホーム・エンタテイメント・システムは（最新の機器をそろえて機材を置くために、家具を新調したり居間の壁を塗り直すなど、支出がかさばっていませんか）？　クラブには足を運びますか？　子どものパーティー――大人のパーティーでも――のために、プロのエンターテイナーを雇いますか？　子どものために買うサービスや機器の何割が娯楽に含まれますか？　あるいはそれは子守りのカテゴリーですか？　子どもというカテゴリーも設けるべきですか？

そうすれば子どもにいくら使っているのかに気づき、子どもたちにお金のかからない気晴らしや、アウトドアなど昔ながらの遊びを教えるようになるかもしれません。

カテゴリーを洗練させる

なぜこのステップでは徹底的に正直になれるのかと言うと、税務当局などに捕まったときとは違って、支出表という限られたプライバシーの中で、自分の小さな罪や軽率な行為と向き合うことができるからです。もし毎月の支出表を作成している最中に、自分の過去の過ちや意志の弱さと向き合うことになったとしても、手を抜いてはいけません。容易なことではありませんが、この作業が過去のお金の使い方を罰するのではなく、自己受容という自由につながることを肝に銘じておけば、正直であり続けることができるはずです。例えば、食費の一部をスロットゲームや宝くじのチケットに使ってしまったときに、あなたはどのカテゴリーに入れますか？　お酒をどのカテゴリーに入れるべきか迷っているときも、真実と向き合うことになるかもしれません。食費？　娯楽？　それとも薬物ですか？

仕事関連の支出とほかの支出を区別することも重要です。例えば、移動のカテゴリーでは通勤費とほかの仕事関連の交通費（払い戻しされない）を区別しましょう。同じ車でも通勤のときと趣味で利用するときとで、距離に応じてそれぞれのカテゴリーに分けましょう。同様に、携帯電話の通信費も仕事用とプライベート用で、それぞれ区別して計上すべきです。

医療費のカテゴリーの中にも、いくつかのサブカテゴリーが必要かもしれません。病気、健康（ビタミン剤やジムの会員、毎年の健康診断など自分の健康を維持するために使うお金）、医療保険、処方薬、一般薬などです。このプロセスによって根本から変わることが、お金とのかかわり方だけにとどまらないことに納得いただけると思います。

毎年の保険料や新しい冷蔵庫などの設備投資、年金口座の掛け金、住宅ローン残高の一括払いなど、大きな「頻度の少ない」支出をどのように扱うかで、さらにカテゴリーを洗練させることができます。正しいやり方などありません。私たちは余分な支出に関して毎月のように同じ言い訳（「X、Y、Zを払わなければならないから、今月だけは特別なの」）を繰り返していたため、余分な支出は毎月あるもので、亡くなるまで続く生活の一部として受け入れなければならないことに気づきました。

時間をかけて洗練させてもかまいません。簡単で楽しい作業です。誠実であることと創造性の両方が求められます。想像力が刺激されます。モラルも試されます。ビデオゲームとテレビ番組、ボードゲームをすべて1つにひっくるめたものよりも面白い遊びです。

このステップに取り組んでいく中で、カテゴリーはどんどん洗練され、それぞれの支出も予想の範囲内に収まるようになるでしょう。あなたは自分の支出パターンを明確に把握できるようになります。成長し、変化し、学習していく中で、ユニークで満足度が高く、柔軟な支出表を自分で作成することができるようになります。従来の予算のカテゴリーとはまったく違うものです。

日々の生活で入ってくるお金もすべて記録します。収入に関しても、サブカテゴリーを設けたいと思うかもしれません。賃金、給与、チップの区別、利息と配当の区別、さらに本業の収入と副業の収入を区別することも重要です。道端で拾ったお金や自動販売機で拾ったお金、ギャンブルで稼いだお金はどのカテゴリーに入れますか？　個人請負業者であれば、それぞれのクライアントからの収入で区別できるはずです。自営業の場合は、仕事の種類――犬の散歩、家の修理、コーチ、臨時教師、部屋の貸し出し――ごとのサブカテゴリーを設けるだけかもしれません。このプログラムに取り組む中で、ガラクタの売却益というカテゴリーや、イーベイ、ヤードセールス、アンティークスといった中古品や骨董品の販売サイトのサブカテゴリーを設けることになるかもしれません。投資収益といったカテゴリーも設けることになるでしょう。執筆した本のアドバンス（前払い金）やハリーおじさんの遺産からの7万ドルといった、通常とは異なる収入がある月もあるかもしれません。

収入のカテゴリーは、支出ほど気づきを与えてくれるものではありません。あなたはすでに、それぞれの収入源を分析するためのツールを学んでいます。実質時給です。

3-1　月の収支表のサンプル

月：＿＿＿＿＿＿＿＿　実質時給：＿＿＿＿＿＿＿＿

支出	総額	生命エネルギー			
食料					
自宅					
レストラン					
接待					
住居					
元本／家賃					
利息					
ホテル					
公共料金					
電気					
携帯電話					
水道					
衣服					
普段着					
仕事着					
特別な衣装					
健康					
処方薬					
一般薬					
病院					
娯楽					
テレビ／インターネット／ゲーム					
オンラインストリーミング					
趣味					
アルコール					
移動					
ガソリン／オイル					
維持費					
公共交通					
通行料金／駐車料金					
その他					

3-1　月の収支表のサンプル（続き）

収入	
給与	
ボーナス／チップ	
利息	
ローン	

（A）今月の支出総額

（B）今月の収入総額

（B－A）今月の貯蓄総額

月の支出項目を調べ上げ、支出パターンを正確に描写できるカテゴリーを設けた後は、自分に合うやり方で支出をそれぞれのカテゴリーに記録するやり方を考えましょう。表3－1はあくまで1つの参考例です。何も書かれていない行があることに気づくでしょう。これらの行の用途については、後で説明します。

足し合わせる

ここで注意事項があります。このステップで利用できるコンピュータソフトやアプリはいろいろありますが、大事なのは支出を分類することです。どんなに優秀なソフトウェアでも、あなたが収支表でゴルフをどのように分類するかはわかりません。娯楽ですか？　もしくは仕事関連の支出ですか？　ふさわしいプログラムがないからといって、このステップはできないと思わないでください。

自動計算や色付きセルの機能を使って、自分独自のスプレッドシートをつくって楽しんでいるエクセル愛好者もたくさんいます。財布に忍ばせているカードに、秘密の暗号を記している人もいました。手始めに銀行から送られてくる取引明細書のチャートやグラフを利用している人もいます。

複数の銀行やクレジットカードの口座を1つのデータにまとめるオンラインサービスもありますが、自分自身で時間をかけて重複している取引を取り除く作業を忘れないでください。これらのツールは有用ではありますが、大切なことは自分に合うシステムを自分で確立することです。私たちふたりは紙と鉛筆を使った昔ながらのやり方で、数字を手計算で足し上げました。そうです。電卓がない時代でも、問題なくこのステップに取り組めたのです！

手による記入でも機械に頼る場合でも、この最後に行うシンプルなプロセスを忘れないでください。月末には収支表の適切な欄に、それぞれの支出や収入を記入しましょう。収入の欄を足し合わせ、収入の総額を計算します。サブカテゴリーの支出を足し合わせ、それぞれのカテゴリーの総額を記入します。さらにすべてのカテゴリーの金額を足し合わせると、その合計があなたの月の支出総額となります。

残高計算

続いて、自分の財布や貯金箱にあるお金を計算し、当座預金口座と普通預金口座にある残高を確認しましょう。それだけで、あなたが先月の収支をどれだけ正確に把握したのかを知る十分な情報がそろっています。

もし正確な記録をしていれば（そして気づかないうちにお金をなくしていなければ）、月末時点で持っている金額は、月初の金額にその月の収入から支出を差し引いた金額を足し合わせたものと同じになるはずです。もし正確な記録をしていなければ、説明がつかない損失や収入があるはずです。月の収入と支出の差額（さらにその月の誤差）がその月に貯めた金額です。

毎月の誤差が一貫してゼロであれば、あなたはステップ2（1セント単位で把握する）をマスターしたということです。おめでとうございます！　小さな奇跡を達成しました。

表3‐2はある月の数字のサンプルです。単にモデルケースとして利用してください。自分独自の残高表を試行錯誤して作成するのは楽しい作業で、やる気にもつながるはずです。

3-2　月末残高のサンプル

パート I					
公式：					
月初の残高＋月の収入－月の支出＝月末の残高					
月初の残高		手持ちの現金		103.13	
	+	当座預金残高	+	383.60	
	+	普通預金残高	+	1,444.61	
				1,931.34	
収入	+	収入総額			
		（収支表から）	+	2,622.23	
				4,553.57	
支出	–	支出総額			
		（収支表から）	–	1,996.86	
月末残高	=	月末に残るべき金額		2,556.71	(A)

パート II					
月末の実際の残高		手持ちの現金		173.24	
	+	当座預金残高	+	597.36	
	+	普通預金残高	+	1,784.69	
	=	月末の実際の金額		2,555.29	(B)

3-2　月末残高のサンプル（続き）

パートIII					
誤差		残るべき金額（A）		2,556.71	(A)
	−	実際に残った金額（B）	−	2,555.29	(B)
	=	なくしたお金、もしくは記録ミス		1.42	

パートIV				
貯蓄		収入総額		2,622.23
	−	支出総額	−	1,996.86
	±	誤差	−	1.42
	=	今月の貯蓄額		623.95

実質時給に換算する

ここで本書のプログラムにおける魔法のカギの出番です。あなたが手元に集めた数値がいかに正確で整合性が取れていても、まだあなたのお金とのかかわり方を根本から変えるほどの力はありません。単に毎月のお金の出入りを正確に把握した結果、できたものにすぎません。表の数字を見て何か感じることはあるかもしれませんが、次にガジンガスピンの店を訪れたときには、そんな思いはすぐに心の隅に追いやられてしまいます。

月に雑誌に80ドル使っているという事実は、あなたの人生経験とは直接的なつながりがありません。ところが、お金が生命エネルギーと交換して稼いでいるものだと自覚していれば、その80ドルという金額をあなたにとってよりリアルなものに変換できます。つまり、あなたの生命エネルギーです。それでは、次の公式を活用しましょう。

雑誌に使った金額÷実質時給＝生命エネルギー（時間）

第2章では、ある実例を用いて、表面上は時給25ドルの仕事が実際には時給10ドルになるということを説明しました。あなたの実質時給はもちろん違う数値になりますが、この例では時給10ドルを使うことにします。雑誌を買う習慣を例にとると、雑誌に使った80ドルを実質時給（10ドル）で割ることで、人生の8時間をこの娯楽のために使ったことがわかります。

80ドル÷10ドル＝生命エネルギー8時間分

こうすることで、ベッドサイドのテーブルの上に読まないまま増える一方の雑誌をリアルなもの——ゆりかごから墓場に至る片道旅行の間の取り戻すことのできない8時間——として計算することができます。なんと、丸1日分の労働時間です！　雑誌はあなたのエネルギーを3度にわたって奪い取ります。買うためのお金を稼ぐ時間、読むために夜更かしする時間、先週号を読み終える前に今週号が届いた場合に罪悪感を感じる時間です（整理したり処分するための時間は言うまでもありません）。

その8時間をもっと有効に活用する方法はありませんか？　金曜日に休みを取るのはどうでしょう？　家族と過ごす時間がないというのは本当ですか？　いろいろなことを先延ばしにする必要はないのでは？　寝不足を解消する方法が見つかったのではないですか？　その雑誌は果たして買うために使った時間に見合うものでしょうか？　8時間分の楽しみや価値ある教養などを与えてくれましたか？　まだ質問に答える必要はありません。金額を人生の時間に換算することで、ライフスタイルを維持するための真のトレードオフが明らかになるということを覚えておいてください。第4章では、さらに詳しく分析を進めていきます。

それでは、家賃や住宅ローンの返済についても見ていきます。あなたが住んでいる家やマンションのために月に1500ドル払っているとします。あなたの実質時給を10ドルとし、1500ドルを10ドルで割ります。これがあなたの現実です。その家やマンションに住むために、月150時間もの人生の時間を犠牲にしているのです。標準的な週40時間の労働時間とすると、住居費が労働時間のほとんどを占めている計算になります。1日に2〜3時間だけくつろぐ住まいの費用を払うために、それだけの時間働いているのです。

それほどの価値はありますか？　住宅ローン控除を利用したり、義母に部屋を間貸しすることで、犠牲にする時間を少し減らすこともできますが、「生活費の高い都市に住んでいるから仕方がない」といった言い訳のせいにしていませんか？　あなたは住まいにお金をかけすぎています。その事実に気づくことはつらいですが、そのつらさに感謝しましょう。あなたの最終的な収支に驚くべき影響を与えてくれます。ノーシェイム、ノーブレイムです――ただ、甘えや泣き言も許されません。

それでは、それぞれの支出項目で使った金額を生命エネルギーに換算しましょう（0・5時間単位に数値を丸めてもかまいません）。表3‐1のように、支出表には生命エネルギーの行が加わります。

百聞は一見にしかず

経済的自立に到達した人がこのステップをどのように実践したのか、実際の例を見ていきましょう。

ローズマリー・Iは表3‐3のようなカテゴリーを設けました。その表を見ただけで、彼女の人となりが少しわかるような気がしませんか？　彼女は明らかに、美に大きな価値を置いています。美に言及しているカテゴリーが2つ（美と美学）もあるからです。また、明らかに身体に気を使っており、健康維持のための支出は惜しみません。薬や病院など病気のカテゴリーではなく、健康商品、健康サービスなどの健康カテゴリーがあります。また、その他で一括りにすることなく、寄付という個別のカテゴリーを設けており、彼女が慈善活動にそれなりの金額を寄付していることもわかります。自己啓発も標準的な予算では見られないカテゴリーです。これこそが厳格に定められた予算にはない気づきです。

3-3　ローズマリーの収支表と生命エネルギー

月：1月　　実質時給：12.14 ドル

支出	ドル	生命エネルギー	収入	
家賃	560.00	46.1	給与	2,085.00
ガス			マイレージの払い戻し	37.00
電気	21.70	1.8	その他	23.25
公共料金				
携帯電話	5.72	0.5		
家庭用品	29.39	2.4		
食料	85.25	7.0		
おごり	3.44	0.3		
外食	6.03	0.5		
お酒	6.57	0.5		
ガソリン／オイル	37.88	3.1		
車の修理／維持				
自動車保険／登録	248.47	20.5		
駐車場代	2.00	0.2		
バス／フェリー				
健康保険	55.89	4.6		
健康商品				
健康サービス	7.75	0.6		
衛生用品				
美	13.18	1.1		
衣服、必需品	10.74	0.9		
衣服、非必需品	25.45	2.1		
娯楽				
美学				
プレゼント／カード	18.60	1.5		
サブスクリプション	25.11	2.1		
自己啓発				
郵便	3.15	0.3		
オフィス用品				
コピー				
寄付				
銀行手数料				
その他	0.62	0.1		
ローン返済	78.00	6.4		
合計	1,244.94			2,145.25

ローズマリーはこの表をつくるプロセスから、自分の優先順位をよりしっかりと認識でき、人生において重要なことにどれくらいの生命エネルギーを注いでいるのかを実感できるようになりました。毎月、その表に数字を埋める作業は、ワクワクするゲームのような感覚です。それぞれのカテゴリーはどうだったのか？　先月から増えたのか、減ったのか？　前年の平均と比べてどうだったのか？　傾向的には増えているのか、減っているのか？

それでは、ある夫婦のカテゴリーの選び方と表のつくり方を見ていきましょう。

マディーとトムのC夫妻はメイン州の田舎に住んでいます。ふたりの職業はまったく異なり、夫はトラック運転手、妻は会計士です。ただ、プライベートでの相性は抜群で、財布を一緒にすることで生じる気づきや会話を楽しんでいます。

ふたりは実質時給を計算するときにお互いの収入と労働時間を合算し、10・23ドルという夫婦の数字を弾き出しました。表3 - 4を見てわかるように、マディーの調整後の労働時間は77・5時間、トムの労働時間は67・5時間で、合わせて145時間となりました。マディーの収入総額は1080・31ドル、トムの収入総額は402・5ドルで、合わせると1482・81ドルになります。ふたりの収入をふたりの労働時間で割ると、夫婦の実質時給は10・23ドルという計算です。さらに60分をその実質時給で割ると、1ドル使うたびに生命エネルギーをおよそ6分捧げている計算になります。

3-4　マディーとトムの実質時給の計算

生命エネルギー vs. 収入				
		時間／週	ドル／週	ドル／時
マディーの仕事（税引き後）				
（調整前）		50.0	1,207.50	24.15
マディーの調整項目：		加算する時間	差し引く費用	
通勤		3.0	11.27	
職場での食事		5.0	24.15	
準備		0.5	3.22	
娯楽／外食		7.0	48.30	
休暇		12.0	40.25	
マディーの調整合計		+ 27.5	– 127.19	
調整後の仕事：	マディー	77.5	1,080.31	
	トム	67.5	402.50	
	合計	145.0	1,482.81	10.23

それぞれのカテゴリーを前年の平均と比べたら？
増加基調、それとも減少基調？

収入と支出を夫婦で合算するやり方は、マディーとトムの場合はうまくいきました。一方、ある夫婦は収入と支出を分けないと、自分たち独自のパターンを正確に把握できないと判断しました。

マリーとドンのM夫妻は、情熱の対象（音楽）と職業（コンピュータプログラマー）が共通しています。お互いの収入と支出を合算して把握することは、ふたりには自然なことのように思えるかもしれません。ところが外側から見ると相性のよい夫婦ですが、個性とスタイルは両極端です。ドンは合理的、保守的、慎重派、マリーは感情的、実験的、杜撰《ずさん》なタイプです。ふたりのガジンガスピンも違いました。買い物の習慣も違いました。音楽以外の趣味も違いました。そのため合算して月の収支表をつくっても、ふたりにとってはあまり有益な情報は得られません。

それだけではなく、このプログラムを始めてすぐ、マリーはプログラマーの仕事を辞め、家でフルタイムでピアノを教え始めました。彼女の就労時間と収入は不規則になったため、家事をやることで収入面での貢献度の低さを補うことにしました。この金銭面以外の家庭内調整は、毎月の収支表には満足のいく形で反映されません。なんとかうまくいくように努力すればするほど、ふたりの関係はぎくしゃくします。

仲のよい関係を維持し、プログラムを続けるために、ふたりは家計を分けることにしました。ドンにとっては賢明な選択ですが、マリーにとっては不安なものでした。それでも彼女はやってみることにしました。驚くべきことに、マリーは自分自身の家計を持つことで、すばらしい自立

3-5 イレインの貸借対照表

8月			
資産	月初	月末	増減
普通預金	609.03	609.08	0.05
譲渡性預金	5,949.26	2,477.53	−3,471.73
債券	104,650.00	112,700.00	8,050.00
当座預金	700.40	2,159.99	1,459.59
手持ちの現金	151.73	111.80	−39.93

把握した収入	6,878.56	純資産の増減	=	5,997.98
把握した支出	−865.18	把握した増減		6,013.38
把握した増減	6,013.38	誤差	=	−15.40

の感情が芽生えたのです。結婚している間、多くの面で夫に依存していたことに気づきました。いままでは独身時代に感じていた力と自立心を取り戻しています。

経済的自立に到達したもうひとりの女性の月末の貸借対照表も見てみましょう。

第1章で紹介したイレイン・Hはコンピュータプログラマーで、その論理的思考力を貸借対照表の作成に活かしました。彼女の収支表のカテゴリーはローズマリーのものとそれほど変わらないので、ここでは割愛します。一方、彼女の貸借対照表は正確かつ明快であり、読者にとっても多くの示唆に富んでいます（表3-5を参照）。自分自身で表を作成することで、月末の残高確認の作業が楽になり、中身もより正確なものになりました。彼女の資産は普通預金と譲渡性預金、債券で成り立っています。これらはすべて利子をもたらす資産であり、当座預金口座のお金とは切り離しています。彼女の純資産は８月に６０００ドルほど増え、15・４ドルの誤差が生じました。

これまで実践者のケースを紹介してきましたが、あなたがまねすべきモデルを提供することが目的ではありません。あくまで参考や取っかかりとして利用し、あなたは自分の状況に合った収支表を独自で作成してください。これは家計簿でも支出計画でもありません。あなたという四角い（もしくは五角形の）杭《くい》を、社会という丸い穴に合わせようとしているわけではありません。自分だけのユニークな表をつくるのは、自己発見のプロセスです。「正しいやり方」を学んでいるわけではありません。自分自身のやり方を構築しているのです。とにかく始めてください。やり方はあなた次第です。

このステップの出来不出来が、残りのプログラムの成否を左右します。金額を細かく把握せず、当てずっぽうで適当な数字を記入していると誇らしげに言う人は大きな間違いをしています。このステップには、いろいろな学びがあります。大きな力ももらえます。自分に合った表ややり方を構築するために注いだ時間は、それに見合うだけの価値があるのです。

ステップ3のまとめ

（1）毎月の収支を把握し、自分だけのユニークな支出と収入のカテゴリー／サブカテゴリーを設けましょう。

（2）月の収支表をつくりましょう。

（3）あらゆる金銭的取引を適切なカテゴリーに記入しましょう。

（4）それぞれのサブカテゴリーで使ったお金を足し合わせましょう。

（5）月の収入と支出の総額を計算しましょう。手持ちの現金とすべての銀行口座の残高を足し合わせます。公式に当てはめます（収入の総額－支出の総額±誤差）。月末の残高は、月初の残高にその月の収入から支出を差し引いた金額を加えた額になります。

（6）ステップ2で計算した実質時給を活用し、それぞれのカテゴリーで使った金額を生命エネルギー（時間）に換算しましょう。

次の質問を自分に問いかけてみよう

・どのようにしてお金に対する意識を高く保っていますか？
・何に対して保険をかけていますか？　その理由は？
・友人に一番聞きたいお金に関する質問は何ですか？　専門家には？　親戚には？
・お金を使うとき、どのように感じますか？
・チップや納税、寄付にまつわる最良の経験は何ですか？
・あなたの最優先事項は何ですか？　あなたのお金の使い方はその最優先事項に寄与していますか？　それともしていませんか？

第4章

いくら使えば十分？——幸福を追い求める

私の命を救ってくれたとき、彼女はこの命に価値を与えてくれました。どう使えばいいのかわからない貨幣みたいなものです。——「シャーロック」（テレビシリーズ）

一度しかない貴重な手つかずの人生で、あなたは何を成し遂げるつもりですか？——マリー・オリヴァー（詩人）

世の中が何を必要としているのかを問うのではなく、何が自分に生きがいを与えてくれるのかを自分自身に問うのです。そしてそれに邁進してください。なぜなら世の中が必要としているのは、生きがいに満ちている人たちだからです。——ハワード・サーマン（哲学者、神学者）

あなたに生きがいを与えてくれるものは何ですか？　この与えられた人生を使って、あなたは何を成し遂げるつもりですか？

17歳以下の若者の思いを代弁した警句で知られるアシュレイ・ブリリアントは、希望を失ったある少年の漫画を描きました。漫画の中で少年は、「どうやれば幸せになれるのかわからないんだ。そんなこと学校では教えてくれなかったんだ」というセリフを吐きます。

幸福の追求は独立宣言でうたわれた私たちの生まれ持った権利であるにもかかわらず、幸福になるための能力が学校教育のせいでほとんど失われたのであれば、何が自分を幸福——つまり満足感——で満たしてくれるのかをいま一度見つめ直す必要があります。満足感は私たちのお金とのかかわり方を根本から変えてくれるコンパスであり、舵でもあります。

目標を達成するという意味であれ、本当に満足できる瞬間に立ち会うという意味であれ、満足感とは「あー、おいしい食事だ」「今回はいい仕事をした」「金額に見合う買い物だった」などと言える、心の底から満足する経験です。あなたは願望や期待を抱いており、まさに欲しかったものが手に入ったとき、それを認識——そして祝福——します。そうした満足感を得るために、さらにそれに意識を向けるためには、自分が何を求めているのかをまず知る必要があります。食事などの一時的快楽の観点から満足感が何かを知ることは非常に簡単ですが、より大きな意味において満足感を得る、つまり充実した人生を送るには、目的意識を持つ必要があります。自分にとってよい人生とは何かという具体的な夢です。

多くの人にとって、大人になるということは夢から卒業すること——厳しい現実に直面して、夢をあきらめるということ——を意味しました。夢をあきらめる大きな原因の1つが借金です。高等教育や持ち家、結婚式という夢に必要な資金としてお金を借ります。借金はあらゆる将来の夢の扉の前に立ちはだかり、腕を組みながら「きちんと払いなさい！　さもないと先へは一歩も行かせませんよ」と叱りつけてきます。借金は大人として避けることのできない生活の一部だと受け入れ、足かせをはめながらとぼとぼと歩き続ける人もいます。どうしてそんな足かせをはめられているのか、きちんと理解していません。借金の取り立て屋、請求書、不運、間違った選択、不安定な生活など、もしお金のために自分の夢を生贄《いけにえ》にしてきたのであれば、あなたはその夢を取り戻す必要があります。夢こそがこの旅に欠かせない燃料だからです。

あなたには名作を書くという夢があるのに、金融関係のコピーライターに甘んじていませんか？　まだ本を書くことをあきらめてはいけません。あなたには信仰療法士になる夢があるのに、健康保険維持機構に勤めて、15分刻みのアポイントメントに振り回されていませんか？　私利私欲のない奉仕をする夢をあきらめてはいけません。夢を取り戻すには抜本的な変化が必要かもしれませんが、叶えられなくなったわけではないのです。あなたは宗教の普及に励みたいのに、ほとんどの時間を政治活動や資金集めに使っていませんか？　その夢は叶えられなくなったわけではなく、単に先延ばしにされているだけです。あなたが夢見る人生とあなたの現実の人生を何が隔てているのですか？　そのせいで、大きな夢を持つ勇気を失っていませんか？　目が回るほど忙しい日々の仕事が、目の前にあるべき道の視界を狭めていませんか？　まるで夢を見ることが子どもじみたことであるかのように「心配するな、すぐに夢なんて見なくなるよ」と言われたことはありませんか？　本当に「大人になる」必要などあるのでしょうか？

ラングストン・ヒューズが有名な詩『ハーレム』の中で書いているように、夢を先延ばしにする人生にしてはいけません。そろそろ夢に語ってもらいましょう。食費を稼がなければなりませんし、借金も返済しなければなりませんが、そんなことは関係ありません。もう一度夢を見ることとは、経済的な責任から逃れるということではありません。旅を続けるための燃料として、夢を蘇《よみがえ》らせるのです。

あなたがいまどこにいようが、数分間、自分の夢について考えてみてください。大人になり、丸い杭を四角い穴に合わせることを強いられる以前に、あなたは自分が何を求めていたのか覚えていますか？　記憶を呼び覚まし、思考を刺激するために、次に挙げた質問を自分に問いかけてみてください。

・大人になったとき、何になりたかったですか？
・まだ成し遂げていないことで、ずっとやりたかったことは何ですか？
・自分が心から誇れる、人生における功績や成功は何ですか？
・もし1年以内に亡くなるとわかっていたら、その1年をどのように過ごしますか？
・あなたに最も大きな満足感をもたらすものは何ですか——お金はどう関係していますか？
・もし生活のために働く必要がなければ、その時間を使って何をしますか？

これらは非常に効果的な質問です。すでに目にしたことのある質問があるかもしれませんが、当時はいまの現実と心に抱く願望との間の橋渡しをしてくれるものがありませんでした。いまはその橋があります。本書のプログラムです。大きすぎる夢などありません。時間をゆっくりかけてください。日記を読み返してみてください。掘り下げてください。答えが出尽くすまで同じ質問を繰り返し、それから次の質問に移ってください。友人とも話してみてください。彼らと一緒に掘り下げてみてください。答えが変わっていないかを確認するために、何度でも繰り返し問いかけてみてください。

グラント・サバティエは大学を卒業してから数年後、ブリトーすら買うお金がないことに気づき、ようやく目を覚ましました。まだ両親の家に住まわせてもらっており、典型的な独り立ちできないミレニアルでした。彼はそのとき、30歳までに100万ドルを貯めると決意したのです。最初にやるべきことは自分のマインドセットを変え、貯蓄中心を心がける――彼の言葉を使うと、まず自分にお金を払う――ことだったと言います。わずかな残高しか残っていない銀行口座のサイトのページをスクリーンショットに収め、5年後に100万ドルの資産を築くという目標を立て、すぐに勉強を始めました。

彼はいまではブログ（Millennial Money）で成功して、お金持ちになるための6つのステップ――副業、株式投資、ライフスタイルの変更、日々の貯蓄目標を決めるなど――を紹介するIT戦略家でもあります。

彼は目標額に到達し、資産が100万ドルを超えたときに、もう1枚のスクリーンショットを撮りました。そして自分の夢が100万ドルよりもはるかに大きいことに気づいたのです。

100万ドルというのはわかりやすいモチベーションの1つにすぎなかったのです。シカゴ大学哲学科の卒業生である彼は、人生とは大きな問いを立てることだと知っていました。共感とは何なのか？　満足とは？　幸福とは？　平和とは？　彼は経済的自立に到達したことを、こうした基本的な問いについて考え、書き、話し、自分自身の答えに導かれるままに進んでいくための機会と捉えました。

自分たちで創刊した経済誌『*The Tightwad Gazette*』を通して、若い世代を倹約に目覚めさせたエイミーとジムのD夫妻は、シンプルな夢を持っていました。田舎の大きな農家で子どもたちを育てることです。結婚したとき、彼らは20年以上のキャリア――ジムは海軍の職業軍人、エイミーはグラフィックアーティスト――がありましたが、貯蓄はたった1500ドルしかありませんでした。彼らは自分たちがそれまで生きてきた出世コースに乗った人生よりも、家族やコミュニティを何よりも大切にしていることに気づきました。そしてジムの海軍からの給与だけで子どもを育て、夢を叶えることにしたのです。

自分たちの夢を叶えるために、彼らは倹約家の両親から学んだあらゆる倹約方法を実践し、お金を貯めるための新たな戦略も次々と考案しました。ふたりとも自分たちが貧しいという感覚はありません。創造力が求められる課題を肥やしに成長し、夫婦の関係も目的を共有することで深まりました。7年間で4人もの子宝に恵まれ、メイン州にある農場の頭金を払うのに十分なお金も貯め、借金を完済し、新しい車や家具、家電を購入しました。

その2年後、エイミーはグラフィックのスキルを使って、倹約のアイデアを共有し合う場を立ち上げる決意をしました。そして1990年6月、彼女は『*The Tightwad Gazette*』の創刊号を出版したのです。少ないお金で豊かな生活を送るための、実践的なアドバイスが収められた8ページのニュースレターです。その1年後には双子が生まれましたが、それでも収入の範囲内でなんとかやりくりしています。ふたりの物語は、田舎で家を買ったり、子育てのために在宅するといった、誰もが一度は抱く夢が実現できることを証明しています。

ウェス・Lは自然に情熱を傾けています。自然の中で生きることと自然を保護すること、その両方です。経済的自立のプログラムは、ずっとやりたかったこと――人々の自然界に対する理解や敬意を深めることにフルタイムで身を捧げる――を実現するための手段でした。彼はできる限り、自分の生活をその夢と調和させています。空気の質を測定する科学者として収入を得ていす。彼は職場まで歩いて行ける距離に引っ越したため、空気の汚染には手を貸していません。休暇の間は手つかずの自然が残る地域をカヤックで漕《こ》いで回り、週末にはカヤックを教え、安全に、敬意を持って自然体験をしてもらう手助けをしています。さらに可処分所得を使って、貯蓄を増やしつつ自然保護団体にも寄付をしています。彼の人生のコンパスは自然界であり、生活のすべてがその目的を中心に成り立っています。

キャシーとラングドンのL夫妻は個人的な夢ではなく、世の中をよりよい場所にするという夢を持っていました。ナイーブな夢だと思われても気にしません。ラングドンは内科医で、移民労働者のための診療所のメディカルディレクターでした。キャシーは元教師で、多くのＮＰＯのプログラムで活動し、家族のために家の留守も守っていました。

彼らはそうした生活を愛していましたが、子どもが巣立った後、自由に羽ばたける人生も楽しみにしていました。本書のプログラムは親としての役割から引退するタイミングで、雇われ仕事からも引退できる方法を提供してくれました。彼らは小さな町へ引っ越して土地を買い、その土地は後にエコビレッジ――可能な限りすべての面で持続可能性を追求するコミュニティ――の中心地となりました。当初はふたりだけの村でしたが、やがて参加者が増え、それぞれが小さくユニークな家を建てて、共に豊かな共同生活をつくり上げたのです。然《しか》るべきタイミングで、外交的で精力的なラングドンが町長になり、キャシーは彼女の画廊で静かに暮らす生活を選びました。

どんな夢があなたを呼んでいますか？　プログラムのステップ４では、お金の稼ぎ方や使い方をあなたの価値観、憧れ、目的、幸福と調和させることで夢を叶える機会を提供します。墓場を建てていたあなたが暮らしを立てるのです！

ステップ4　あなたの人生を根本から変える３つの質問

このステップでは、それぞれの支出カテゴリーで使った金額について、次の３つの質問を自分に問うことで、お金の使い方を評価していきます。

質問1　差し出した生命エネルギーに見合う充足感、満足感、価値を得ましたか？
質問2　その生命エネルギーの使い方は自分の価値観や人生の目的と調和していますか？
質問3　もしお金のために働く必要がなくなったとき、このお金の使い方はどう変わりますか？

それぞれの質問は、あなたの夢について問うています。最初の質問は、あなたのお金の使い方が夢に向かって生きているときに感じるような幸福感をもたらしているのかを問うものです。2番目の質問は、そのお金の使い方があなたを夢に近づけているのかを問うものです。3番目の質問は、いまのライフスタイルを維持するためにお金を稼ぐ必要がなくなったとき、お金の使い方がどう変わるのか想像してほしいという問いです。

このステップでは、第3章で作成した収支表（表3－1）に戻り、支出の欄の横にある3つの空白の欄に目を向けてください。そこに3つの質問に対する答えを記すのです。あなたはすでに金額を生命エネルギー（時間）に換算しました。これから、あなたがその貴重なエネルギーをどのように使いたいのかを見ていきます。これらの3つの質問は、自分のお金の使い方を評価する際に土台となるはずです。

質問1　差し出した生命エネルギーに見合う充足感や満足感、価値を得ましたか？

この質問は、あなたのお金の使い方を評価する方法の1つです。この質問を念頭に置きながら、それぞれのサブカテゴリーを見てください。もしその生命エネルギーの使い方から大きな満足感を得ており、そこに使う時間を増やしたいのであれば、「＋」（もしくは上向き矢印）を表3‐1の一番左の空欄に記入してください。もしほとんど、もしくはまったく満足感を得ていないのであれば、「－」（もしくは下向き矢印）を記入してください。別によくも悪くもないのであれば、「0」を記入しましょう。

この単純な作業を通して、どの支出が無意識の（もしくは中毒的な）ものであり、満足感とは真逆の方向に生命エネルギーを使っているのかがわかります。思わず買ってしまうもの――ガジンガスピン――も見つかるかもしれません。最初は怒って次のように弁解するでしょう。「たくさんの靴をそろえておくのが好きなのよ。どの靴にもそれぞれの役割があるの。とにかく自分のお金なんだから、余計なお世話よ」「俺は本が好きなんだ。帰宅途中に毎日、本屋に立ち寄ることの何が問題なんだ？　買った本を積ん読しているからどうした？　いつか必ず読むよ」「私はキルティングが好きなの。すぐにはつくらなくても、今後の作品のために生地を集めて何が悪いの？　確かにここ10年はつくってないけど……生地の種類はいくらあっても、ありすぎることはないのよ」「……

を持っているから何？」

このように私たちは開き直ります。ただ、誰もあなたからガジンガスピンを取り上げようとしているわけではありません。実際、誰もその弁解を聞いてすらいません。この作業で必要な正直さは、あなたがひとりでいるときに求められるものです。ご褒美としてガジンガスピンを買うために、どれだけの人生の時間を犠牲にしたのかを目の当たりにすれば、それはもはやあなたにとって大切なものではなく、残念なものになるかもしれません。

それとは逆に、大きな満足感を得ているカテゴリーの支出を節約しすぎていることに気づく可能性もあります。必ず大きな満足感を得ている支出に着目し、支出の足りない項目には「＋」（もしくは上向き矢印）を記入するようにしましょう。

評価のコツは、客観的に行うことです。支出が多すぎる、もしくは少なすぎる理由を正当化したり、お金の使い方に悩んで自分を非難したりしてはいけません。大切な言葉は、「ノーシェイム、ノーブレイム」です。お互いの支出習慣の違いを冷静に、客観的に話し合うための機会と捉える夫婦もいます。

マーサとテッドのP夫妻は、この質問が言い訳することも敵対することもなく、お互いの支出パターンを優しく評価し合える方法であることに気づきました。テッドの買い物に直接ケチをつけるのではなく、マーサは冷静に彼が使った生命エネルギーに見合う充足感、満足感、価値が得られたのかを問うことができます。お互いのガジンガスピンを、もっと思いやりを持って見る

――そして意見を言う――こともできると感じています。小言を言い合うことなく、お金の使い方について話し合えるのは、ふたりに計り知れないメリットをもたらし、仲のよい夫婦関係にも一役買っています。

安いスリルと深いスリル

シンプルな生活を好む祖父は、男の子の孫にもその価値観を植え付けようとしてきました。ある日、その男の子は興奮した様子で新たな発見について教えてくれました。

「おじいちゃん、幸せが何かわかったよ」

「何だい?」。祖父は尋ねました。きっと人に聞いてもらいたいお宝のような発見に違いありません。

「何かをお金で買った直後に感じる気持ちだよ」

安いスリルとは、何かを買ったときに得られるその小さな興奮のようなものです。ピンボールマシーンで高得点を取るようなものです。幸福感は持続することがめったにありません。お金を支払ったレジから駐車場の車に乗るまでの距離の半分ほどの持続時間です。

一方、深いスリルとは、あなた自身の願望よりも大きな夢を達成したときに感じるものです。

「偉大だと思える目標に力を注ぐこと。お払い箱になる前に、全力でやり切ること。世の中は自分を幸福にしてくれないと、不平不満を抱えて大騒ぎする利己的な小心者ではなく、自然の力になること。それこそが人生の真の喜びだ」とジョージ・バーナード・ショーは『人と超人』の序文に書

いています。(1)

安いスリルは外部からの報酬で得られるものです。深いスリルは「偉大だと思える目標に力を注ぐこと」から得られるものです。安いスリルは一過性です。深いスリルには持続性があります。あなたの充足感を測る心の尺度は、あくまで深いスリルを測るのです。

充足感を測る心の尺度をつくる

充足感を測る心の尺度をつくるために一番大切なのは意識です。質問1に答えることでそうした尺度は形作られ、その過程で健全とは言えないお金の使い方をやめることができます。

私たちの多くは充足感を測るために外部の尺度を使います。実際、アシュレイ・ブリリアントによると、それは学校で教えられているものです。その尺度とは、次のようなものです。

・他者を喜ばせる
・A（優）の成績を取る
・まだ記憶からぬぐえない3年生のときのいじめっ子に自分の価値を証明する
・競合相手を倒す
・自分が敬愛する何かのトップ10リストに入る
・優勝する
・優勝はできなくても、トロフィーをもらう

・大成功する――恋愛において、もしくはセールス記録において

これらが充足感を測る外部の尺度です。自分の幸福度合いを知るために、外部の尺度――母親やパートナーの目の輝き、得票数、ベストセラーリストなど――に頼るのです。

ところがこうした感情は、真の充足感ではありません。一時的な勝利から得られる一瞬のエネルギーと、夢を叶えることから得られる持続的な満足感には違いがあります。もしあなたの夢がテストでAを取ることや相手を倒すことだと思うのであれば、あなたはきっと亡くなるまで外部の報酬を追い求めることになるでしょう。

十分――最も深いスリル

私たちの生活を取り囲む物質的な豊かさは、アメリカンドリームと呼ばれてきました。なぜそのように呼ばれてきたかというと、私たちがまさにずっと眠っていたからです。私たちはそのドリーム（夢）の中身を問いただすことで目を覚まします。それぞれのサブカテゴリーで生命エネルギーに見合った充足感を得ているのかどうか、毎月のように自問自答することで、自分にとって十分な金額がいくらなのかを感じ取れる、自然の感覚が目覚めるのです。

あなたは一過性の喜びと真の充足感を見分けられるようになります。第1章で紹介した満足度曲線を思い出してください。あなたの欲望が完全に満たされ、解消される「十分」の点があったはずです。少し足りなくても十分ではありません。少し多くても多すぎです。満足度の高い食事とは、

すべての風味、匂い、歯触りが見事に重なり合い、食べすぎたという不快感も一切なく、食欲が満たされる食事です。同様に、満足度の高い車とは、あなたの移動ニーズを完璧に満たし、見た目もよく、何千マイル乗っても楽しめ、財布にも優しく、あなたの価値観を侵すことなく、メンテナンスさえしっかりすれば、安心して楽しく運転できる車です（もちろん、１９５７年式の燃費の悪い、大きなテールフィンのコンバーチブルを運転することが、あなたの長年の夢でなければの話です）。あなたの心の中の尺度に従えば、表面的な欲望――見栄を張る、退屈をまぎらわす――を満たすためだけに、いまより高い車を買い、墓場を建てるための仕事中心の生活をさらに3年間、延長するようなことはなくなります。

あなたが心の尺度を使っているのか、それとも外部の尺度を使っているのかを確かめるリトマス試験紙は、そのモノや経験があなたに真の満足感をもたらしたのかどうかです。もし痒いところに手が届いていれば、たったいま消費したものを再び欲しくなることはなくなるはずです。

経済的調和

充足感を測る心の中の尺度を持つことを、私たちは経済的調和と呼んでいます。広告業界や産業界が自分たちのビジネスに有利だと判断して行っていることに惑わされることなく、支出すべきかどうかの選択が自分でできるようになります。幸福感をもたらさないものに生命エネルギーを使うよう誘導されるという、屈辱的な経験をしなくなります。

ニーナ・N（彼女の物語については第7章で紹介します）は心の中の尺度を持つ以前には、財布の中のお金を自分でコントロールできていないように感じていたと言います。「お店の中に入ると、財布の中のお金が飛ぶようになくなるの。少なくとも私にはそんな感覚だったわ。とにかくやめることができなかったのよ」

無意識の支出に対してノーと言うことができるのが、経済的自立です。毎月のように上向き矢印、下向き矢印、ゼロを記入することで、第六感的な感覚——ときには注意深い意識的な思考——によって、「十分」のタイミングで買うのをやめられる経済的筋肉が鍛えられます。ときには昔の習慣に戻ってしまい、自分に対して怒りの感情を抱いたり、やめたくなることもあるでしょう。そんなときこそ、「ノーシェイム、ノーブレイム」の心構えが役に立つのです。

質問2　その生命エネルギーの使い方は自分の価値観や人生の目的と調和していますか?

この質問はまさに啓蒙《けいもう》的です。自分が言行を一致させているのかどうか、見定めることができます。最初の質問と同じように、それぞれの支出サブカテゴリーについて、「その生命エネルギーの使い方は自分の価値観や人生の目的と調和しているのか?」と、自らに問いかけてください。もし答えが明確にイエスであれば、その列の2番目の空欄に「+」(もしくは上向き矢印)を記入しましょう。ノーであれば「−」(もしくは下向き矢印)を、どちらでもなければゼロを記入します。

エイミーとジムのD夫妻は節約を始めたとき、明確な価値観と強い目的意識を持っていました。

ウェス・L、キャシーとラングドンのL夫妻も同じです。質問2に照らし合わせて支出の選択をすることで、彼らはお金の使い方と自分の夢を調和させることができました。一方、豊かに暮らせるはずの多くの人が理想がないことに悩んでいます。多くの遺産相続者が自分を見失い、戸惑っています——経済的な上辺は取り繕っても、向かうべき場所がありません。また、アメリカンドリームを叶えたはずの多くの人々が、人生とはこんなものかと自問自答しています。

あなたはどうでしょうか？　価値観や人生の目的は明確ですか？　それとも焦点が定まっておらず、自分には合わないライフスタイルの中でくすぶっていませんか？

パート1　あなたの価値観は？

価値観とは、私たちにとって根本的な原理や質のことです。真理とは原理のひとつであり、誠実とはどこまで真理に則った生き方ができるかという質のことです。価値観に沿った生き方をすることで、心は穏やかになります。価値観に反することは良心を傷つけ、そのことに気づかなければ、人生を方向づける心の中のジャイロスコープは機能しなくなります。価値観とは倫理的DNAのようなもので、善悪の感覚から成り立ち、選択の基準となるものです。

つまり、価値観とは、信念を反映しています。いかに振る舞うかは私たちの真のモチベーションを反映しており、価値観は私たちの行動に現れます（両親はときに「私のやる通りにじゃなく、言う通りにやりなさい！」と言い、この事実から逃れようとします）。私たちは子どもに食事や住む場所、服を提供していますが、それは価値観——よい親になる、自然な愛情を表現する——に基づいた選択です。休みの日に公園を散歩しようが、職場に行こうが、その選択は価値観に基づいています。「仕事に行かなければならないんだ」「価値観に基づいた決断なんかではなく、純粋に必要なんだ！」とあなたは言います。ただ、そんなときでも、あなたは給与に価値を置いて仕事を選択しているのです。家族に対する責任に価値を置く人がいるかもしれないし、上司からの評価に価値を置く人がいるかもしれません。私たちの行動とは、価値観が具現化されたものです。時間やお金をいかに使うかは、私たち自身について、そして私たちの価値観について多くのことを語っているのです。

本書は私たちの価値観が最もよく表れていることを扱っています。いかにお金を使うかです。月の収支表に記載されている外食で使った２５０ドル（もしくは25時間分の生命エネルギー）は、価値観という点では何を表していますか？　便利さに価値を置いている、おいしい食べ物を好む、友人との社交の時間を求めているなど、いろいろなことを示唆しています。慈善活動に寄付した12時間は何を表していますか？　15時間分の携帯電話の料金は？

あなたはこうした支出の多くに違和感を感じないかもしれませんし、一部には疑問を感じるかもしれません。生命エネルギーの25時間分を外食に使うことは、とくに問題ないように思えるかもしれません。ただ、それは子どもに8時間分しかエネルギーを注いでいなかったことに気づくまでです。もしくは、芸術を愛するという主張に反して、コンサートや美術館にあまりエネルギーを使っていなかったことに気づくまでです。多くの人にとって、支出に表れている価値観は、心からそれに従って生きたいと思える価値観ではありません。あなたの一部のカテゴリーの金額を見れば、習慣や仲間からのプレッシャー、もしくは退屈があなたから最も大きなエネルギーを奪っていることに気づくかもしれません。

本章の最初に挙げた質問に戻ってください。もし生活のために働く必要がなければ、その時間を使って何をしますか？　自分が心から誇れる功績や成功は何ですか？　もし来年が人生最後の年とわかれば、その1年をどのように過ごしますか？　これらの質問に対する答えから、本当は何に価値を置いているのかがわかります。

あなたの月の収支表は鏡のようなものです。「このお金の使い方は自分の価値観と調和しているのか？」と毎月のように自問自答することで、自分の心の中をより深く見つめられます。この質問を自らに問い、答えるだけで、あなたは必ず変われます。そして経済的調和、つまり、あなたのお金の使い方が真の価値観と調和している状態に近づけるのです。

サミュエル・Dは従来の価値観に照らし合わせれば、理想的と言える生活を送っていました。ところが、然るべきもの（家、車、仕事など）さえ手に入れれば、人生は充実すると彼に信じ込ませていた過去の教育や社会環境に対して、彼は怒りとフラストレーションを感じていました。彼はまったく人生に満足していなかったのです。

毎月のお金の使い方を評価することで、彼が抱えている問題ははっきりと浮かび上がりました。彼が一番に望むのは、見栄えのよい生活をしつつも心は眠ったままの大多数のひとりでいることではなく、世界の問題の解決に貢献できる人になることだと気づいたのです。彼はリスクを冒し、収入を減らして、自分のカウンセリング会社を立ち上げました。ある共同経営者とパートナーシップを組み、多くの人が自分の価値観に気づいてもらえるよう、そして人類や大きなコミュニティに対する責任感を感じてもらえるよう、勉強会やセミナーを開きました。いまでは心と行動が一致し、ついに幸せになれたのです。

パート2　人生の目的は何？

この質問の2番目の部分は、「人生の目的」に照らし合わせてお金の使い方を評価するよう求めています。目的とは、私たちの価値観と夢が具体的に表れた包括的な目標です。ただ、本来の意味はいったい何なのでしょうか？　目的は方向性や時間を示唆しています――あなたが価値を置いているものを後々得るために、いま何をするべきかということです。あなた自身にとっても、世界全体にとっても意味のあることを行うという整合性のある意図です。

エイミーとジムのD夫妻など一部の人にとっては、楽しめる仕事をしながら、愛する子どもたちを育てることが目的です。目的意識が希薄な人がいるかもしれません。そういった人たちは、自分たちの行動が心の奥底の願望を反映していないのです。目的のない人生の空虚さに目覚め、人生に意味を与えるような目的を探すために、何年もの時間をかける人もいます。一方で、ウェス・Lのように生まれた瞬間から人生の目的を認識している人もいます。人生の目的とはいったい何なのでしょうか？

目的は目標のようにわかりやすいものかもしれません（私はあれを手に入れるためにこれをして

いる）。誰かから「どうしてそれを行っているのですか？」と聞かれたときに、あなたの答えの中に表れるものかもしれません——あなたのモチベーションです。あなたの人生の出来事に付随している、より深い意味かもしれません（仕事の真の目的は、生涯の妻に出会うことです）。

「人生の目的」とは、「理由」を超える何かを含んでいます。単に目標を達成する、欲しかったものを手に入れるといったものではありません。あなたの生命エネルギーを、自分という小さな存在よりも重要だと信じられる何かに自らの意志で捧げることです。あなたのコミットメントです。それは名前や身体、過去の経験と同じように確固たるアイデンティティの一部となり、人生そのものよりも重要なものになりえます。

3人の石工の物語から、目的のそれぞれの種類——目標、意味、献身——の違いを読み取ることができます。3人の石工が大きなブロックを削っています。ある通行人が1人目の石工に「すみません、何をしてらっしゃるのですか？」と尋ねました。石工は「見てわからないのか？　この巨大な石を削ってるんだ」とぶっきらぼうに答えました。その通行人は2人目の石工に近づき、同じ質問をしました。その石工は誇りとあきらめが混じった表情で顔を上げ、「妻と子どもを養うために生活費を稼いでいるんだよ」と答えました。次に3人目の石工に近づき、同じように「何をしてらっしゃるのですか」と尋ねました。その石工は輝いた表情で、「大聖堂を建てているんですよ！」と丁寧に答えました（より高い目的へ身を捧げているのです）。

いかにして目的を見つけるのか？

教育者であり、生態学者であり、作家でもあるジョアンナ・メイシーは自分の目的を探すための3つの方法を提案しています。(2)

①情熱を傾けられること、心から関心のあるプロジェクトに取り組みましょう。夢を見ることをあきらめる以前は、どんな夢を抱いていましたか？　お金をもらえなくてもやりたいと思える仕事は何ですか？　あなたは「ホントはサーフィンがしたい」といった、車のバンパーステッカーに書かれているような薄っぺらい趣味を探しているわけではありません。人生から逃れるために利用するものではなく、人生を捧げられるものを探しているのです。

②自分が痛みを感じたことに取り組みましょう。そして同じ痛みを持つ人々のために働くのです。その立場に立ったからこそ、人々がどのように感じるのか――苦悩、悲しみ、絶望、空腹、恐怖――を知っているのではありませんか？　自分の経験から得た知恵や思いやりをほかの人に与えられませんか？　あなたの行動を求めている、世の中の痛みや苦しみはありませんか？もしあまりにその痛みが強すぎて、他人を助けることができなくなったのであれば、いまこそ苦しんでいる人に手を差し伸べる絶好の機会です。そうすればあなたも癒やされます。

③目の前の課題に取り組みましょう。人々のシンプルなニーズに応えるのです。人生の目的を見つけることとは、マザー・テレサのような聖人であることが求められる天職や奉仕活動を見つけることだと思われがちです。目の前の課題に取り組むべきだという提案は、あらゆるものが目

に見えない糸でつながっている世界で、人の役に立つ行為はすべて全体の福祉にも寄与するという大切な真理を改めて思い出させてくれます。偉大な活動とは、1つの大きな行為ではなく、情熱や愛を持って小さな行為を積み重ねることだと肝に銘じておけば、必要だと思えること――夕食を病気の隣人に届ける、子どもたちに読み書きを教える、新聞の編集者に手紙を書く、ホームレスの支援者になる――に取り組む中で、人生を捧げる価値のある目的を持ち、経験に満ちた人生を探し当てることができるでしょう。

情熱、痛み、そして目の前の課題。これらは、モノを手に入れることを超越した目的を見つけるための入り口になります。

目的の達成度合いを測る

これから数分間、あなたの人生の目的を書き出してみてください。その目的は、あなたのいまの時間の使い方とはまったく関係ないかもしれません。他人には大切なことに見えないかもしれません。あなた自身にもまだ、それほど明確ではないかもしれません。ただベストを尽くしましょう。書き出された目的の観点から、あなたのいまの行動を評価するのです。もしあなたの目的が月日の経過とともに変わっていても、それはかまいません。いまの時点で人生の目的が自分にとって何を意味するのかを書き出し、その目的をあなたの判断の拠り所とするのです。

あなたの目的の定義が何であれ、それにどこまで近づいたのかを測る方法が必要となります。あなたが正しい方向に向かっているのかを教えてくれるフィードバックです。私たちは金銭的な成功や業界内での評価を基準に、目的の達成度合いを測ることがよくあります。目的に沿った生き方をしているのかを知るもう1つの方法が質問2への答えです。「その生命エネルギーの使い方は自分の価値観や人生の目的と調和していますか?」。この質問を忠実に——毎月、すべてのカテゴリーについて——行えば、自分の価値観は明確になり、目的と調和した生活を送れ、人生の真の目的をよりはっきりと定義することができるでしょう。

『夜と霧』の著者であるヴィクトール・フランクルは、ナチスの死の収容所の生存者です。一部の人が非人間的な環境の中でも人間性を失わないのは、知性や心理を超えた要因によるものだと彼は気づきました。その要因とは、意味です。人生において意味や目的を持ちたいという意志は、権力を持ちたい、快楽を求めたいといった意志よりも上位だと彼は言います。「人間であるとは自分以外の何か、誰かとかかわりを持ち、それに目を向けるということです[3]」。フランクルの偉大な研究に基づく表4-1の質問にすべて答えることで、あなたは人生の意味に近づくことができるはずです[4]。

丸をつけた数を足し合わせて、スコアを計算しましょう。もし92点未満であれば、あなたは人生における意味や目的がおそらく足りていません。92~112点の間であれば、目的意識がまだ漠然としています。112点を超えていれば、明確な人生の目的を持っているということです。あなたのスコアはどうでしたか? 「このお金の使い方は人生の目的と調和しているのか?」と自問自答することで、目的意識をより明確に持てるということを忘れないでください。

4-1　人生の目的テスト

次の質問について、最も自分に当てはまる数字に丸をつけてください。数字はある極端な感情から逆の極端な感情に向かって増えていきます。「ニュートラル」とは、どちらとも判断がつかないという意味です。できるだけニュートラルの評価は避けてください。

1. 私は通常：

1	2	3	4	5	6	7
完全に退屈している			ニュートラル			生き生きとしている、やる気に満ちている

2. 人生は次のように思える：

7	6	5	4	3	2	1
常にワクワクする			ニュートラル			常に同じことの繰り返し

3. 人生において：

1	2	3	4	5	6	7
まったく目標はない			ニュートラル			非常に明確な目標がある

4. 私という存在は：

1	2	3	4	5	6	7
まったく無意味、目的がない			ニュートラル			非常に意味や目的がある

5. 毎日が：

7	6	5	4	3	2	1
常に新しい			ニュートラル			まったく同じ

6. もし選べるとしたら：

1	2	3	4	5	6	7
二度と生まれたくない			ニュートラル			まったく同じ人生を9度繰り返したい

7. リタイアした後は：

7	6	5	4	3	2	1
ずっとやりたかったことをやる			ニュートラル			亡くなるまで無為に過ごす

8. 人生の目標に向けて：

1	2	3	4	5	6	7
まったく前進していない			ニュートラル			完全に達成できた

9. 私の人生は：

1	2	3	4	5	6	7
空虚、絶望しかない			ニュートラル			ワクワクするすばらしいことばかり

10. 今日死ぬなら、自分の人生は：

7	6	5	4	3	2	1
非常に価値のあるものだった			ニュートラル			まったく価値がなかった

11. 人生を考える際：

1	2	3	4	5	6	7
なぜ自分が存在するのかよく考える			ニュートラル			自分がここにいる意味が常にわかっている

12. 人生との関係で世の中を見ると、世の中は：

1	2	3	4	5	6	7
完全に私を混乱させる			ニュートラル			私の人生と有意義に調和している

13. 私は：

1	2	3	4	5	6	7
非常に無責任な人間だ			ニュートラル			非常に責任感のある人間だ

14. 選択の自由に関して、人は：

7	6	5	4	3	2	1
あらゆる人生の選択を完全に自由にできる			ニュートラル			遺伝や環境による制約にすべて縛られている

15. 死に対して、私は：

7	6	5	4	3	2	1
心構えができ、恐れていない			ニュートラル			心構えができておらず、恐れている

16. 自殺に関して、私は：

1	2	3	4	5	6	7
逃れる手段として真剣に考えたことがある			ニュートラル			一度も考えたことがない

17. 人生の意味や目的、使命を見つける自分の能力は：

7	6	5	4	3	2	1
非常に高い			ニュートラル			まったくない

18. 私の人生は：

7	6	5	4	3	2	1
自分の手の中にあり、コントロールできている			ニュートラル			自分の手の外にあり、外的要因にコントロールされている

19. 日々のタスクに向き合うことは：

7	6	5	4	3	2	1
喜びと満足の源			ニュートラル			苦痛で退屈な経験

20. 私は：

1	2	3	4	5	6	7
人生における使命や目的を1つも見つけていない			ニュートラル			明確な目標と満足のいく人生の目的を見つけた

（注）著作権は Psychometric Affiliates, Box 807, Murfreesboro, TN 37133 が有する。このテストを利用する際は必ず許可が必要。

月の収支表を見れば、自分の支出パターンが人生の意味に近づけるものかどうかがわかります。経済的調和（お金の稼ぎ方や使い方がすべてあなたの真の価値観と調和している状態）を実現するために、支出を調整するか、もしくは目的を調整しましょう。

質問3　もしお金のために働く必要がなくなったとき、このお金の使い方はどう変わりますか？

私たちはこれまで、自分のお金の使い方がいかに満足感をもたらし、価値観と調和しているのかを見てきました。質問3では、仕事があなたにとってどれほど負担になっているのかを見積もり、仕事以外の人生により明確に焦点を当てます。「もしお金のために働く必要がなくなれば、どの支出を減らすのか、もしくは増やすのか」を自分に問いかけてみてください。支出カテゴリーの3番目の欄に、支出が減ると思うのであれば「－」（もしくは下向き矢印）を、増えると思うのであれば「＋」（もしくは上向き矢印）を、変わらないと思うのであれば「0」を記入してください。もし具体的な金額を思いつくのであれば、別の行にその金額を記入してください。

この質問をすることで、毎週のように職場に顔を出す生活から解放されるかもしれません。もし週に40時間も（もしくはそれ以上）お金のために働く必要がなくなれば、あなたの人生はどのように変わりますか？　どの支出を削減できますか？　もっと服を買いますか？　それとも買う服を減らしますか？　もっとガソリンを使いますか？　それとも使う量を減らしますか？　車を売ってしまいますか？　都心部から離れた安い家に引っ越しますか？　医療費は減りますか（保険料は上がるかもしれませんが、病気は減りますか）？　まだ週末を旅先のホテルで過ごしますか？　旅行費は増えますか、減りますか？　最新のガジンガスピンをつらい仕事のご褒美として買わなくなりますか？　あなたはいま、時間のほぼすべてを捧げている仕事へのご褒美として、生命エネルギーをどれくらい使っていますか？

正確にどう変わるのかを知る必要はありません。仕事以外の何かをしたいと思う必要すらありません。ただ、それぞれの支出カテゴリーについて、この質問を問いかけてみてください。もし生活のために働く必要がなくなれば、そのカテゴリーの支出はどう変わるでしょうか？　ノーシェイム、ノーブレイムです。この質問をするからといって、職務への忠実義務に違反しているわけではありません。お金の使い方がどう変わるのかを考えることは、上司に対する背信行為でも、仕事に対する不満の表明でもありません。もし仕事を愛しているなら、この質問は仕事に対する満足感を上げるだけです。自らの選択でその場所にいるという確信を強める結果になるからです。

質問3を通して、あなたは驚くべき結論に達するかもしれません。雇われ仕事に大半の時間を捧げていなければ、生活費をかなり抑えられるかもしれないのです！　あなたの日々の時間は仕事に消費されているため、生活のそれ以外の部分——子どもの保育園、家の修理、娯楽、自分の話に優しく耳を傾けてもらうことまで——をお金で解決する必要があります。経済的自立とは「自分のニーズを満たすためのお金を必要としなくなる」という意味を内包することに気づくでしょう。数百万ドルものお金をかけて、あらゆることを代行してもらえるほどのお金持ちになるという意味での経済的自立とは、真逆の経済的自立です。

3つの質問を算定する

それでは自分の収支表をご覧ください。「⌐」（下向き矢印）をつけたカテゴリーをすべて探してみてください。質問1（差し出した生命エネルギーに見合う満足感を得ている）を満たしていないサブカテゴリーはどれですか？　質問2（このお金の使い方は価値観や人生の目的と調和している）を満たしていないサブカテゴリーはどれですか？　雇われ仕事をする必要がなければ支出額が大きく減るサブカテゴリーはどれですか？　その中に一定のパターンは見られますか？　自分自身について新しく学んだことは？

自分に罰を与えたり、「来月はもっと支出を減らす」などと決意したりしないでください（守るべき予算ではありません！）。ここで得た情報や気づきを活用して、価値観や目的をさらに明確にしましょう。ノーシェイム、ノーブレイムです。

ステップ4は、本書のプログラムの真の柱と言えるステップです。人生の目的や心の中の尺度が明確でなくても心配しないでください。一部の人にとって、このプログラムは自分の価値観や目的を明確にするプロセスでもあります。毎月これら3つの質問に答えるだけで、満足感や人生の目的に対する理解は必ず深まるはずです。

各ステップにはシナジーがあり、効果を高め合います。リラックスして、それぞれのステップに取り組んでください。1つのステップも飛ばすことなく、誠実に行ってください。ノーシェイム、ノーブレイムの心構えを忘れないでください。

これは単に情報を集めるプロセスです。自分自身をプログラミングし直す最初のステップです。正直に評価し、明解に数値で表すことで、無意識かつ中毒的な支出パターンが明らかになります。罪悪感や自己批判によって自分を変えようとしないことが大切です。すべてのカテゴリーが「0」、もしくは「＋」になるまで、支出を調整していくことが大切なのです。

それではステップ4の要点をここでおさらいします。

十分に到達する

第1章では、満足度曲線とその曲線の頂点にある「十分」と呼ばれる興味深い点についてお話ししました。生存と快適、そして少しのぜいたくのための過不足ない状態とは、あなたに不要な負担を与える余分な支出をしていない状態のことです。十分とは力がみなぎる自由な場所です。自信に満ちて、柔軟な場所です。あなたがこのプログラムに取り組む中で、具体的な数値で決められる場所です。

本章で紹介した3つの質問は、どれくらいの支出が十分なのか、経験を基に見極める上で最も大切な作業です。毎月行う必要があります。次第に、何かを買おうとするたびに自然と脳裏に浮かんでくるようになるかもしれません。

私たち自身の経験によると、「十分」には４つの共通する構成要素があります。

①自ら説明できること――収入と支出がどれくらいなのかを知ること――は基本的な経済的理解です。当たり前のことですが、いくら持っているのか、何に使っているのかを知らなければ、自分にとっての十分を知ることはできません。

②満足度を測る心の中の尺度。すでに指摘したように、他人の持ち物や考え方を基準に測る限り、決して十分に到達することはできません。下りのエスカレーターを上っているようなものです。他人の意見は気まぐれなものです。他人の持ち物は常に変わっています。あるものを手に入れて、隣の人とようやく張り合えたと思った矢先、片付けブームが訪れて、彼らはいつの間にかミニマリストになっています。自己認識こそが最も大切です。

③自分自身の欲望を満たすことよりも高尚な人生の目的。もしあらゆる欲望を満たすべきだとしたら、十分満たされることはありません。欲しいものを手に入れるよりも高尚な目的は何ですか？　もらうの反対は与えるです。そこに満足の秘訣があります。十分を超えた地点では、自分の才能を使って他者を助けるという自然な欲求を表に出すことで、幸福を達成できます。

④責任感、つまり「自分、おれ、わたし」以外のもののために生きること。自分たち以外のものに関心を向けなければ、すべてを手に入れるまで十分に満足することはできません。責任感は他人だけではなく、あなたにとってもよいものです。「多いほど豊か」という考えから、あなたを解放してくれます。責任を克服すれば、あなたは「反応」と「能力」を獲得します。自分

の行動がもたらす周囲への影響が見えない状態から、他者のニーズに自ら応えることができる状態に変わります。まず責任を持つべきなのは、自分自身に対してです。非難のゲームをやめて、真実を話し、自分の行動を価値観と調和させましょう。あなたにとっての十分を明確にしましょう。最終的に、あなたはアルバート・アインシュタインが１９５０年に言及した「広がる輪」の中で人生を生きるのです。

人間の存在は、私たちが「宇宙」と呼ぶ全体の一部であり、時間と空間が限定された一部である。人は自分自身、自分の思考、自分の感情をほかとは切り離されたものとして経験する――これは意識における錯覚のようなものだ。この錯覚は一種の牢獄であり、個人的な欲望や自分に近い数人への愛情だけに限定してしまう。私たちの務めは、自分の思いやりの輪を広げることによって、この牢獄から自らを解放し、生きとし生けるあらゆる生き物と自然全体をありのままに受け入れることだ。

同じく20世紀に活躍した、夢想的エンジニアであるバックミンスター・フラーも同じような考え方を持っていました。彼は一部の人からはサステナビリティの聖人のような人物だと考えられていましたが、20代のころ――息子の死と事業の失敗の後――には自分に価値がないと悩み、自らの手で人生に終止符を打つことも考えていました。そうした極度の苦悩の時期に、彼は悟りを開いたのです。「それ」――彼の人生においても――は自分のものではありませんでした。それは世界のものだったのです。彼はすべての人の人生が最適となる方法を探し求めることに生涯を捧げました。「生態系を破壊することなく、誰に危害を加えることもなく、自発的な協力によって可能な限り短い期間で世の中を全人類にとって機能するものに変える」ことが彼の目標になりました。[5] 最終的には数十万人が彼の目標の実現に加わり、誰も取り残されず、何も取り残されない、万人にとって機能する世の中の実現に取り組んだのです。

フラーが信じるように、すべての人に十分なもの――十分な食料、十分なエネルギー、十分な資源――が行き渡っている世の中を想像してみてください。アインシュタインが教えてくれたように、思いやりの輪を広げて、生きとし生けるあらゆる生き物を受け入れる自分たちを想像してみてください。ふたりの人間の「十分」の集合がぴったりと重なり合う必要はありませんが、あらゆる人の「十分」という感覚は満たされなければなりません。なんとすばらしい設計問題でしょう！　私たち全員がこのシンプルなステップを繰り返すことで、個々の「十分」を見極め、解放された生命エネルギーを奉仕活動に捧げる。すばらしい夢ではありませんか。

もしこれらの理想があなたに訴えかけるのであれば、お金の使い方を評価するために、次の趣旨に沿った4つ目の質問を自作してみてください。

現在、そして将来にわたり、万人に必要なものがすべて行き渡っている公正で思いやりのある世界では、このカテゴリーの支出はどのように見えるでしょうか？

自分の好きなように言葉を変えてください。「すべての人が同じお金の使い方をしたらどうなるでしょうか？」と簡単に言い換えることもできます。満足感や調和に関する質問が、あなたと愛する人々の人生をよりよくする選択に導いてくれたように、この質問もアインシュタインの「広がる思いやりの輪」を意識した選択にあなたを導いてくれます。すべての人を理解することはできませんが、「自分がそうしてもらいたいように他人にもする」という考え方に倣って想像することはできます。

自分の支出表を見ながら、「もしすべての人が……レストランで食事をし、古着を買い、庭に果物の木を植え、この旅行パッケージを買い、通勤のためにこの車を選んだら……どうなるだろうか?」と自分に問いかけてください。ノーシェイム、ノーブレイムです。思いやりの輪を広げましょう。

この質問に関しては、環境の部分を重視する人もいます。これは果たして地球／気候／環境にとってよいお金の使い方だろうか? このような言い換えは、あなたの人生や将来の理解にはつながらないかもしれません。ただ、こう言い換えたらどうでしょう? 「神であればどうするだろうか?」という質問の仕方は、倫理的な決断をする際に多くのキリスト教徒が使います。「科学的なコンセンサスはあるのだろうか?」という質問の仕方は、信仰心の薄い人にとっては有効かもしれません。沈黙や自然の中に答えを見いだす人もいるかもしれません。この質問は経済的相互依存の質問とも呼ばれています。

この4つ目の質問は、お金とのかかわり方を根本から変えるために必要でしょうか? 答えはノーです。ただ、このプログラムを進めていくにつれて、あなたはすべての人が同じことをしたら世の中はどう変わるのだろうかと自然と考えるようになります。もしそのような状態に至れば、まさに本書を書く決断をした1990年のジョーと私の状態に近づいたということです。

ステップ4のまとめ

(1) 月の収支表のそれぞれの支出カテゴリーについて、「差し出した生命エネルギーに見合う充足感、満足感、価値を得たのか」と自問自答しましょう。その答えを「+」(上向き矢印)、「−」(下向き矢印)、「0」で記入します。

(2) 月の収支表のそれぞれの支出カテゴリーについて、「その生命エネルギーの使い方は自分の価値観や人生の目的と調和しているのか?」と自問自答しましょう。その答えを「+」(上向き矢印)、「−」(下向き矢印)、「0」で記入します。

(3) 月の収支表のそれぞれの支出カテゴリーについて、「もしお金のために働く必要がなくなったとき、このお金の使い方はどう変わるのか?」と自問自答しましょう。その答えを「+」(上向き矢印)、「−」(下向き矢印)、「0」で記入します。

(4) 答えが「−」(下向き矢印)になったすべてのカテゴリーのリストをつくり、見直しましょう。

次の質問を自分に問いかけてみよう

・子どものころ、大人になったときに何になりたかったですか？　いまはどうですか？
・死ぬまでにやり遂げたい「１００のこと」は何ですか？
・あなたにとっての天職、心と魂を捧げられる仕事は何ですか？
・あなたにとって最も幸せな記憶は何ですか？　何があなたを幸せにしましたか？
・まるで夢が叶ったような思いがけない出来事と言えば、何を思い浮かべますか？
・お金で買えるもので、子ども／愛する人に買ってあげたいものは何ですか？

第5章

目に触れられるようにする

ステップ5 生命エネルギーを可視化する

ステップ5では、これまでのステップの成果をグラフ上にプロットすることで可視化します。そうすることで、あなたの経済状況やお金（生命エネルギー）とのかかわり方の変遷を、シンプルかつ明確な全体像として把握することができます。

自分のお金の使い方を把握・評価した最初の1カ月で、あなたは正当な理由もなく財布から出て行った金額のあまりの大きさに気づき、天からの啓示のように感じると思います。自分が借金の泥沼にはまっていく現実を直視することで気を悪くし、思わずこのプログラムをやめたくなるかもしれません。「なかなかためになる作業だったけど、もう必要なことはすべて学んだよ」などと達観する人もいます。

ただ、このプログラムをもう1カ月だけ続けてみてください。使うお金の金額が劇的に減るかもしれません。ちょっとした意識の変化が大きな違いをもたらします。怯《ひる》むことがあったとしても、あなたを見ている人は誰もいません。ノーシェイム、ノーブレイムの気持ちを持って、やり続けましょう。そうすれば大きな成功を収められます。

3カ月目には再び大きな変化が訪れるかもしれません――その変化はどちらの方向にもありえます。貯蓄が増えるかもしれませんし、2カ月目で自分ができることを証明できたと言って、ダレるかもしれません。やる気を出そうと自分の尻を叩くかもしれませんし、紛れもない真実を目の当たりにして目を覆いたくなるかもしれません。いずれにしても、継続するには多少の意志の力が必要になるでしょう。

やり続けるためには、どのようにモチベーションを上げればいいのでしょうか?

これまでに自分の行動を変えたことのある人は、3つのカギがあることを知っています。

①選択ではなく、習慣にする。やりたいかどうかは関係なく、とにかくやるのです。システムを構築し、そのシステムに従うのです。そうすることができれば、歯磨きのように日々の生活習慣の一部になります。

②ほかの人に説明する。必ずお金を使ったものすべてを記録し、支出項目に「+」「-」「0」の

評価をつけると、他人に約束しましょう。毎月会って、結果を共有し、話をする。毎日お互いにメールを送り、電話で会話する。自分が使っている家計簿アプリのパスワードを教える。やり方はあなた次第です。あなたもパートナーのために同じことをやってあげましょう。他人のお財布事情に首を突っ込むことは悪いことではありません――しかも効果的です。

③表をつくる。日々のＴｏＤｏリストを確認したり、毎日体重を測り、自分の体重を体重計の上に貼っておくことは、やる気を維持する上で驚くべき成果を発揮します。お金も同じことです。支出を逐一把握することは、散財したいという衝動を抑える上で驚くべき成果を発揮します。

ステップ５では、あなたの収入と支出を記載するグラフを作成します。説明責任を持ち続けられるようにするためのグラフの利用方法も決めていきます。また、経済的調和をより早く実現するためのアドバイスもいくつかお教えします。

それではしっかりとシートベルトをお締めください。

ウォールチャートをつくる

ステップ５では、あなたの収入と支出を表すグラフをつくります。３～５年分のデータを記載できるくらい大きなグラフです。作成するのも、記載を続けるのも、解釈するのも簡単なグラフです。

必要な情報はすべて、すでに作成済みの収支表の中にあります。ステップ5のために、新たなソフトやアプリは必要ありません。とにかくやるだけです！　もしあなたが家計簿アプリや会計ソフトを利用していれば、グラフやチャートはアプリの機能に組み込まれており、常にデータは更新されているでしょうが、ステップ5には2番目の特別な作業があり、それはアプリやソフトでは対応していません。

まず、大きなグラフ用の紙（A3、もしくはA1の大きさであれば理想的）を1枚用意してください。見つけられなくても心配しないでください。大きな紙に自分でマス目を書き込めば大丈夫です。

左側の縦軸は金額を表します。紙の上に、あなたの収入と支出を表す折れ線グラフを書き込みます。一番左下の0から始め、上部に大きな余白を残しておきます。そんなことはありえないと思うかもしれませんが、収入が2倍になっても大丈夫な大きさの余白にしてください。自分が思っていた以上に収入が上がったことで、上部に用紙を付け足したグラフをきまり悪そうに見せてくれたFIerはひとりだけではありません。収入と支出の大きいほうが縦軸の真ん中くらいの位置になるように目盛りを合わせてください。

横軸は月を表します。5～10年分のデータを記載できるようにしてください。大きなトレンドを見る上では、その年数で十分です——その間に経済的自立に到達できるかもしれません！

パソコン上でつくりたい人は、エクセルなどの表計算ソフトで十分です。使い方さえ知っていれば、自分の経済状況のあらゆる分析が可能かもしれませんが、自分の手で直接グラフを書き込んでいく衝撃や満足度にはおそらく敵いません。

毎月の月末に、その月の収入の総額と支出の総額をグラフ上に書き込んでいくことになります。収入と支出で色を分けたほうがいいでしょう。そして毎月の金額を結んで折れ線にしてください。やることはそれだけです。このステップを始めたばかりのときは、まだ一瞬を切り取ったスナップショットの段階です。毎月データを書き加えることで、真の学び――そして真の楽しみ――が得られます。このウォールチャートは収支表という静的なスナップショットに、時間という新たな次元を加え、目標に対する進捗状況を鮮明に浮かび上がらせてくれるものです。グラフを作成することによって、あなたは継続したいという思いを持ち続けることができます。

支出はまず減り、それからまた増える

記録を始めた最初の月、私たち米国人の国民病とも言える病を目の当たりにするかもしれません。支出額が収入額を上回っている、つまり稼いでいる以上に、お金を使っているかもしれないのです(これこそアメリカ流です)。この事実を目の当たりにし、少しショックを受けるかもしれません。そしてもしかしたら、現状を変えたいと思うかもしれません。いますぐに変えましょう。ダイエットや新年の決意に慣れているあなたは、大量の銀行取引明細書やクレジッドカードの前で「来月こそは」と誓います。

まさにそんなとき、私たちは財布の紐を過剰にきつく締めがちです。支出を切り詰め、節約し、自分にも家族にもモノを与えず、豆や米、オートミールだけで胃袋を満たそうとします。毎日、支出の限度額に集中し、1カ月という短い期間で半分に減らそうと決意を固めます。そして驚くべきことに、実際に多くの人が支出を半分に抑えます。翌月、グラフに支出の金額を記入し、誇らしげに急降下している線を書き記します。

ただ、この種の緊縮財政は持続可能ではありません。2カ月目の欠乏を埋め合わせるかのように、3カ月目には猛烈にリバウンドすることがよくあるのです。

それでどうなるかというと、従来の考え方に逆戻りし、再びわざわざ予算を立て始めたりします。へたをすると、やめるかもしれません。ただ、顔を上げてください。もっとうまくいく方法があるのです。

イレイン・H――第1章で紹介した、仕事は嫌いだが、その生活のやめ方がわからないコンピュータプログラマー――は難なくウォールチャートを作成できました。数字を扱うのは彼女の仕事です。彼女は人生の成功を証明する多くのトロフィーを獲得してきましたが、グラフの形状はほかの多くのアメリカンドリーマーたちとさほど変わりませんでした。支出が収入を上回っていたのです。

「目の前の数字を見て本当にショックを受けたわ。稼いでいる以上のお金を使っていたなんて知らなかった。その月の収入4400ドルに対して、支出が4770ドルもあったの」。彼女は課題を突きつけられていると感じました。もし収入よりも支出を抑えられないのであれば、その現状を打破したいと思いました。さまざまな実験に取り組む決意をしたのです。ランチで同僚と外食するのではなく、テイクアウトやデリバリーを利用するのでもなく、家から弁当を持参するようにしました。1カ月間、新しい服を買わず、外食も控えました――結局、1カ月という短い期間であれば何でも耐えられます。2カ月目には、見事、彼女の支出は収入を大きく下回りました。やれることを証明したのです。

「大喜びしたわ。ただ、次の月には高い意識を保てずに昔の買い物癖が戻ってしまい、前月の貯金のほとんどを使い果たしてしまったの。ウォールチャートの見た目も最悪よ」。彼女はグラフではなく、自分自身を変える必要があることに気づいたのです。

彼女はどのようにして変わったのでしょうか? イレインによると、このプログラムのステップを忠実に実践し、うまくやれることに気づいたとき、彼女の自尊心は高まったと言います。自分ができるということがわかったのです――そして、それまでの不満は、とにかく最善を尽くすというやる気に変わりました。この心の持ちようの変化が彼女の仕事の捉え方を根本から変え、彼女の上司だけでなく、彼女自身をも驚かせました。

「4カ月後には借金を完済して、その月の支出も1640ドルまで減ったの。食費は359ドルから203ドルに減ったわ。とくに努力したわけではないの。たぶん、以前よりも仕事に満足して、ご褒美がいらなくなったせいだと思う。レストランで使うお金も232ドルから77ドルに減ったわ。本当に食べたいときしか行かなくなったからよ。職場に近くて家賃も安い家に引っ越したから、ガソリン代も6割減った。医療費も半分になったわ。それも食費が安くなったのと同じ理由で、仕事が楽しくなって、病気にならなくなったからよ。どれも貧しいという感覚はないわ。支出を減らそうと努力したわけでもない。何か特別なことをしているという感覚さえなかったの。徐々に変わっていったのよ」

それまで数年の間、彼女はセミナー通いに数千ドルを使っていました。自尊心から仕事での成果に至るまで、すべてを変える目的で通っていたのです。ところが変化は長続きしませんでした。では、今回は何が違っていたのでしょうか？　大きいのはウォールチャートの存在です。ウォールチャートは彼女の生き方に突きつけられた挑戦のようでした。彼女の買い物癖を視覚化し、月末には十分なお金が残っていない理由をグラフというわかりやすい形で突きつけたのです（グラフ5-1を参照）。

ウォールチャートは、頭で理解しただけではお金とのかかわり方は変わらないということを気づかせてくれます。あなたはそれぞれのステップを忠実に実践する必要があります。それには時間と忍耐力を必要とします。我慢のなさ、否定、強欲こそが、あなたの中で変わっていく部分です。人生を省みて、いま向かっている方向にこれからも進みたいのかを知るには時間がかかります。本書は数日で読み終えることができるかもしれませんが、お金とのかかわり方を変えるには時間がかか

5-1　イレインのウォールチャート（支出）

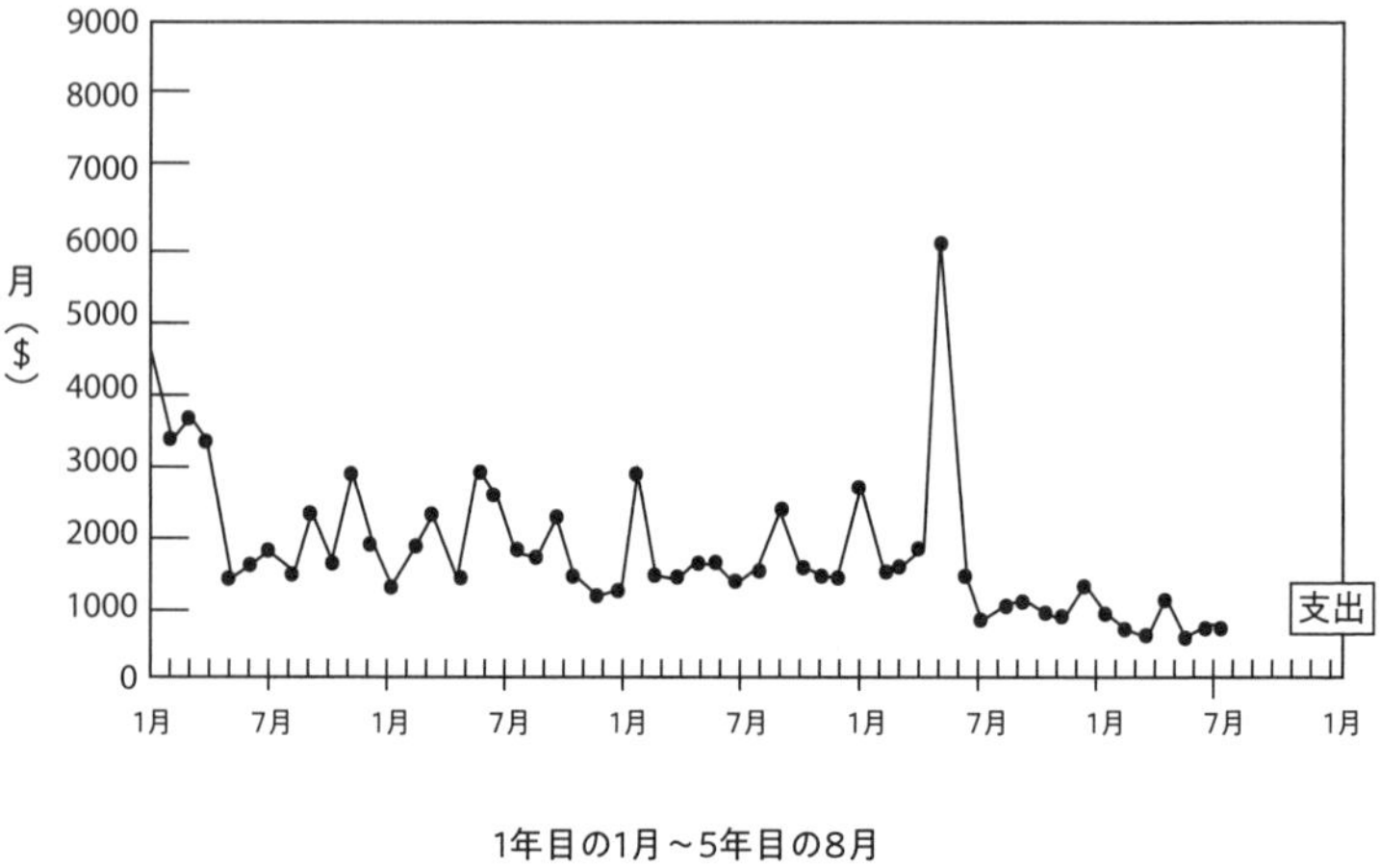

ります。ウォールチャートを見て心を乱すのではなく、冷静に客観的に自分の反応を観察することで、あなたをいまの自分に至らしめた態度や考え方が一掃されるのです。

この作業を成功させるカギは２つあります。

①始める
②やり続ける

千里の道も一歩からとはよく言われますが、一歩踏み出した先には、目的地に着くまでにさらに数十万歩も歩き続けなければならないことを教えてくれる人はあまりいません。とにかく歩き続けましょう。やがてこの作業がもたらす魔法を体験できるようになるはずです。さほど努力しなくても、支出ラインが下がり続けていることに気づくでしょう。その理由はわかりますか？

3つの質問がもたらす効果

ステップ4で学んだ3つの質問を覚えていますか？　これらの質問がお金に対する意識——そしてウォールチャート——にもたらす影響の大きさを、あなたはいずれ思い知らされることになると思います。

支出を自動的に抑える

質問1は「差し出した生命エネルギーに見合う充足感、満足感、価値を得ましたか？」でした。それぞれの支出カテゴリーに対してこの質問を繰り返すことで、自分の選択に対する意識が高まり、自動的に毎月の支出総額は減っていきます。そしてチャート上の支出ラインが下がっていくのを見る快感を覚えるのです。

第4章で説明したように、支出がもたらす幸福感に対する意識を高めることで、「生存メカニズム」は活性化されます。あなたは自分自身をプログラミングし直しているのです。「－」マークのある支出カテゴリーはすべて、快楽を求め、痛みを遠ざけるあなたの生存本能を侮辱する行為です。以前は快楽をもたらすと思っていた支出、もしくはただ習慣的に行っていた支出が、実際はまったく満足感や快楽をもたらさないことに気づくことで、その強力なメカニズムがあなたを支える存在に変わります。

ガジンガスピンを覚えていますか？　あなたはすぐに自分のガジンガスピンを知ることになるでしょう。自分がガジンガスピンに生命エネルギーを浪費しようとしていることに気づく、その目の眩《くら》むような瞬間が、あなたの支出の抑制につながるのです。それでは、その仕組みについて見ていきましょう。

これまでは、自分の習慣を変えよう、満足感のある経験を増やそうとしても、自分の支出パターンを正確に俯瞰できていませんでした。ガジンガスピンが不満の元凶であると認識しておらず、むしろ買い続けなければならない大切なものだと思い続けていました。自分の浪費癖を贖《あがな》うために、ガジンガスピンを買うのをやめようとしたこともあるかもしれませんが……結局は、ガジンガスピンの売り場の前に立つと、「これが最後、これが最後」と考えている自分に気づきます。ところがいまでは、あなたはお金の迷路を頭上から見下ろし、この袋小路を認識しています。「こんなふうに生命エネルギーを差し出しても、満足感を得ていない」と理解しているのです。あなたは覚醒したように感じるでしょう。

「ちょっと待って」。あなたははっきりと見開いた目で、こう口に出します。「書斎の本をまだ半分も読んでいない」「10年間、パッチワークを1つもつくっていない」「もう十分よ！」。この小さな覚醒の瞬間が、大きな違いをもたらします。いまではお金の使い方とその支出から得る満足感の間の相関が強まり、ガジンガスピンは昔のように、あなたの心をつかんで離さないものではありません。いまのあなたはあなたと調和しています――自分自身と戦ったり、幸福や満足をお金で買おうとしていません。それどころか、生命エネルギーの使い方を変えることで、満足感を得ています。自分の生命エネルギー、そして自分自身を尊重していることから、自分の進むべき方向を変えやすいのです。

アイヴィー・Uはメキシコ系アメリカ人の両親のもとで貧しく育ちました。いつもお金に困っていましたが、両親は貧困の苦痛を認めることも、そのことについて話すこともなく、カトリックの父が彼女に聞かせるのは、「貧しい人だけが天国に行くことを許されているのだから、私たちは幸運なんだ」という決まり文句でした。宗教と貧困、極度の倹約のフラストレーションがすべて混じり合い、アイヴィーは戸惑いながら怒りを抱えていました。彼女は大人になったらお金に頭を悩ませることなく、欲しいものを何でも買えるように、たくさんのお金を稼ぐことを決意しました。

アイヴィーはすぐに自分のガジンガスピンがわかりました。服です。ステップ1の資産の棚卸し作業は彼女にとっては楽で、自分のシンプルなライフスタイルに満足していました。ところが、その作業の手はクローゼットで止まります。こんなにたくさんの服、どこから来たのかしら？もちろん、いろいろなお店からです――ほとんどは高級デパートでした。でもなぜでしょう？二度と貧しくならないという決意が空回りし、彼女はいつも完璧な身なりでいなければならないと思い込んでいました。自分の服装に対するお世辞の数で、貧困からの距離を測っていたのです。

確かに専門職のキャリアウーマンとして、最高の身なりを整える必要はありました。ところがそのこだわりが、毎月のように新しい服を買うという習慣に変わっていたのです。今月、新しいスーツを買っても、その下に先月買ったブラウスを合わせたら、みすぼらしいように感じていました。

月の収支表を作成しているとき、高級デパートの儲けのために使ったお金からは、それに見合う満足感を得ていないことに彼女はすぐ気づきました。とくに努力をしたり、自己否定をしたり、欠乏を感じることなく、彼女は不必要な服を買う習慣をやめることができました。ところが驚くべきことに、彼女の服装に対する周囲のお世辞の数はまったく減らなかったのです。

活動家からファイナンシャルプランナーに転身したハル・Nは、自分の無意識の支出カテゴリーが普通のガジンガスピンではすまないことに気づきました。まさに巨大ガジンガスピン——支出の中の巨大な盲点——だったのです。彼にとっては、経済的自立を目指すプログラムは新しいメガネを手にするというよりも、大掛かりな白内障手術のようなものでした。

満足感や人生の目的との調和に関して自問自答したとき、自分が過去8年間、いかに人生に退屈し、疲れていたのかに気づきました。また、何が自分のトラブルの元凶になっていたのかもはっきりと自覚しました。第一に、ファイナンシャルプランナーとしての役を演じるために、高額のオフィスが必要だと思い込んでいました。ただ、そのオフィスにどれほどの生命エネルギーが使われているのか——月2900ドル——を知ったとき、エネルギーに見合う価値を得ているのか疑問を感じたのです。実際、見合うほどの価値は得ていませんでした。ほとんどの業務を携帯電話やメールを通して、もしくはクライアントの自宅でこなしていました。彼のオフィスで人と会うことはなかったのです。彼はオフィスを自宅に移し、オフィスにかかる費用は月750ドルまで減りました。

二番目の大きな盲点は子どもたちでした。子どもたちは母親と暮らしていましたが、彼は十分な養育費を払っていました。そのこと自体は問題ではありません。問題は、子どもからねだられるたびに、お小遣いをあげていたことです。一緒にいてあげることができないという罪悪感からくる罪滅ぼしのつもりでした。彼には9人もの子どもがいたので、金額も大きくなりました。子どもたちはいくらお金をあげても、さらに欲しがります。彼は支出を正直に評価する作業を通して、子どもたちがお小遣い中毒に陥っており、彼自身がその原因だったことに気づきました。仮に子どもたちが一種の離脱症状の苦しみを味わうことになったとしても、自分の態度を改める決意をしました。ハルは、不在の父親という罪悪感から子どもにお金をあげていた習慣をやめる選択に満足しました。さらにほかにもいくつか小さな調整をしたことで、支出の5割ほどが削られたのです。すべて3つの質問のおかげでした。

誰もがハルほど余分な支出があるわけではありませんが、数百人のFIerのウォールチャートを見る限り、3カ月目の分水嶺を越えた人たちは、支出が2割ほど自然な形で——痛みもなく——減っていくのがわかります。欠乏感を感じたり、立てた予算を守ろうと懸命になることもありません。自然と支出を抑えられるのです。差し出した生命エネルギーに見合った満足感を得ていないと知ることで、自動的に、自己防衛的に支出の習慣が変わっていきます。年月がたつにつれて、お金を使わないほうが気持ちいいと感じている自分に気づきます。ガジンガスピンがもはや満足感をもたらさないと判断したことで、買わないことによる満足感が生み出されるのです。

調和と個人的一体感

ウォールチャートに取り組む上で楽しみなことは、ほかにもいくつかあります。質問2「その生命エネルギーの使い方は自分の価値観や人生の目的と調和していますか？」を毎月のように自問自答することで、チャート上の支出ラインが下がっていくのを目の当たりにするでしょう。

これは経済的調和に至るフィードバックシステムです。価値観と人生の目的は、あなたにとって最も崇高なビジョン、つまり、あなたが心から求めているものを反映しています。

日々の生活においては、自分の価値観や人生の目的と一貫した行動を取りたいはずです。ただ残念なことに、自分の実際の行動は見て見ぬふりをしがちです。最も崇高なビジョンと調和しないどころか、矛盾する行動すら取ることもあります――しかもそのことに気づいていないのです。さらに悪いことに、良心の声をすぐにかき消すことで、その葛藤に蓋《ふた》をしてしまいます。新約聖書「ローマ人への手紙」7章19節は、人間が陥りやすいこの習慣を鋭く指摘しています。「すなわち、私の欲している善はしないで、欲していない悪は、これを行っている」

生命エネルギーの使い方に関するデータは、経済的調和の程度を測る具体的な尺度となり、あなたの経済行動を理想や人生の目標と調和させる上で非常に役に立ちます。お金の使い方と人生の目標が調和しているとき、あなたは一体感を覚えます。自分自身に対して肯定的な感情を抱けるのです。一方、その2つが調和していないとき、おそらく自分に対して失望や批判をしたくなるでしょう。

質問2を繰り返すことで、支出は抑えられます。なぜなら無意識の支出の多くは、単なる感情的、もしくは文化的な洗脳が表に出たものだからです。ただ、必ずうまくいくわけではありません。あらゆる支出項目を適正額にしようとこだわりすぎてしまうと、自分をケチだと否定的に感じ、もっと使うべきだと思うかもしれないからです。

もしかしたら、あなたはかつてオペラ歌手を夢見たかもしれません。歌のレッスンはどの支出カテゴリーに入っていますか？　最良の人から学ぶために、イタリアに移住する必要はありますか？　もしかしたら、歌唱トレーニングにもっとお金をかけながら、そのトレーニングをいかに収入につなげるのか、長期的な計画を練る選択をするかもしれません。あるいは、市内のボランティアのオペレッタ劇団に参加し、その指揮者から無料でコーチングを受けつつ、友人たちに囲まれたいまの暮らしを続ける選択をするかもしれません。

この強化プロセス（Xにお金を使う＝よい気分、Yにお金を使う＝悪い気分）はシンプルなものですが、効果は大きく、機械的な支出パターンは改善されます。ある支出項目が人生の目標と調和していないと認識するだけで、その認識に基づいて実際の支出行動を変えるのです。あなたは自動的に自分の価値観や人生の目的に沿わない支出を抑え始めます。以前よりも人生の目的に沿ったものにお金を使うようになり、物質的生活と心の中の意識が結びついていると感じ、自己に対してもっと肯定的になります。これこそが経済的調和の核心です。

自分で認識している範囲では、イレイン・Hには人生の目的などありませんでした。できる限り楽しいことを求め、苦痛を避けながら、なんとか生きていければいいと思っているだけでした。子どものころを振り返ると、彼女にとって唯一幸せだったのは、家族で自然豊かな場所に行ったとき、森の中を歩き回ったことくらいでした。

経済的自立のためのプログラムを始めたとき、彼女は兄弟の中で唯一「成功」していました。ひとりは生活保護に頼って隠遁《いんとん》生活を送り、ひとりは自殺し、もうひとりはホームレスでした。高給の仕事、スポーツカー、立派なマイホームを手に入れている彼女は、家族から見ると人生の勝者でした。

ところが、お金の使い方が価値観と調和しているのかという質問が、彼女の自信を揺さぶりました。外部の尺度で自分を測ってきた彼女は、こっそりと友人や同僚の生き方をチェックし始めました。彼らは果たして崇高な目的など持っているのだろうか？　彼女の職場のひとりは「世の中を救う」タイプの人でした。自分の価値を所有物で測らない人柄に魅了され、イレインは彼女との友情を育みました。ふたりは間もなく、地元の平和維持活動グループの会合に出席しました。そこで出会った人々は、誰もがどうすればもっと自分の価値観に沿った生き方ができるのか、自分の目的意識を表現するために世の中でどのような行動を取ればいいのか自問自答していました。

彼女は空いた時間があれば、こうした会合に足を運ぶようになりました。高額な勉強会に出席したり最新の映画を見るのではなく、講義に出席し、電話による資金集めにも参加しました。また、家の近くに大きな公園を見つけ、週末に数時間、森の中を歩き回りました。チャート上では、彼女の支出ラインは下がり続けました。月の生活費は4500ドル以上だったのが、900〜1200ドルまで減ったのです。人生の目的を探したことが、結果的に彼女の変化を促した最大の要因となりました。

3つ目の質問「もしお金のために働く必要がなくなったとき、このお金の使い方はどう変わりますか？」をすることで、あなたの支出はさらに抑えられます。経済的自立に到達した人は、到達後に支出がさらに抑えられると感じており、リタイア後のライフスタイルとして、現在の支出ラインを下回るラインを薄く書き足している人もいます。キャンピングカーや生活費の安い国で生活することで、住宅ローンの返済や家賃もいらなくなるかもしれません。レストランでの食事がいらなくなる人もいるでしょう。この質問は自由な生活を求める思いを刺激するため、経済的自立に到達するまでのプロセスを早めたいと思うようになるでしょう。あなたは意識的に貯蓄を増やすようになるのです。

もし4つ目の質問「公正で思いやりのあふれた世界では、このお金の使い方はどう見えるでしょうか？」までしたら、あなたの支出がどこまで減るのか、もはや予想すらつきません。

普段とは違う特別な月は？

普段とは違う特別な月もあるでしょう。あなたの支出ラインが急激に上がる月です。保険料の支払い期限、予定外の修理、税金の納付。こうした支出はどう扱えばいいのでしょうか？　第一に、ある意味では毎月が特別な月です。特別な支出があっても冷静に対処し、ビニールシートの下に隠すのではなく、きちんと現金で支払いましょう。税金を払う月もあれば、保険料を払う月もあれば、医療費を払う月もあります。

年間総額を12カ月に均等配分するという戦略もあります。例えば、もし自動車保険の保険料が年間８４１ドルであれば[1]、その金額を12で割り、毎月の支出にするのです。健康保険、所得税、固定資産税などでも同じです。

唯一正しい計算方法などありません。ウォールチャートを見て、いまの立ち位置と方向性がわかるよう、自分に必要な情報が得られるやり方をあなた自身が選択するのです。

自分の経済状況を公にする

チャートを書き足していくことが習慣――理想的には自分の進歩が視覚的に確認できる楽しい習慣――になれば、次は説明責任の要素を加えることができます。

多くの人が経済的自立に向けた旅についてブログを書き始めました。その中で、彼らは読者と対話しながら、毎月の支出表と納税申告書を公表しています。ジョーのセミナーと本書の初版で、私たちはウォールチャートを毎日目にする目立つ場所に貼っておくよう提案しました。あなたが向かうべき道から外れないようハッパをかけるために、チャートは目立つ場所でなければなりません。それこそが最も効果の高いやり方です。

最初はクローゼットに貼る人もいます。クローゼットの扉の内側に貼っておくのです。他人には見られませんが、通勤前に着替えるときに、あなたは毎日目にすることになります。支出に関して意識を高く保つことを忘れないようにしてくれるのです。経済的自立を目指す人には、経済的不安や経済的失敗から解放されるという目標に近づくための大切な1日だと意識づけてくれる効果があります。1杯のコーヒーや妻からのハグのように、士気を高めてくれるものです。

二度と貧しい生活に戻りたくないアイヴィー・Uは、理想の男性に出会いました。彼女は幸せな生活――夫、ふたりの息子、3つのデッキ、2つのテラス、セレクト家具が設えられた注文住宅――を手に入れ、家計簿をつける必要もありませんでした。ところが現実は甘くありません。彼女の生活の土台となっていた幻想ははかなく、もろいもので、結婚生活は長続きしませんでした。夫、家、家具、そしてストレスのある仕事に別れを告げ、荷物運搬車に最低限のものだけ詰めて、彼女はふたりの息子と共に西へ向かいました。

7年後、彼女は経済的自立のプログラムを通して、さらなる自由への道を見つけました。親友のマーガレット・Pと一緒に20人ほどの知り合いをこのプログラムの仲間に引き入れ、お互い支え合って取り組める形にしたのです。彼女たちは毎月のように集まり、アイデアや成功体験、失敗体験などを共有しました。お互いの経済状況に関して、細かい部分までざっくばらんに教え合います。

アイヴィーはチャートを作成したとき、思い切ってグループの会合に持っていきました。そのとき、昔の不安が頭をよぎります。「両親は私のことを頭がおかしくなったと思うでしょうね。いくら稼いでいるのか、いくら使っているのかは他人様に見せるものじゃない。そんなのは……悪趣味よ」。思わずそう考えたのです。どうしてためらうのでしょうか？　どうして自分の経済状況を他人に見せることを恐れるのでしょうか？　その理由は、経済状況を公にすることで自分が価値のある人間かどうか判断されるだろうと恐れたからです。他人がいくつかの数字を基準に彼女の価値を判断し、数字が足りなければ彼女を切り捨てるのではないかと思ったのです。

離婚したときと同じ覚悟を持って、彼女はチャートをグループの仲間に見せました。不安はすぐに解消され、彼女の中にあったお金に対する頑なな感情も和らぎました。使ったお金は使ったお金。彼女の収入は彼女の収入にすぎません。家のリビングのカウチの色と同じ感覚で、収入や支出についても他人と話すことができます。大したことではないのです。

年月がたつにつれて、お金とのかかわり方が変わっていく中で、自分のチャートに対する感情も変わっていくことに気づくはずです。チャートはあなたがいかに価値観に沿った生き方をしているのかを視覚化するものです。そして、あなたが物質世界で下す決断が、どれほど高い意識を持ってなされているのかを反映するものになります。自尊心の源となります――決して驕《おご》りではなく、経済的調和から来る深い満足感です。この段階に到達すれば、多くの人は進歩に高揚している自分に気づき、チャートをクローゼットの中から取り出して、部屋の壁に貼るようになります。

少し立ち止まり、お金とのかかわり方について自分がどう感じているのか考えてみてください。経済状況を表すチャートをリビングの壁に貼ることについてどう思いますか？　家を訪れた人が全員、目にする場所です。不安ですか、それとも不安はないですか？　どれほど不安に思うのかが、あなたの経済的病の深刻さを表しています。心配しないでください。このプログラムのステップに従えば、その不安はいずれ解消されます。

副産物としての経済的自立

本書のプログラムのステップを実践した人は、お金とのかかわり方を変えるプロセスは困難ではあるものの、興味深い体験だと語っています。収支を1セント単位で記録することは楽しい日常となり、収支表に記入する瞬間がその喜びのハイライトです。3つの質問は、自分の価値観と人生の目的を改めて再認識させてくれます。ウォールチャートに支出と収入を書き込むことは、お金に対して高い意識を保てているのか反省できる時間になります。そして数カ月、1年と続けていくと、小躍りしたくなるような副産物を得られていることに気づき始めます。安定的に収入が支出を上回ることで、借金を完済し、貯蓄ができるようになっているのです。

自分には不可能に思えますか？　あなたが前に進めるかどうかは、生活環境自体ではなく、いかにその環境とかかわっていくのかにかかっています。このプログラムを実践する人の中には、借金まみれで失業している人や、大学を出ておらず、履歴書に長い空白期間がある人、支えるべき家族がいる人、経済的に衰退している地域に住んでいる人もいます。彼らには追い風は吹いていません。ただ、目の前の風を上手に乗りこなして前に進んでいるのです。

最も厳格な意味での経済的自立とは、雇われ仕事以外の不労所得で基本的なニーズや快適な生活を十分に賄うことができるため、自分の時間を好きに使う選択肢がある状態を意味します。ただ、経済的自立にはより広い解釈があります。その1つは借金から解放され、お金を貯められる状態のことです。

経済的自立とは借金から解放されること

多くの人にとって、借金とは大きな負担であり、借金から解放されることは人生の大きな節目となるものです。解放されて初めて、その負担の大きさに気づく人も少なくありません。

あなたはどうでしょうか？　借金はありますか？　誰にいくらお金を借りているのか把握してい

ますか？　借金をすることで、どれくらいの利子負担が発生しているのか知っていますか？　もしくは住宅ローン、自動車ローン、カードローンを死ぬまで返済し続けるつもりですか？

多くの学生がお金のかかる卒業証書を携え、数万ドルの学生ローンを背負って大学を出ます。すぐに就職できた幸運な人は、ついにやったと感じるでしょう。そして待ちわびた卒業を記念して、すぐに新車に手を出します――さらなる借金です。フルタイムの仕事に就いたんだ。たった2万ドルがなんだって言うんだ？　自分がスタートラインからどれだけ後ろに立たされているのかを、彼らはほとんど気づいていません。

借金を完済できないものと見なし、できるだけ毎月の返済額を抑えようとしている人は、実際はお金を失っています。昇給祝いに新しいステレオを買うために、金利の高いカードローンを利用することで、昇給分――もしくはそれ以上――を失っているのです。複数年にわたる自動車ローンで買った車は、店頭表示価格を大きく上回る費用がかかります。30年ローンで買った家は、ローンを返済し終わるころには――金利にもよりますが――購入価格の2～3倍ものお金を払っています。

現金ではなくクレジットカードを使うと、私たちはお金を使いすぎる傾向にあることを、いくつもの研究が明らかにしています。[2]　借金返済のアドバイザーとして有名なデイヴ・ラムジーは、クレジットカードを一切使わない生活を推奨しています。手軽なクレジットカードのせいで、私たちはネットショッピングを使って即座に欲求を満足させたいと思うようになっています。私たちの取引はすべて、スクリーン上の画素で表示されます。稼いだ収入が制約になるのではなく、将来稼ぎたいと思っている収入に基づいて買うことができるのです！　借金はもはや当たり前の日常となり、自分を仕事に縛りつける足かせだとは見なされなくなりました。あなたが身を粉にして働き続けなければならないのは、借金があるからです。私たちは記憶にすら残っていない遊びや、ほとんど楽しむ暇のないぜいたく品にお金を使うために、墓場を建てているのです。

タニア・Nは自分の生活に「昼間は爆弾、夜は平和」という副題をつけていました。グラフィックデザイナーとして国防関係のハイテク企業に勤める一方、教会が支援する慈善活動にも取り組んでいたのです。前者はお金、後者は愛のためです。借金が2万6000ドルもあったため、そうした企業で働く以外に選択肢がないように思えたのです。周囲からもほかに手立てはないと繰り返し言われていたので、良心の呵責に悩まされることもなくなっていました。

彼女にとって、経済的自立のプログラムは容赦なく自分を映し出す鏡でした。一方で、彼女を解放してくれるものでもありました。彼女はチャート上に「無借金への道」と小さく書き加えました。数字のワッペンをその下に貼り、借金の額の推移を追ったのです。「まるでろうそくを溶かしている、もしくは100ポンド［45キロ］のダイエットをしているような感じだったわ」と彼女は言います。昇給がなくても、欠乏感を感じることなく、2年間で見事に借金を完済しました。

彼女は何に心底から充実感を感じているのか自問自答したとき、参加していた短期のワークトリップを一番楽しんでいることに気づきました。コスタリカやケニアのような国で建設作業を手伝う仕事です。初めてのケニアでの仕事から帰国する途中、彼女はとても気分が落ち込みました。

遠く離れた山の中の病院施設の建て増しを手伝いましたが、いまはどうでしょう？　彼女は豊かなままですが、彼らは相変わらず貧しい暮らしをしています。彼女は廃棄予定の医療用品を集め、サファリ行きの旅行者を乗せた飛行機でケニアに送りました。

借金を完済するころには、タニアには次のステップが何なのかわかっていました。ケニアの人は歯の膿瘍《のうよう》を治療できずに亡くなっていることから、彼女は仕事を辞め、タウンハウスを貸し出し、車をリースに出し、1年間、歯科医院を立ち上げる手伝いをするためにケニアに発《た》つことにします。借金もなく、家も車も貸し出していたため、ケニアの田舎で生活するのに必要なお金には困りませんでした。彼女は経済的に自由であり、無借金になったことで、選択肢があります。そして自分の心に従うことにしたのです。

借金から解放されることは、経済的自立の1つの形です。借金がなくなることで、あなたには選択の自由が再び生まれます。経済情勢にかかわらず、「誰にも1銭も借金をしていない」と言えることはまさに自由と尊厳と健全を表す言葉です。

借金がなくなれば、選択の余地が生まれます。給与としてもらったお金をすべて思い通りに使えることは、大きな力です。タニアのように、自分の情熱に従い遠い地へ赴いたり、まったく違うことを始めるかもしれません。いまいる場所で、引き続きお金とのかかわり方を変える作業を続けるかもしれません。収入よりも支出を抑え続けることで、ウォールチャートの収入のラインと支出のラインの間には、どんどん大きなギャップが生まれます。このギャップには名称があります。残念

5-2　支出、収入、貯蓄を記入したウォールチャート

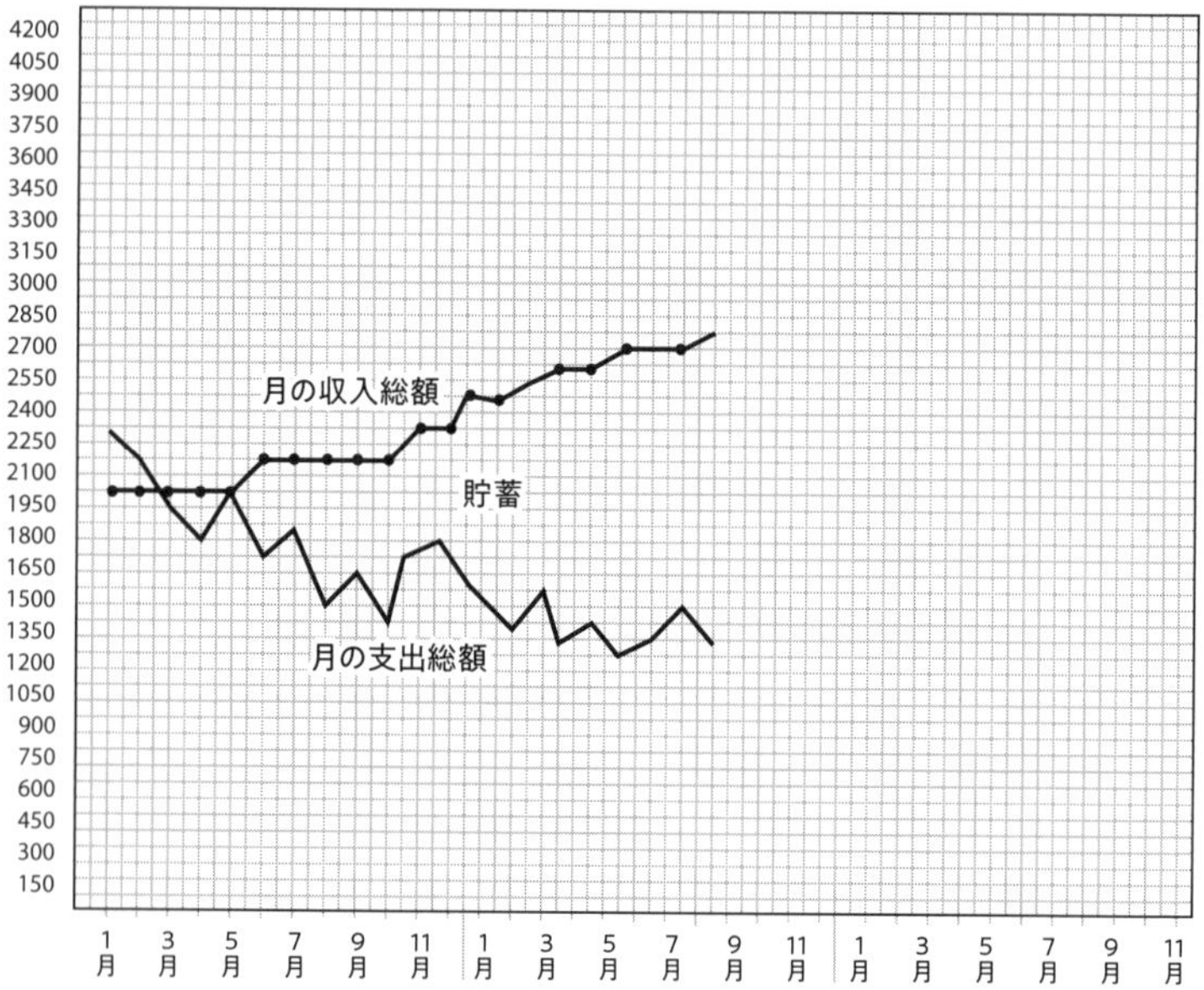

ながら最近ではあまり使われなくなりましたが、貯蓄と呼ばれています（グラフ5-2を参照）。貯蓄とは経済的自立のもう1つの形なのです。

超節約家になる

あなたはいま、いくら貯蓄していますか？　まだ借金を重ねていますか？　借金から逃れようとしていますか？　稼いだお金をすべて使い切っていますか？

貯蓄率は経済的自立に到達する上で、最も重要な要素の1つです。次のように考えてください。もし給与の100パーセントを使い切れば、あなたは永遠にリタイアすることはできません。もし1銭も

使わなければ、おめでとうございます！　すでに経済的自立に到達しており、お金のために働く必要はありません。では、その中間の人たちはどうでしょうか？　本書のプログラムを始めた人たちは平均して、支出を2割ほど減らします。そして、多くの人はそれまで何にお金を使っていたのかすら覚えていないのです。

いったんウォールチャートでこの変化を目にすれば、あなたの中でスイッチが入ります。貯蓄すればするほど、より早く経済的自立に到達できます。すると貯蓄率を上げることが、ゲーム感覚になるのです。例えば、あなたは食費のカテゴリーを見て、毎食のように食べているお肉に一番お金を使っていることに気づきます。すると、お肉を食べる回数や量を半分に減らします。あるブロガーは1年間、新しい服を1着も買わないと決め、楽に達成できました。ルームメイトに部屋を貸すことでリタイアが4年早まることを考えると、家にひとりで住むことさえもぜいたくに思えるかもしれません。その上、悪い習慣——朝の機嫌の悪さやシンクにたまったお皿——をやめる絶好の機会になるかもしれないのです。習慣は一度変えてしまえば、継続します。

ほとんどの米国人は2カ月分の給与がなくなるだけでホームレスに転落すると、ある支援者が述べていたのを聞いたことがあります。それは少し大げさに思え、信じることができませんでした。ただ、消費者の借金に詳しい専門家と話してみると、2カ月でも保守的な見積もりだと言うのです。1カ月分の給与がなくなる、もしくは大きな病気に一度かかるだけで、多くの人が窮地に立たされると彼は言います。2015年の米連邦準備制度理事会（FRB）の報告書によると、47パーセントの米国人が400ドルの緊急の出費を賄うために、お金を借りたり、何か持ち物を売ったりしなければならないことがわかりました。[3] 歴史上で最も豊かな国の国民の多くがギリギリの生活をしているとは、いったいどういうことなのでしょうか？

貯蓄さえあれば、失業したところでそれほど大きな悲劇ではありません。給与をもらえなくても貯蓄さえあれば、持ち物を売る必要はありません。もっと言うと、以前は忙しすぎたり疲れすぎたりして考える暇がなかった選択肢についてじっくりと考える、絶好の機会になるかもしれません。家族と一緒にキャンピングカーに乗って、米国全土を旅することもできます。バックパックを背負って、世界を回ることもできます。読書をする時間もあります。やりたかった家の修理やリフォームをすべて終わらせることもできます。新しいビジネスも学べます。自分のクリエイティブな才能を開拓し、純粋に楽しむために絵を描いたり、音楽をつくることもできます。丸々1年かけて、あなたにぴったりの仕事を探すことだってできます。高卒認定試験や大学の学位を取って、自分が選んだ分野でまったく新しいレベルの資格を取ることもできます。フルタイムのボランティアになることもできます。もしかしたら、有給のスタッフとして残ってほしいと頼まれるかもしれません。家族との親交を深める機会にもなります。

もし1年間の有給が取れれば、その時間を何に使うのか考えてみてください。まったく何も思い浮かばなくても、驚く必要はありません。アイデンティティの中心が仕事になっていることで、あなたは一時的に本当の夢や願望を意識の中で抑え込んでいるのです。ただ、あきらめないでください。1年間、稼ぐための仕事をする必要がないほど十分な蓄えがあったとき、自分が何をしたいのかよく考えるのです。

貯蓄があることについて、あなたはどう感じますか？　賛成ですか、反対ですか？　「後ですればいい」「借金を返した後だ」「もっといい仕事が見つかれば」などと考え、貯蓄を先延ばしにしていませんか？　貯蓄は自分のイメージに反しますか？　若くなったこと、両親に屈することを意味しますか？　いつか取りかかればいいことですか？　「可処分所得」とは手持ちのお金をすべて使い切ることだと思っている浪費家ですか？　自分の経済状況を考えると、不可能な夢のように思えますか？　貯蓄に対する宗教的、政治的信条がありますか？　余分なお金は教会に寄付したり、貧しい人に与えたり、慈善団体に寄付したりすべきですか？　ここで大切なのは、必ずしもあなたの習慣を変えることではなく、あなたの習性を知り、プロジェクトの副産物である貯蓄の増加にうまく対処できるようになることです。

貯蓄をどのように活用するのかについては、後ほどお話しします。もし貯蓄を譲渡性預金や債券（高い格付けの米国債、社債、地方債など）、もしくは会社の企業年金に投資し、そのまま放置しておけば、複利のマジックでそのお金は増えていきます（第8章を参照）。投資は早く始めるほど、資産がどんどん増えていきます。非常にシンプルです。だからこそ、両親は子どものために小さいころから預金口座をつくるのです。収入の一部を貯蓄預金口座や安全な投資資産に投じるという行為は、賢い買い物をして節約するのと同じ効果があります。いずれも、労少なくして功多しです。

貯蓄は経済的自立の1つの形です。仕事における新たな勇気を、そして人生で疎かにしてきた部分を開拓する新たなエネルギーを与えてくれます。フリーランスや季節労働者には、仕事がないときの保険にもなります。ホームレスになるかもしれないという無意識の不安を和らげてくれます。

追い詰められて間違った選択をしないようにしてくれます。そして何よりも、自由の可能性を広げてくれます。将来の緊急事態や借金に陥る危険性、65歳まで9時5時で働く人生から解放されるのです。

お金を貯めることは、川にダムを建設することと似ています。ダムの中にためられる水はどんどん大きな位置エネルギーを蓄えていきます。同じように、銀行口座に生命エネルギー（＝お金）を蓄えていきましょう。そうすることで、家にペンキを塗ったり、人生の方向性を変えるなど、あらゆることを実行する力を蓄えることができるのです。

グラフでこれだけの効果？

ウォールチャート自体に魔法があるわけではありません。月初に数字を書き込むだけで、実際の行動に移さなければ何も起こりません。きちんとその数字と向き合い、見えやすい場所に貼り、数字が語りかける言葉に耳を傾ければ、あなたは年月とともに自分の変化に気づくでしょう。経済的自立とは収入、支出、貯蓄のパターンに油断することなく、意識を保ち続けることでもあります。

ウォールチャートには次に挙げる効果があります。

・お金とのかかわり方を根本から変えるという誓いを**常に思い出させてくれるもの**です。「目にしないものは忘れられる」への対抗策です。無意識に行っている支出の習慣を変えたいというあなたの強い意志を、絶えず意識させてくれます。

・あなたの現状と目標に向けた進捗が視覚的にひと目でわかる**フィードバックシステム**です。貯金箱や月の収支表を取り出さなくても、自分の状況をひと目で確認できます。グラフ上の2つのラインが上昇しているのか、下落しているのか、ただそれだけです。

・**インスピレーション**にもなります。自分の進歩に満足感を抱くことで、さらなる高みを目指そうと気持ちが高ぶります。日々の雑事に忙殺されても、ウォールチャートをひと目見るだけで、あなたがいま種を植えている理想の生活を思い出すことができるのです。

・**モチベーション**にもなります。やる気やエネルギーがなくなったときも、向かうべき道から外れないようにしてくれます。思わぬ誘惑に襲われても、ウォールチャートのことを考えることで、より健全な選択ができます。

・あなたを**正直**にしてくれます。ウォールチャートがあれば、進捗状況に関して自分に嘘をつくことは困難です（少なくともより難しくなります）。

・生命エネルギーを大切にすべきと**絶えず諭してくれるもの**です。収入とは、この美しい地球にいられる貴重な時間を割いて得られるものです。そして支出は、その貴重な時間をあなたがどのように使うのかを表すものです。ウォールチャートは時間という資源を可能な限り大切に管理するよう思い出させてくれます。

・パーソナルファイナンスへの**興味**をかき立ててくれます。本書を読んだり、ポッドキャストを聞いたり、講習を受けたり、自分よりも詳しい友人と話すことで、そのスキルは磨かれていきます。

・そして最後に、**他人からの協力**をもたらしてくれます。他人にも見える壁に貼っておくことで、関心を誘っているのです。友人や家族が隣にいて励ましてくれることは、大きな支えになります。

レニッチ夫妻の物語

リンダとマイクのレニッチ夫妻はラジオで耳にし、すぐに本書のプログラムを始めました。1992年7月のことでした。当時、ふたりは5万2000ドルもの負債（自動車ローンと住宅ローン）を抱えていましたが、このステップを実践することで、1993年7月には借金を完済できました。

ただ、物語はそれだけでは終わりません。彼らのチャートを見ると、ふたりの借金が1986年までさかのぼっていることがわかります。その当時は7万5000ドル以上ありました。「必ずマーケットを打ち負かして100万ドルの資産を築ける」と謳《うた》われていた投資スキームにだまされ、借金は一時的に12万5000ドルまで膨らんでいたのです。マイクが本書を愛するのは、このプログラムが成果に結びつくものだったからです。投資スキームが失敗したときに体験した、

5-3　レニッチ夫妻の貯蓄と給与のグラフ

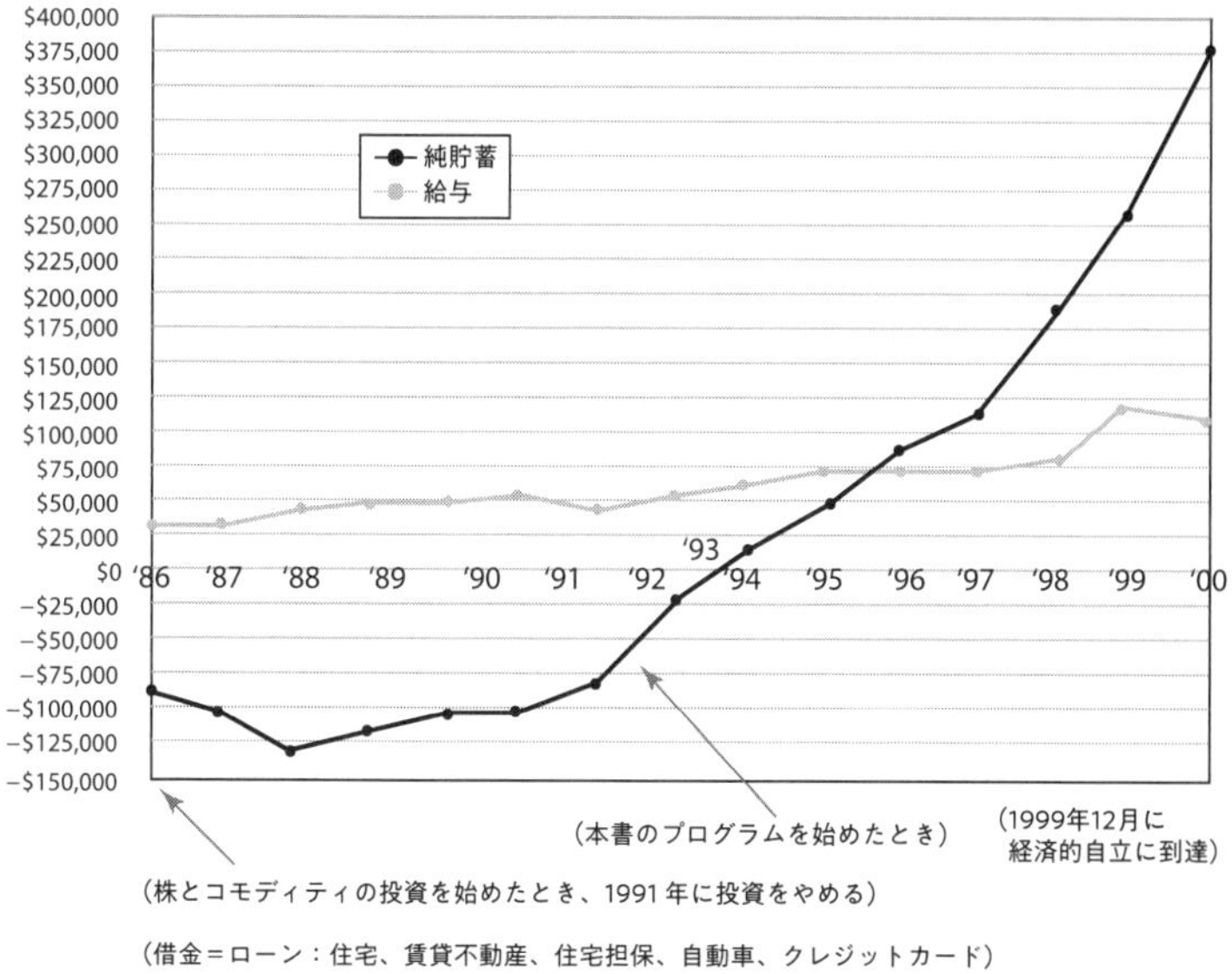

顔が青ざめるようなパニックは二度と経験したくありませんでした。

ふたりはゆっくり確実なルートをたどりましたが、それでもずいぶん前に経済的自立に到達しました。リンダは多くの時間を大好きなキルトづくりに捧げています。マイクはギターの腕を磨き、クラブで演奏して副収入を稼いでいます。また、彼はこのプログラムを実践するグループを長年率いており、いまでは自分の知識を使って、ほかの人の資産運用を手伝っています。

ステップ5のまとめ

毎月の収入と支出を表すグラフを作成し、更新し続けましょう。できるだけ頻繁にそのグラフを目にするようにし、ほかの人にも見てもらいます。

次の質問を自分に問いかけてみよう

・幸せになるためにはいくら必要ですか?
・あなたのお金とのかかわり方を変えてくれるものは何/誰ですか?
・他人(友人、彼氏・彼女、上司、見知らぬ人)がいくら稼いでいるのかを知ることで変わるものはありますか?
・お金を貯めるモチベーションは何ですか?
・お金を貯める手助けになるものは何ですか?

第6章

少額の資本でアメリカンドリームを

満足度曲線の頂点の生活――つまり、十分なものを持っている一方、余分なものは持っていない生活――を意味する英単語はありません。その単語は有形資源（時間、お金、物質的所有物）を注意深く管理しつつ、精神的資源（創造性、知性、愛）を楽しみながら育むというニュアンスを想起させるものでなければなりません。残念なことに、このプログラムを実践することで得られる倹《つま》しいながらも豊かな生活を説明するために、「私は十分している（enoughing）」とか「私は十分な人生（life of enoughness）を選んでいる」などという言い方はできないのです。

シンプリシティやミニマリズムという言葉は、余分なものがない状態のことですが、質素、もしくは禁欲的な印象を与えてしまいます。近藤麻理恵さんのお片付けのテクニックは、人生をときめかせるという願望を加えていますが、概ねモノに焦点を当てており、時間やお金、充足感といったより深い問題には立ち入っていません。「frugality（倹約、倹しさ）」という単語がかつてはそのようなニュアンスを持ちましたが、１９００年代半ばごろには不景気な時代の祖父母の古風な価値観という印象を与えるようになりました。

どうして「frugality」は支持を失ったのでしょうか？　それは時代や国を問わない普遍的な理想であり、米国人のメンタリティの土台でもあります。古代には、ソクラテスもプラトンも「中庸」を称えました。旧約聖書（貧しさも富も私に与えず、ただ定められた分の食物を与えてください）もキリストの教え（人は神と富とに同時に仕えることはできない）も、精神的な生活を豊かにする上で、物質的に簡素な生活を送る価値を称えています。米国の歴史を紐解いても、著名な人物（ベンジャミン・フランクリン、ヘンリー・デイヴィッド・ソロー、ラルフ・ウォルドー・エマーソン、ロバート・フロスト）や団体（アーミッシュ、クエーカー教徒、フッター派教徒、メノー派教徒）が地球に対する敬意や天国に触れたいという願望から、倹約の美徳を推奨しています。また、建国という挑戦のために多くの国民の倹約が必要とされました。

私たちが享受している現在の豊かさは、先人の数世紀にも及ぶ倹約の賜物と言えます。すでに述べたように、「多いほど豊か」という消費者文化はわが国ではまだ新しい価値観です。そもそもの土台は倹約なのです。私たちはそろそろ、その単語――そしてそうした習慣――と仲直りすべき時期に来ています。

十分を知るためのカギとして、その単語の価値を再び取り戻せないのでしょうか？　その答えを知るために、倹約という言葉について詳しく見ていきましょう。

倹約の楽しさ

「frugal」という単語を辞書で引くと、「お金を使うことや物質的資源の利用などにおける無駄のないやり方や特徴」と書かれています[1]。概ね正しく聞こえます——実用的、実践的、非常に無味乾燥な単語です——が、経済的自立に到達した人が経験する「enoughness（十分であること）」という優雅さのニュアンスがそこにはありません。ただ、もう少し詳しく調べると、「frugal」という単語はラテン語の「frug（美徳を意味します）」「frux（果実や価値を意味します）」「frui（利用を楽しむ、利用するを意味します）」に語源があることがわかります。これらは、まさに私たちが本書で話していることです！　倹約とは人生のすべての時間と利用するあらゆるものから、真っ当な価値を得る美徳を楽しむという意味なのです。

こうした解釈の仕方はただ興味深いだけではなく、変化を促すものでもあります。倹約とは、手にしているものを楽しむという意味です。10着のドレスを持っていて、それでも着るものが足りないと感じているなら、あなたは買い物依存症かもしれません。買う行為に伴う興奮が、持つ楽しさや使う楽しさを上回っているのです。もしあなたが10着の服を持っていて、長い間、それらを着ることを楽しめていれば、あなたは倹約家です。無駄とは、所有物の数が多いことではなく、それらを楽しむことができないことです。倹約でいられるかどうかは、どれだけ支出を切り詰められたかではなく、物質社会をどれだけ楽しめたかに左右されます。

物質社会を楽しむ？　それは物質主義ではないのか？　倹約家は反物質主義ではないのか？　それはあなたの見方によります。物質主義者にとって、世界は使われるために存在し、実際に使い切ることも少なくありません。また、物質主義者は持っているものや、持っているものを他人がどう思うかで、自分の価値を測ります。「多ければ豊かで、決して十分にはならない」につながる考え方です。倹約家はあらゆるものから最大限の楽しみを得ようとします。タンポポであろうがバラの花束であろうが、1粒のイチゴであろうが手の込んだ食事であろうが同じです。物質主義者はパンケーキの朝食の前に5つのオレンジをしぼったジュースを飲むかもしれません。一方、倹約家は1つのオレンジをとことん味わい、フルーツ全体の色や歯触り、匂い、皮をむいたときのちょっとしたしぶき、1粒1粒の半透明さ、舌の上で弾けたときにあふれ出る風味を楽しみます。さらに、後でパンに練り込むために皮をとっておくという倹しさまで楽しむのです。

倹約であるとは、1つのモノに対して最大限の楽しみを得ることを意味します。それぞれのモノに対して1単位分の楽しさを得ていれば、それが倹約です。もし楽しさとしてカウントされるまでに10のモノが必要となれば、あなたは生きる上で大切なことを見落としているのです。

スペイン語には、これらすべての意味を内包する単語があります。「aprovechar」です。モノを賢く使うという意味です。晴れた日のビーチや残り物でつくったおいしい食事などのことです。そのときどきの一瞬やあらゆるものが提供してくれる効用を存分に楽しみ、人生から最大限の価値を得るのです。質素な食事であれ、熟したイチゴの山であれ、バハマでのクルーズであれ、いずれも

「aprovechar」できるものです。そこにみすぼらしさはありません。日差しに照らされ、風味や香りも豊かな豊潤の世界です。「frugal」という単語も同じように聞き心地のよい単語であればいいのですが。

北米的な「多ければ豊かで、決して十分にはならない」というメンタリティでは、倹約の試験には落第します。余分なものがあるからではなく、すでに手にしているものを十分に楽しめていないからです。北米の人は物質主義者と呼ばれてきましたが、それは誤った呼び方です。私たちが楽しんでいるのはモノ自体ではなく、それらが象徴するものだからです。支配、地位、成功、達成、自分に価値があるという感覚、造物主の目に宿る好意などです。夢のようなマイホーム、高級車、完璧なパートナーを手に入れたところで、存分に楽しもうと立ち止まることをしません。次に欲しいものに向かって、すぐに走り出すのです。

「frugal」の辞書の定義から学べるもう1つの教訓は、楽しむためにはモノを所有する必要はないということです。単に使う必要があるだけです。もしあるモノを楽しんでいれば、それを所有していようがいまいが、それは倹約です。人生の楽しみの多くは、所有することよりも使うこと――さらに手入れに時間と労力をかけること――によってもたらされます。幸いなことに、いまの若い人たちは以前の世代に比べるとモノへのこだわりが希薄です。収入面での限界に加え、映画からオーディオブック、車に至るまであらゆるものを必要に応じて使える環境が整っていることで、所有の利益に疑問を呈し、シェアリングエコノミーの楽しさに目覚めつつあります。

倹約とは、共有することを学ぶことでもあります。自分のものと他人のものを切り離すのではなく、世界を自分たちのものとして捉えられるようになることです。「マイホームを建てれば一国一城の主」とよく言われました。持ち家は、かつては他人から干渉されない、より大きな自立を約束してくれるものでしたが、いまではマクマンション［大量生産かつ質の低い大規模住宅］の分譲住宅に成り下がり、それぞれの家の持ち主は国王ではなく単なる封建領主にすぎません。私たちは何か欲しいものがあれば、「私のもの」と呼ばれる世界の境界内に持ってこなければならないと考えています。私たちが気づいていないのは、「私のもの」の境界の外にあるものは敵のものではなく、「私たち」のものだということです。

倹約である、十分なものを持って幸せであるということは、より多くのものが他人の手に渡るという意味も含んでいます。倹約が実践的かつ倫理的であるとは、つまりそういうことです。資源を共有することで生活費は下がり、それぞれの人が手にできるモノやサービスの幅は広がります。資源――芝刈り機、自動車、ゲストルーム、使用済みの余分なものまで――を共有するとは、地球から掘り出さなければならない資源、燃やさなければならない資源、ちょっとしか使わない資源、廃棄しなければならない資源の量が減るということです。海に流すプラスチックの量は減り、ゴミ集積場にたまるゴミの量は減り、いたるところで有毒なものが減ります。コミュニティ内の道具の共有、余分なものを売却・譲渡するオンライングループ、芝刈り機や手押し車の隣人への貸し出し（お返しにパン1斤をくれたり、犬の面倒を見てくれるかもしれません）など、富を少しでも共有することで、与えた人にとっても与えられた人にとっても人生はより豊かなものになるのです。

ものを与えた（そして与えてもらった）ことで気分がよくなるだけではなく、日々のやりとりを通してコミュニティを得られます。コミュニティこそ真の宝です。コミュニティの一員として、あなたは持つことに執着しなくなり、必要なときには手を貸してもらえます。倹約とは、たったひとりの孤独なレンジャーになって、すべてを自前主義で行うということではありません。単にものを所有するのではなく、与えられるもの、楽しむものがたくさんあるということを発見することです。実際、経済的相互依存は「多いほど豊か」から「十分で十分」にうまく移行するためのカギを握るものです。

倹約とは、理想的なバランスです。倹約とは、住んでいるこの世界から、効率的に幸福感を得ることです。倹約とは正しく使うこと――お金、時間、エネルギー、空間、所有物を賢く管理すること――なのです。童話『3びきのくま』の主人公ゴルディロックスはおかゆの熱さを表現するときに、熱すぎず、冷たすぎず、ちょうどいいと表現しましたが、まさに的を射た表現でした。倹約とはまさにそういうことです。多すぎず、少なすぎず、ちょうどいい量のことです。無駄にするものは何もありません。使われないものもありません。きれいな機械です。艶があり完璧です。シンプルかつエレガントです。あの魔法の言葉――十分――です。満足度曲線の頂点です。満足し、学び、貢献する人生の出発点なのです。

これからお金を貯める方法について見ていきますが、次のことを肝に銘じておいてください。私たちはケチになったり、やりくり上手になったり、守銭奴になることについてお話しするわけではありません。創造的倹約、つまり生命エネルギー1単位に対して最大限の満足感を得る生き方についてお話しするつもりです。

お金はあなたの生命エネルギーだと理解したいま、楽しくないもの、一度も使わないもののためにそのエネルギーを無駄にしようと考えるのはばかげています。第2章で見た計算を思い出してください。あなたが40歳であれば、残された時間は35万6532時間しかありません。長い時間のように思えるかもしれませんが、人生の最期を迎えるころには非常に貴重な時間だとわかるはずです。いま正しく使い、後悔しないようにしてください。雇われ仕事から最大限の収入を得ることと、友情や人脈、スキルなどほかの豊かさを育むことの間でバランスを取ることは、亡くなるまで続く終わりのないプロセスです。

突き詰めると、創造的倹約とは自尊心を表します。モノの所有のために投じた生命エネルギーを尊重するということです。生命エネルギーを慎重に使い、節約することは、自尊心の究極の形と言えます。

ステップ6 生命エネルギーを大切にする――支出の最小化

このステップでは、生命エネルギー（＝お金）の賢い使い方と支出の意識的な削減についてお話しします。

このセクションは、さまざまな選択肢のメニューを並べたものだと考えてください。自分が興味を持ったものだけを深掘りし、残りを無視してもらってもかまいません。誰もが使えるものもありますが、すべてがあなたに合うわけではありません。ただ、どうしてこのアイデアを無視する一方で、ほかのアイデアは取り入れたいのか、その理由を自問自答することは学びにつながります。子どものころの洗脳や文化的な思い込みと出会い、自分の価値観をより深く理解することにつながるかもしれません。

あくまで機会を提供するものであり、必ずやらなければならないことではありません。倹約とは楽しむことであり、ケチケチすることではないのです！　楽しく節約しましょう。

お金を確実に貯められる方法

他人に見栄を張ろうとするのはやめましょう。それは時間とお金を無尽蔵に奪う、無益な浪費です。他人もあなたに見栄を張るのに忙しく、あなたの努力には気づきません。最悪の場合、後れを取ったことで怒りの感情を抱く可能性すらあるのです。

ソースタイン・ヴェブレンが１８９９年に『有閑階級の理論』を出版したとき、その本はそれほど評判にはなりませんでした。ただ、彼の造語である「顕示的消費」という言葉は、私たちの文化の中枢にまで徐々に浸透していきました。ヴェブレンの本に寄せた序文の中で、作家のスチュアート・チェイスは次のように彼の考え方を表現しています。

必要最低限の生活ラインを超えている人々は、いまの時代もそれ以前の時代も、社会に与えてもらった余剰を有益な目的のためには利用していない。自分の生活の幅を広げたり、より賢明に、知的に、思いやりを持って生活するのではなく、自分が余剰を持っているという事実を利用して他人に見栄を張ろうとする。自分のお金や時間、労力を、自尊心を高めるというお遊びのために無駄に使っているのだ。(2)

顕示的消費は文化を問わないもので、人間という生物種の進化的奇行ではあるものの、あなたがその罠《わな》に陥る必要はありません。ソーシャルメディアによって、自分を他人と比較しないようにすることは以前より難しくなっています。友人がエキゾチックな休暇、高級レストランでの食事、新しいおもちゃについて、謙虚を装った自慢を絶えず投稿してくるからです。もし他人に見栄を張ろうとするのをやめれば、あなたは数千ドル、もしかしたら数百万ドル節約できるでしょう。もし見栄を張るのであれば、ＤＩＹや旅の節約術でいくら節約したのか、もしくはリゾートではなくキャンプで経験した自然の美しさで人に印象を与えましょう。

お金を確実に節約できる10の方法

①買い物に行かない

買い物に行かなければ、お金は使いません。もちろん、もしどうしても必要なものがあれば、お店に行って買ってください。ただ、闇雲に買い物に行くのはやめましょう。

かつて世の中はシンプルでした。あなたがわざわざ自分からお店に行くという努力をしなければ、何も買うことはできませんでした。ところがいまでは携帯電話をタップするだけで、世の中のあらゆるものが数日、ひょっとしたら数時間以内に玄関の前に届けられます。オンラインショッピングをしないようにしても、インターネットにつながっていることで、私たちは365日間、広告にさらされます。彼らの手法にはますます磨きがかかっており、あなたの必要なもの、欲しいものを標的にして売り込みをかけてきます。スクリーン、ウェブフィード、受信トレイには至るところに関連性の高い広告が表示され、あなたにお金を使わせようとしてきます。ニュースのコンテンツはかつては神聖不可侵なものでしたが、いまでは有料の記事広告と一緒くたになっています。賢く使えば、必要なものを安く手に入れることができますが、私たちはわざわざ車に乗ってモールに行く必要がなくなると、不要なものにお金を浪費しがちです。

2014年に行われた1000人の成人を対象にした電話調査によると、オフラインの世界では75パーセントの人が衝動買い――お店に入った時点では意図していなかった思いつきの買い物――をしたことがあることがわかりました。興奮は概して最も大きな刺激ですが、男性は酔っているときに、女性は退屈なときや悲しいときにものを買う傾向にあります。また、男女問わず怒っているときにも、ものを買ってしまいます。その半数は支払い期限が来たときに後悔するということです(3)。買ってしまってからでは遅いのです！　オンラインではあなたの興味や習慣が検索エンジン、ソーシャルメディア・プラットフォーム、広告主の間で共有され、洗練された推薦アルゴリズムがあな

た の衝動買いを誘発します。家を出る必要もないため、より衝動的になるのです。

どうして買い物は私たちの大好きな国民的娯楽なのでしょうか？　単に必要なものやサービスを手に入れるだけではなく、買い物にはいくつものニーズを満たしてくれる（何度も買い物を繰り返さなければならないことから、実際には満たされていないことは明らかです）機能があります。よい仕事をした後のご褒美として、抗うつ薬として、さらに自尊心や自己主張、社会的ステータスのためです。また、ショッピングモールの場合、社交や親交の目的もあります。消費とは大好きな高揚感であり、国からも認可されている中毒であり、汎アメリカ的な薬物乱用の形態なのです。

では、どうすべきでしょうか？　買い物をご褒美、精神安定剤、娯楽として利用してはいけません。広告用のメールを拒否、もしくは少なくとも受信ボックスでフィルターにかけ、誘惑にさらされないよう自発的に対応するのです。消費しているコンテンツの裏にいる資金提供者が誰なのかを知るメディアリテラシーを磨きましょう。そうすれば、ひと目見ただけで、隠れた広告を認識できるようになります。

最も重要なのは、必要なときだけ買うという規律を身につけることです。これは筋肉を鍛えるようなものです。倹約の筋肉です。ときがたてば次第に強化され、あなたはターゲット広告に惑わされないようになります。

②収入の範囲内でやりくりする

あまりに古い考え方で、その意味することすらわからない読者もいるかもしれません。収入の範囲内でやりくりするとは、金銭的に十分に余裕があるときだけ買い物をし、すぐに返済できるという確信がなければ借金をしないということです。さらに雨の日に備えて、いくらかのお金を常に蓄えておくということです。クレジットカードが爆発的に普及する数世代前までは、非常に流行《はや》っていた生活の仕方です。

収入を超えた生活にはコインの両面があります。明るい面は、欲しいものがすべて即座に手に入るということです。暗い面は、あなたは人生を削って――利息付きの形で――その代金を払うということです。車にせよ、家にせよ、休暇にせよ、ローンで支払った場合、実際の値段の3倍のお金を払う羽目になるかもしれません。今年の2週間のハワイは、翌年の4カ月分の追加労働に見合う価値がありますか？　クレジットカードをすべてハサミで切らなければならないという意味ではありません。すぐに返済できないのなら、使用を控えたほうがいいという意味です。クレジットカードは、経済的に苦しくなったときに、食事をテーブルに並べられる1つの手段にはなりえます。ただ、返済すべき借金を可能な限り抑えられるよう、必要なものとぜいたくなものを区別することが大切です。

収入の範囲内でやりくりするというのは、何かを買うときには、その分のお金が貯まるまで待つということです。そうすれば、ローンの利息を払う必要はありません。また、その間が冷却期間となり、本当は別に欲しくはなかったことに気づくかもしれません。収入の範囲内でやりくりすることの利点は、10年目でもまだ乗れる車、お気に入りのコート、古い家など、いま手にしているものを存分に楽しみ、最大限の満足感を得られることです。また、経済的に苦しい時期も、なんとか努力して乗り越えられることを意味します。

③いま手にしているものを大切に扱う

誰もが長い間、維持したいと思っているものが1つあります。それは身体の健康です。効果が立証されている予防ケアに注意を払うだけで、かなりのお金を節約できます。例えば、歯を大切にケアすれば、数千ドルもの歯科医療費が節約できます。また、自分の身体に合っているものを食べる(味蕾《みらい》ではなく、生命エネルギーで判断します)ことで、高額な治療費を数千ドル節約できるかもしれません──命を救うことは言うまでもありません。

この原則をすべての持ち物に敷衍《ふえん》しましょう。破れた服を縫い合わせ、すり減った靴のソールを取り替え、パソコンの古いハードドライブを交換する、もしくはメモリーを足しましょう。定期的にエンジンオイルを交換することで、車の寿命が延びることは知られています。道具をきれいに手入れすることで、最高のパフォーマンスを維持できます(髪の毛でいくつのドライヤーや掃除機がやられましたか?)。冷蔵庫のコイルの埃《ほこり》を拭くことで、電力を節約でき、本体を救うことになるかもしれません。生き物と機械の大きな違いは、機械には自己治癒能力がないということです。頭痛は無視すれば、いつかは治ります。パソコンや車のおかしな音を無視すれば、大きな(そしてお金のかかる)故障を引き起こすかもしれません。

私たちの多くは長い間、モノがあふれた生活に慣れ、大切にメンテナンスするという発想すらなくなってしまいました。「あそこに行けばいつでも手に入る」と自分に言い聞かせます。ただ、買い替えるにはお金がかかります。また、長い目で見ると、手に入らなくなるかもしれません。買い替えるより修理することを考えるよう、思考方法を変えていきましょう。

④使い切る

最近、最後まで使い切ったものは何ですか？　ファッション業界の利益のことを考えなければ、私たちは何年も同じ服を着続けることができます。自分の持ち物を調べてみてください。去年買った携帯電話、家具、キッチン用品、リネン製品を新調したり、グレードの高いものに買い替えたりしましたか？　それとも最後まで使い切りましたか？　製品を20パーセント長く使うだけで、いくら節約できるのか考えてみてください。もし3年ごとにリネン製品を買い替えているのであれば、それを4年ごとにしてみてください。車を4年ごとに買い替えているのであれば、5年ごとにしてみてください。もし冬が来るたびにコートを新調しているのであれば、3年ごとでも問題ないか試してみてください。また、何か買おうとするときには、「まったく問題なく使える状態のものを持っているのでは？」と自分に問いかけてみてください。

ものを捨てる前に、ほかのやり方で再利用できないか自問自答することも、お金を節約するもう1つの手段です。古い食器用布巾や使い古した服は雑巾になります。古い雑誌は美術材料になります。インターネットはあらゆるものを再利用するための、創造的なＤＩＹノウハウの宝庫です。

ここで、すでに倹約家の方への注意点があります。ものを最後まで使い切るというのは、あなた自身がボロボロになるまで使うという意味ではありません。継続的に手直しが必要な照明器具を使っており、すでに一度修理を試みたのであれば、その照明器具をもう1年慎重に使い続けるのは、生命エネルギーに見合う価値がないかもしれません。もしあなたの車が実際に乗っている時間よりも、いじくり回すのに時間がかかる（もしくは修理にお金がかかる）ようであれば、新車に買い替えましょう。もしクッション性が失われて膝に痛みがあるジョギングシューズを履いているなら、膝の手術を受けるよりは、新しい靴を（セールで）買ったほうが安上がりで済むでしょう。

⑤DIY

あなたは電球や車の単純な部品を交換できますか？　水道管の漏れを修理できますか？　納税作業を自分で行っていますか？　プレゼントを自作していますか？　自転車のタイヤを替えていますか？　ケーキを一からつくっていますか？　本棚をつくっていますか？　家具の補修をしていますか？　庭に花を植えていますか？　ウェブサイトを自作していますか？　家族の髪を切っていますか？　自分のＮＰＯを立ち上げていますか？

昔の生活はいまよりもシンプルで、成長する過程で生活に必要なスキルを両親から学んでいました。いまでは私たちは、他人が提供するモノやサービスの消費者にすぎません。この流れを戻すために、専門家に頼もうとする前に自問自答してみてください。「これは自分でできないだろうか？」「やり方を学ぶにはどうしたらいいのだろう？」「知っておくと役に立つスキルだろうか？」。製造革命によってＤＩＹに再び脚光が当たり、メイカースペース——電化製品、生地、木材、ワイヤーをオシャレなほかのものに生まれ変わらせる場所——がいたるところにできています。

確かに電化製品はあまりに高度な専門知識を要するものになり、DIYをする人でも自分で修理することには二の足を踏みます。例えば、昔は自動車も自宅で修理できる機械でした。いまでは自動運転すらできるようなコンピュータを内蔵しており、非常に専門的な技術者でないと修理できません。

ティナ・Uは医者である夫と数カ月間、フィジーに住んでいたとき、地元の人たちが自分たちを崇《あが》めているように見えることに戸惑っていました。彼女は普通に接してほしいと思っていましたが、まったく応じようとはしません。ある日、彼女は気づきました。フィジーの人たちは生活で必要なものをすべて手づくり――修理も――しているため、ティナとチャールズが自分たちでトランジスタラジオや腕時計、タイプライターをつくったと思い込んでいたのです。それらはすべて他人がつくったもので、ティナとチャールズは仕組みすら理解できていないことがわからなかったのです。

基本的な生活と生存のスキルは、ウェブサイト、本、オンラインコース、大人向け講座、そしてユーチューブ――ものをつくったり、修理したりするノウハウがどんどん蓄積されています――で学ぶことができます。壊れたものはすべて、新たな学習の機会です。自分でできない、もしくはしないと決めたことに関しては、他人を雇い、作業に付き添ってください。トラブルを解決するのに投じたエネルギーはすべて、次回のトラブルの際に必要となる知識を与えてくれます。次の過ちを未然に防ぐことにもつながり、家に届けられる請求金額も減らしてくれます。確かに現在は修理するよりも、買い替えたほうが腹立たしいほど安く済む時代ですが、もし好奇心がある、力をつけたい、もしくはあなたが捨てたものを将来世代が処理しなければならないことに不快感を覚えるのであれば、インターネットを使って学習しましょう。

あるＦＩｅｒは暖房システムが故障した冬のエピソードについて話してくれました。原因を調べるために、３つの会社に修理工を派遣してもらいました。その3社の間での入札になります。故障の原因に関しては、いずれの修理工も自信を持って話してくれました。ところが残念なことに、３社とも分析内容と解決策がバラバラだったのです！　彼女は自分で調べ、ルーブ・ゴールドバーグ・マシン［手の込んだカラクリ装置］のような網の目のパイプに頭を悩ませ、知識に基づいた推測をし、自分の分析結果に最も近い会社を選びました。その結果、不要で有害になりえた作業を見事に回避することができたのです。また、修理工のそばにいて、きちんと作業を監視したことで、お金のかかるミスを未然に防止し、貴重な時間も節約できました。通常の人であれば、その作業のために彼女の何倍ものお金を払っていたかもしれません。そして、生活にお金がかかる世の中だから共働きでよかったと、胸を撫で下ろしていたかもしれないのです。

⑥必要なものを先回りして予測する

何を買う必要があるのか前もって考えておくことも、大きな節約につながります。十分なリードタイムを確保することで、必要なものをより安い値段で見つけることができるでしょう。今後数年の間に必要だと予想されるもののリストを、あらかじめつくっておきましょう。その必要なもののブランドや特徴、通常の価格帯を調べておくのです。お気に入りの取引サイト、オンライン店舗、個人間売買サイトのようなサービスを利用し、必要なものが手に入るようになったとき、もしくは価格が変わったときに知らせてもらえるようにしましょう。いつでも買える準備をしておくことで、その製品をお買い得価格で手に入れられるようになります。

お買い得品の多くは、数日、数時間、もしくは数分内で売り切れてしまいます。大型連休中のバーゲンにも注意しましょう。とくに地元の新聞で広告を出しているリアル店舗に目を配ってください。車やパソコン、携帯電話などの高額商品は、翌年の新しいモデルの販売まで待てば、大幅な割引が期待できます。やるべきことは、車の左後部タイヤのすり切れ具合を確認しておくことだけです。飛行機に乗るのであれば、次にいつ乗る必要があるのかを知っておくことです。

短期的には、近くのコンビニでの買い物こそ避けるべき無駄遣いです。必要なものをあらかじめ予想しておく――夕方のおやつが欲しくなる、週の真ん中に牛乳を飲み終わる、トイレットペーパーが切れかかっている――ことで、コンビニに慌てて買い物に行く必要はなくなります。代わりにスーパーやオフィス用品店での買い物の際に、もしくはネット通販で買っておきましょう。長い目で見ると、大きな節約につながります。

必要なものを予測しておくことで、あなたの倹約生活の最大の脅威、つまり衝動買いも回避できます。午後3時5分に家を出る時点で必要ないものは、3時10分に近くの店のガジンガスピンの売り場の前に立っているときでも、おそらく必要ないはずです。

事前に用意した買い物リストのものだけを買うべきだと言っているわけではありません（買い物依存症の人にとっては、悪くないアイデアかもしれませんが）。外出の際には、徹底的に自分に正直であるべきだと言っているのです。左利き用の機器やカシミヤのセーターの前でよだれを垂らしながら「これが必要になると思う」と言うことと、前々からそれが必要になると予測していたことを混同してはいけません。パーキンソンの法則（仕事の量はそれが終わるまでに利用できる時間をすべて使い切るまで膨張する）については耳にしたことがあるかもしれません。つまり、「必要なものは衝動的に買いたいものまで含まれてしまう」ことになりかねないのです。

⑦価値、質、耐久性、用途、価格を調べる

買いたいものについては、徹底的に調べましょう。信頼できるサイトやマーケットプレイスのレビュー、コメント欄、評価をチェックしましょう。さらに、どの特徴が自分にとって最も重要かを決めるのです。バーゲン狂になり、一番安いものを自動的に買ったりしてはいけません。20年間、毎日使う予定のものに関しては、耐久性が最も重要かもしれません。お金を節約する確実な方法は、あらゆる商品にお金をかけないことですが、5年ごとに買い替える必要のあるものに30ドルかけるよりも、10年持つものに40ドルかけたほうが、長い目で見れば20ドルの節約につながります。用途の広さも大切な要素です。それぞれ5ドルしかかからないが、1つの用途しかないものよりも、それら4つの用途があるものを10ドルで買ったほうが、10ドルの節約につながります。例えば、1つの耐久性の高い鍋は5つのキッチン用品――炊飯器、クロックポット、ダッチオーブン、天ぷら鍋、

パスタ鍋――の役割を果たしてくれます。つまり、もしそのアイテムを頻繁に使う予定であれば、耐久性と用途の広さに主眼を置いて買うのは優れた節約テクニックだということです。ただ、もしたまにしか使わないのであれば、質の高い製品のために余分なお金を使いたくはないかもしれません。自分のニーズを把握し、どのような選択肢があるのかを知れば、正しいアイテムを選ぶことができます。

また、自分の観察眼を養い、注意深く調べれば、製品の質を正しく評価することができます。その服の縫い目は十分ですか？　端まできちんと縫われていますか？　生地はしっかりしていますか？　ねじは頑丈ですか？　素材は硬いですか、もろいですか？　家具にはしっかりと釘《くぎ》や鎹《かすがい》、ねじが打ち込まれていますか？　あなたは素材の専門家になるのです。素材をよく知れば、林業技術者が倒れた木の樹齢を読めるように、製品のおおよその寿命も把握できます。

⑧安く買う

必要なものを安く手に入れる方法はいくつもあります。

店舗比較：どこで買うのかを決める際には、価格と価値のトレードオフを考慮に入れる必要があります。価値とは便利さ、選択肢の多さ、地元経済が潤うか、環境や社会への影響などです。地元の個人経営の店から買う場合、インターネットで買うよりも高いお金を喜んで払うかもしれません。ただ、どれくらい多く払えますか？　判断するには、価格を比較できる必要があります。複数のサイトの価格を同時に確認できるメタ検索エンジンやブラウザーのアドオン（追加機能）を利用しましょう。インターネットで在庫状況がわからない地元のお店の場合、電話して何が置かれているのか、何を注文できるのか、一番安い価格はいくらか調べましょう。多くの店はプライスマッチの値引きをしてくれます。つまり、近所のほかのお店やオンラインストアの安い価格に合わせてくれます。また、一部の店では、買った後、数日以内にほかの店で同じ商品を安い価格で見つければ、差額を払い戻してくれます。とくに高額の商品の場合、店舗比較を極めれば数千ドル単位の節約ができます。

値引き：現金で払うときは、値引きを交渉できます。少し欠陥のある商品に関しては、値引きを求めることができます。セールが翌日に始まる、もしくは昨日で終わっても、セール価格を求めることができます。すでに値引きしてある商品でも、さらなる値引きをお願いできます。まとめ買いでも、値引きをお願いできます。いつでもどこでも、値引き交渉はできるのです。挑戦してみなければ、何も得られません。値引き交渉は古来から受け継がれた伝統です。商品の店頭価格は、通常高めに設定されています。新車を買うときは、店舗に行って、盲目的に交渉する必要はありません。販売店の仕切り価格やその月のインセンティブはオンラインで調べることができます。そのため、適正価格で交渉を始めることができるのです。私がこれまでに買った車は１００マイル以内の販売店にすべて電話し、店頭価格から3～5割の値引きをしてもらいました。

例えば、私は２０１７年にサンレーダーのキャンピングカーを見つけました。このクラシックカーの価値と希少さを知っていたため、テストドライブしたのです。ブルブル、ポッポと音を立てながら坂道を上りましたが、私は旧式の内燃エンジンの仕組みを熟知していたため、どうすれば修理できるかがわかっていました。水で傷んでおり、ドアの鍵も使えませんでした。私は眉をひそめながら元の場所に戻り、これだけのトラブルを抱えている車は買えないと伝えました。いくらであれば買いますかと聞かれ、私は半額を提示しました。「それで売ります」と彼は言ったのです。

どの店でも値引きを申し出て失うものはありません。私が最近、新しいランニングシューズを買いに行ったときもまさにそうでした、定価95ドルの靴がおすすめ品の棚に値札をつけずに置いてありました。サイズは私にぴったりでした。店の人にいくらか聞いてみました。「39ドル99セントです」と答えました。「30ドルならどうですか?」と聞くと、「28ドルにします」と応じてくれました。通常の値引きのエチケットとしては、彼が提示する価格は私が提示した価格よりも高いはずです。彼は交渉の仕方を理解していなかったのです。ただ、私は抜け目ないので何も言わず、財布を開けて、そのすばらしい値引きを利用させてもらいました。

ところで値引き交渉は、オーナーがその場で即決できる個人経営の店舗で最もうまくいきます。チェーン店で安く売られている場合は、地元の個人経営の店のオーナーにプライスマッチの機会を与えてみてはどうでしょうか?

中古で買うという選択肢もあります。中古品に対する考え方を改めてみてはいかがですか? 私たちはほとんど中古住宅に住んでいます――誰かがあなたの家を建て、シャワー、トイレ、冷蔵庫などを備え付けました。新車の初年度の最大のコストは減価償却費です。平均して購入価格のおよそ2割に達します。数年落ち、もしくは数カ月落ちの中古車を買えば数千ドルを節約できるのです。

それ以外のものは? クレイグスリストやイーベイなどのオンラインマーケットプレイスは、中古品を探すには最適の場所です。ソーシャルメディアのアプリも、未使用のものを持っている人と必要なものがある人とをマッチングさせるためのマーケットプレイスです。車と同じで、新しい家具もすぐに価値を失います。新品同様のソファや中古のダイニングセットをクレイグスリストで手に入れれば、大きな節約につながるはずです。グッドウィル［NPOによって運営されている米国のリサイクルショップ］にはどうしても行きたくないという人は、街をもう少しじっくりと見てください。リサイクルショップはおしゃれな店舗に様変わりしました。服、キッチン用品、家具、カーテンなど、すべてリサイクルショップで見つかります。その質の高さには思わず目を見張るでしょう。また、新品のものをリサイクルショップに寄付するのは、買い物依存症の方が余計な買い物を正当化できる手段の1つです。リサイクルショップにはどうしても足が向かないという人は、委託中古品販売店［個人がいらないものを持ち込み、代わりに売ってもらえるお店］を検討してみてください。価格は高いですが、質も同様に高いことが多いです。

私たちの経験則によると、家電や家具、家庭用品にはリサイクルショップよりもガレージセールのほうが適しています。もしあなたが早起きであれば（売りに出す人が朝のコーヒーを飲む前に到着していれば）、掘り出し物を見つけられます。一方、遅い時間に行っても、人々は熱心に二束三文で売り物を処分しようとしているはずです。

不用品交換会やのみの市を開いている場所もまだあり、いろいろな人が商品を並べています。抜け目なく強引に売り込んでくる人、種々雑多なコレクター、引っ越し前に余分なものを処分しようとしている家族などです。ガレージセールやクレイグスリストで掘り出し物を見つけようとするときは、「すごい掘り出し物を見つけた！」と喜び勇んで不要なガラクタを買うのではなく、必要なものだけに絞ってお金を節約するよう心がけましょう。

「捨てる神あれば、拾う神あり」ということわざがありますが、まさにフリーサイクル・ネットワークやバイ・ナッシング・プロジェクト［いずれもコミュニティ内でのものの貸し借りや共有、無料でのやり取りを促す世界規模のネットワーク］などを利用すれば、お金をかけずに中古品を手に入れられます。リノベーションで家の古い大きな窓を取り払ったときには、ゴミ集積場に送るのではなく、農家のビニールハウスの一部に利用できるかもしれません。こうした人伝いのお下がりネットワークは双方にウィンウィンであり、地球にも優しいものです。

⑨欲求を違う方法で満たす

代替の原則によると、欲求を満たす方法は数千とは言わないまでも、数百通りはあります。私たちはより多くのもの――もしくはより良質なもの、異なるもの――を手に入れることで、あらゆる欲求は満たされ、やるべきことはクレジットカードを機械に通すだけだと信じ込まされています。ただ、お金をかければかけるほど、楽しいわけではありません。お金をかけずに楽しめる方法はいくらでもあります。例えば、あなたのやる気を上げる最適な方法は何ですか？ 抗うつ剤ですか？ ランニングですか？ 認知セラピーですか？ 景色を変えることですか？ コメディー映画を見ることですか？ 自分よりも困っている人を助けることですか？ 買い物セラピーですか？ どれがあなたにとって最も効き目がありますか？ やり方は１つだけですか？ それとも複数ありますか？　ものすごく疲れたと感じたとき、あなたは何をしますか？　休みますか？　運動しますか？カフェインを取りますか？　セラピーを受けますか？　テレビを見ますか？　ここで私が言いたいことは、欲求自体と欲求を満たす戦略とは違うということです。

例えば、自由は誰もが求める基本的欲求ですが、もし「自由」が私にとって「旅」であれば、私が本当に求めているものはいったい何でしょうか？　その欲求の裏側にある価値や願望は何ですか？　奇抜な体験や刺激、日々の退屈なルーティンから抜け出すことではないでしょうか？　私たちは目的を持つべきだと説いていますが、旅は目的がないこと、怠惰なことを必要としています。また、新しい言語や文化、事実を学ぶこと、新しい人々に出会うこと、ストレスのないゆったりとした生活のペースを求めています。異なる価値観や考え方の海の中をたゆたい、偏狭なものの見方から抜け出すことを求めています。新しい食事を楽しむこと、長いフライトの間、小説の世界にのめり込むこと、街を抜け出し、日々の喜びを奪っていく会議や決断から距離を置くことを求めています。

ただ奇抜な体験をするために、遠くの場所を旅する必要はありますか？　お金をかけない戦略とは、少しだけの楽しさで我慢するということではありません。より少ないお金で――もしくはタダで――求めているものを確実に手に入れるということです。自分に制限をかけるのではなく、自分にフォーカスするのです。日々のルーティンからの自由とは、厳格に守っている基準、少し負担に感じている責任、頑なに守っている習慣を破ることかもしれません。ガソリン価格が高いときは、近くを旅行――１日の運転で行ける範囲内で観光――してみてはいかがでしょうか？　近くで変わった人や場所を探してみては？　１００マイル以内にある公園にキャンピングカーで行くだけでも、森の中や水辺に身を置くことはできます。家のもっと近くでも隠れたお宝を見つけられます。自分の庭や庭のフェンスの向こうに、美しい花壇、近所の人の興味深い物語などが眠っているのです。長く滞在すれば、自分が住んでいる場所の細かい部分や面白いことがもっとわかるようになります。代替とは何かを失うことではありません。創造的になるということです。

何か新しいものを買ったとき、私たちが本当に求めているのは気分を切り替えることだということに、この戦略は気づかせてくれます。例えば、お腹が空いたときは満腹感を得るために食事をします。孤独で寂しいときは、クラブ活動に参加したりデートをしたりして人とのつながりを感じます。退屈なときは、映画に行ったり雑誌を読んだり旅行に行ったりして気分を紛らわせます。ただ、私たちが本当に必要としているものは、ほとんど物理的なものではありません！「買い物をしたい衝動に駆られたとき、時間をかけてそもそもの欲求まで掘り下げ、消費ではなく創造でその欲求が満たされないかを考えてみよう」というのが代替戦略の考え方です。ドネラ・Ｈ・メドウズは著書『限界を超えて』において、その核心をうまく表現しています。

人々は大きな車を必要とはしていません。尊敬を必要としています。服がいっぱい並んでいるクローゼットを必要とはしていません。自分を魅力的だと感じたい、ワクワクや選べる種類、美しさが必要なだけです。電気機器を必要とはしていません。人生をかけてやる価値のあるものを必要としています。人々はアイデンティティ、コミュニティ、チャレンジ、承認、愛、楽しさを必要としています。物質的なものの力を借りてそうした欲求を満たそうとするため、解決されることのない真の問題を、誤った解決策で対処しようとしてしまうのです。その結果生じる心理的な虚しさが、さらなる物質的な成長を求める大きな原動力の1つとなっています(4)。

代替とは制限ではありません。解放です。思い込みや習慣を解き放つことです。現実の真の豊かさに目を凝らすことです。あなたの足元に転がっている、小さな日々の楽しさをきちんと拾い上げることなのです。

⑩本書のプログラムの9つのステップに従う

本書のプログラムをやり遂げた人は数え切れません。彼らはすべてのステップをやり切ることで、お金や物質世界とのかかわり方が根本から変わったことを実感しています。彼らがお金を貯めることができたのは、この変化のおかげであり、アドバイスのおかげではありません。軽度の買い物依存症であれば治ります。自己否定とわがままも自己認識で変わります。そして、さらなる喜びをもたらしてくれます。単なるヒントやアドバイスとして利用するのか、ステップに忠実に従うことでその魔法を体験するのか。それはあなた次第です。

このプログラムはお金やモノに対する体系的なアプローチであり、ものの見方を変えることで、あなたの習慣を変えてくれます。すべてのステップが重要です。飛ばしてはなりません。それぞれがシナジーを発揮することで、あなたの変化を促すのです。

基礎的消費で節約

ケチケチせずに賢く節約

本書の初版には「お金を確実に節約する101の方法」というセクションがありました。ただ時代は変わり、その中の提案の一部はもはや有効ではなくなりました。

さらに、多くのブロガーやポッドキャスター、ユーチューバーが新たなアイデアやアドバイスを日々提供し、質素、倹約をテーマにした本も数多くあります。お金をかけない旅行、安くて手軽な料理、DIYによる家財道具の修理、一から家を自分で建てる方法、食料を栽培する方法、自分のエコビレッジ（環境保全型農村）をつくる方法まで、節約のアイデアは非常に多岐にわたります。最後に覚えておいてほしいのですが、日々の生活の中で自分が思いついたアイデアは、他人からのアドバイスよりもずっと強力な効果を持ちます。例えば、次のような経験談があります。

ハリー・Nは自分のウォールチャートを見て、家の掃除や庭の手入れを業者に依頼している習慣について考え直すことにしました。ただ、自分で日々のメンテナンスをする覚悟はありません。そこで彼は驚くべき解決策を編み出しました。自分たちが大きなダイニングを使っていないことに目をつけます。もともとあった部屋で、家具は備え付けていましたが、家族は別の居間で食事をとっており、その部屋の存在を忘れていました。経済的自立の思考が身についた彼は、その部屋をワンルームの部屋として貸し出せることに気づいたのです。彼はリノベーションを行い、部屋代と食事代の代わりに庭の手入れと家の掃除をやってもらえるカップルを見つけました。

この種の独創的なアイデアは、「ヒントやアドバイス」のリストには決して載っていません！ただ、ちょっとしたアドバイスがあるだけでも、旧態依然としたやり方を打破し、創造的に考えられるようになります。そこで経済的自立の思考を取り入れた経験談を含む簡単なアドバイスをいくつか用意しました。これであなたもお金を節約し、自由を買うことができます。

借金と家計を管理する

倹約の鉄則とは、借金をしないことです。あなたはすでにお金を稼ぐ代償として、自分の大切な時間を仕事に捧げています。どうしてそれに加えて、借金という鎖につながれた重りを両足で引きずりながら、人生という道を歩んで行かなければならないのでしょうか？

著者である私たちを含めて、なんとか借金に頼らずに生活していける人たちはいます。人生に不可欠な大きな買い物（大学、マイホーム、自動車）のために借金をした人も、できるだけ早く返済し、倹約の鉄則に従いましょう。

残念なことに、お金を借りる最も簡単な方法——クレジットカード、ペイデイローン［給料を担保にした貸し付け］——が、最も簡単に経済的破綻を引き起こします。すでに借りている金利の高いローンはできるだけ早く返済し、将来は絶対に避けるべきです。これはとにかく重要なことです。便利さやポイント目的でクレジットカードを利用するのはかまいませんが、きちんと毎月、残高を返済しなければなりません。毎月です！　もしできなければ、現金かデビットカードを使いましょう。自動車ローンや大きな買い物の分割払いでも同じです。もし金利が低く(もしくはゼロで)、規律正しく返済できるのであれば、検討してもかまいません。そうでなければ、銀行から借りて金利や手数料を払うよりは、自力で買えるようになるまでお金を貯めましょう。

もし将来的に価値が上がるような資産を買えるのであれば、借金も投資と見なすことができます。もし住宅ローンの返済が毎月滞りなくできて、不動産の価値が安定して上昇する地域に住んでいれば、低い固定金利でローンを受けるのは賢い投資になりえます。とくに住宅ローンの利息分だけ税額控除を受けられるのであればなおさらです。ただ、多くの人は借金に頼らず家を買うほうが安心で自由だと感じています。住宅ローンをできるだけ早く返済できる最善策を考えましょう。若い人は将来が明るくなるのを期待して、学生ローンに頼ってまで教育を受けます。これはある種、将来の収入に対する投資と見なすこともできますが、大きな負担に悩まされながら社会人生活をスタートしたくはないでしょう。可能であれば奨学金を獲得して、学生ローンを避けましょう。もし不可能であれば、ローンはすぐに返済して、利息の分だけ税額控除を受けましょう。

いずれにしても、毎月の返済を滞りなくすることは非常に大切です。返済が滞れば、あなたのクレジットスコアが下がるからです。家を買ったり、部屋を借りたりすることが難しくなり、カードローンの金利も上がるかもしれません。

住む場所を確保する

第3章で説明したように、住居費は、通常、毎月の支出の中で最も大きな項目です。都市化の進行により、多くの人が生活費の高い都市に住むようになりました。住居に対しては創造力を働かせることで、費用を大きく節約することができます。例えば、生活費の安い地域に引っ越したり、ルームメイトを探すことを検討してみましょう（ソーシャルメディアのおかげで、こうした作業はかつてないほど楽にできます）。いま働いている仕事を変える必要はなく、リモートワークで働けるかもしれません。

また、小さな家に住むことも検討しましょう。1973年には平均的な家の広さは1660平方フィート［154平方メートル］でした。2015年にはなんと2687平方フィート［250平方メートル］になっています！(5) そんなに大きな広さが必要なのかよく考えてみてください。数百平方フィートの狭小住宅は嫌かもしれませんが、小さな家でもあなたのニーズは満たされ、冷暖房を効かせたり、掃除をするためのスペースも小さくなります。

コハウジングのようなコミュニティに住むことも考えてみましょう。価値を共有する人と生活を共にでき、住居費も抑えられます。

もし気に入った地域を見つけたら、まだ市場に出回っていない家を借りられないか検討してみましょう。手入れされていない庭や郵便受けに入ったままの郵便物など、空き家であることがわかるサインを探し、税務署で持ち主を探し、貸してもらえないか取り計らってみましょう。すでに持ち家がある人は、使っていない部屋を間貸しできないか考えてみましょう。

最後に、テクノロジーの力で場所を問わずに働けるようになっています。フルタイムのキャンピングカー生活や、世界中の美しい場所で生活するノマド的な働き方も可能になっており、1カ所にとどまるよりも支出が抑えられるケースも珍しくありません。

レイチェル・Zは高給の仕事に就いていましたが、その仕事は彼女の価値観の多くに反していました。気づけば、ほかの選択肢を絶えず考えるようになっており、ついに彼女は牢獄のように感じ始めていた生活からの脱出ルートを編み出しました。経済的自立のプログラムは脱出ルートとなるトンネルを提供しましたが、その出口に明かりを灯したのは彼女自身の独創的な発想でした。彼女は自分の家の1階に住み、ベッドルームを間貸しすることで、家賃収入で毎月のローンの返済額を賄えることに気づいたのです。さらにほかの独創的な戦略も組み合わせることで、十分な退職後の資金を貯め、仕事を辞めることができました。

共に芸術家であるカラとリチャードのM夫妻は、住み込みのマンション管理人としての仕事を引き受けることにしました。提供された部屋は家具付きで無料。通勤もなく、汚れ作業をするため、汚い古着を着て仕事ができます。もちろん毎月、管理人としての収入はもらえます。おかげで日々の雇われ仕事からは解放され、芸術家としての作業により多くの時間を注ぐことができます。

移動費を抑える

次のことを考えてみてください。人類の歴史のほとんどの期間、人間は歩いて、もしくはほかの動物が引っ張るカートに乗って移動していました。狩猟採集生活から農耕生活へ移行した後、ほとんどの人は亡くなるまで、半径10マイル［16キロ］以内の範囲で生活しました。内燃エンジンが登場したのは1860年代、ニコラウス・オットーがエンジンの特許を取得してからです。この世の中で、車を保有しているのはほんの一部だけです。人々は移動します。これまでも移動してきました。ただ、その原動力は好奇心でした。エンジンが搭載された乗り物ではありません。この短い生涯の中で、私たちがどれだけ乗り物を節約できるのか簡単に見ていきましょう。

ほとんどの人にとって、車は家に次いで生涯で2番目に高い買い物です。年間コストも高く、保険や登録費、メンテナンス、修理、ガソリン、減価償却費などがかかります。もし車が必要であれば、信頼できて、燃費がよいものを買い、きちんと手入れをして、できるだけ長く使いましょう。長期的に見れば、買い替えるよりも安く済みます。さらに消耗を遅らせるために、乗る頻度も減らしましょう。相乗りしたり、バスに乗ったり、職場の近くに住んだり、可能であれば、週に何日かは在宅勤務にしましょう。簡単な買い物は自転車か徒歩で済ませましょう。週の労働日数を4日にできないか会社と相談しましょう。そうすれば通勤費用を抑えられ、ラッシュアワーも避けられます。

都会に住んでいる人には多くの代替手段もあります。公共交通機関、カーシェアリング、自転車シェアリング、レンタカー、タクシーなどです。これらの選択肢がある上、駐車場代が高いことを考えると、大都市では車を保有しないほうがお金がかからず便利である場合が多いです。大都市に住んでいなくても、2台目を買わずに済む方法がないか考えてみましょう。苦労して稼いだお金を節約でき、ほかにも多くのメリットがあるかもしれません。

ローズマリー・Ｉは損得勘定した上で、多くの不安を抱えつつも唯一保有していた車を売りました。彼女が住んでいた都市にはカーシェアリングのグループがあり、いろいろなお店を回る週に一度の買いだめで、それを利用することにしました。月に一度の旅行と週に一度の買い物でレンタカーを利用しても、車を保有する費用——保険、登録、ローンの返済、修理、メンテナンス——に比べると、ほんのわずかで済む計算になりました。また、趣味であるキャンプは友人を誘って一緒に連れて行ってもらうようにし、自然を満喫する楽しさに友人との交流という一面が加わりました。ガソリン代は彼女が払いましたが、楽しさが2倍になったにもかかわらず、費用は半分に抑えられたのです。

ホーム・リモデリングの仕事をしているテッド・Ｙは、仕事の道具や資材を運ぶという名目で2台の乗り物（古いピックアップトラックとオンボロ自動車）を保有していました。売りに出したところで二束三文であるため、持っておいたほうが安上がりという判断です。ところがそれは大きな勘違いでした。毎月の収支表を記録することで、乗り物を2台も保有し、維持する費用の高さに気づいたのです。トランスミッションの交換、保険、車検の費用を計算すると、必要なときにトラックを借りたほうが安く済むことに気づきました。彼はその後、2台とも売りに出しました。

健康に気を使う

医療費は非常に高額です。健康を維持することは、身体にも財布にも優しい行為です。最良の保険は健康な食事、運動、適度な休息、そしてストレスのない生活です。過去の研究結果と矛盾するような新しい研究結果は絶えず出てきますが、信頼できる専門家の助言に対しては常にアンテナを高く保ちましょう。予防がカギを握ります。健康保険の福利厚生――予防診療、スクリーニング［症状が現れる前に病気を発見する検査］、コーチング、スポーツクラブの会員など――は最大限活用しましょう。予防は、最もお金のかかる医療、つまり緊急治療室の回避にもつながります。病気は早い段階で芽を摘みましょう。そうすれば破滅的な医療費も未然に防ぐことができます。

共有／物々交換

これまでの研究では、コミュニティとかかわることが幸福（そして倹約）につながる1つの道であることが明らかになっています。コミュニティをつくり、お金を節約する手軽な方法は、他人とモノを共有することです。乗り物についてはすでにお話ししましたが、そのほかにも地域通貨や託児サークル、タイムバンキングなど、取引の仲介を目的とした制度があります。ご近所同士のメーリングリストは、隣人との互助ネットワークをつくります。タイムバンキングでは、人々は自分の時間を交換し合います。例えば、誰かの散髪を手伝うと、お返しに家族を病院に連れて行ってもらえたり、パソコンを手伝ってもらえたりします。自分の持つスキルや必要なサービスについて考えてみましょう。創造力を働かせてください！　共有とはウィンウィンです。その過程において、コミュニティという特典もついてくるのです。

食費

どれだけ倹約に努めたところで、少なくとも多少の食費は避けられません。支出の把握を始めたら、外食にどれだけの費用がかかっているのかに気づくと思います。外食ではなく家で自炊し、友人をもてなす時間をつくるのは、確実に節約につながり、体調も改善します。家庭菜園を始めれば、食費を抑えることにもつながります。オーガニックな食材を使っている人にはなおさらお得です。

食料品店で節約する方法はさまざまです——わかりやすいものもあれば、そうでないものもあります。わかりやすいところで言うと、事前に買い物リストをつくり、それ以外は買わない、近くの店のセール品を把握しておく、クーポンを切り抜きする、インスタント食品を避ける、まとめ買いするなどです。季節の食材を食べることも節約につながります。2月に桃を食べたり、9月にイチゴを食べたりすることにこだわらなければ、食費は抑えられます。さらに、おいしくて持続可能な方法で生産された食材を楽しむことにもなります。食費の中で最も高いのは肉、アルコール、コーヒーです。それらについては少し神経を使いましょう。消費量を減らすことができないか考え、特別な努力をしてでも安く手に入れるようにしましょう。

マイケル・ポーランが提唱した7つの単語でできた食事のルール「Eat food, not too much,

mostly plants（食べすぎず、野菜中心の食事にしよう）」によって、人々は肉を主菜ではなく、薬味として考えるようになりました。また、主食にかけるお金を節約するために、友人や隣人と一緒にまとめ買いする仲間をつくることも検討してみましょう。

私たちは食べ物をお店で売っているものと思い込んでいるため、その多くが近くの自然の中でも育っていることに気づいていません。心優しい農家の畑からもらったり、近所の人に庭にある余分な果物を分けてもらったり、野山の中で育つベリーを食べたりすることもできます。おいしい食事とコミュニティがタダで手に入るのです。

娯楽、通信費

携帯電話、ケーブルテレビ、インターネット、固定電話、音楽や映画のサブスクリプション、ニュースサイト、新聞、雑誌に毎年いくら使っているのか確認してみましょう。かつてはシンプルだったものがいまでは複雑になり、お金もかかるようになりました。どうすればこの怪物を制御しつつ、必要なものを手に入れられるのでしょうか？

もし従来型の高額な携帯電話の契約に縛られているのであれば、更新してはなりません。4分の1の費用に抑えられる格安プランがあります。家族全員が携帯電話を使っていれば、年間で数千ドルの節約につながります。プリペイド式の携帯電話は、利用する時間や通信量だけ料金を払うシステムです。1日のほとんどをWi‐Fiのある自宅か職場で過ごす人は、データ通信をオフにして、必要なときだけオンにしましょう。そして携帯電話の電話やメールではなく、インターネットのアプリを使いましょう。契約の必要がないプランでは、別のお得なプランを見つけた際、違約金を払わずに変更できます。自分の機器を使えるプランでは、中古の携帯電話を使えます。前年のフラッグシップモデルも、いまでは数百ドル安くなっています。最新の機種がいらない人は、古いスマートフォンであればコンディションがよいものでも100ドルくらいで見つかります。携帯電話を普段使っている人で、固定電話を持っている場合は解約しましょう。

テレビや映画はどうですか？　高額なケーブルテレビや衛星テレビの契約を解約して、地上波とストリーミングサービスの活用で代替している人たちを参考にしましょう。無料のストリーミングのコンテンツはたくさんあり、映画やテレビシリーズもいつでも有料でレンタルできます。もし有料のストリーミングサービスに入会しなければならない場合は、しっかりと下調べをし、自分のニーズや好みに一番合っているサービス1つに絞りましょう。音楽のストリーミングサービスでも同じです。

ジャーナリズムの役割を担うニュースサイトや雑誌、新聞を有料会員として支えるのは大切なことですが、費用も必ず考慮に入れましょう。ほかに無料で同じような情報が得られる場合はとくにそうです。本や雑誌に関して、公共図書館はひと世代前よりもさらに充実しています。市内のほかの図書館の本でも簡単に手に入れられるシステムが導入され、借りられる本の幅は広がりました。ほとんどの図書館にはデジタルサービスがあり、電子書籍やオーディオブックを家でダウンロードできます。しかもすべて無料で、あなたが払った税金で賄われているのです。

遠出する

お金とのかかわり方が変わり、生活がより充実すれば、「休暇」は必ずしも必要なものではなくなります。家の近くで息抜きができないか検討してみましょう。家の中でも休暇を楽しめるかもしれません。マイホームを買うために働いた時間の長さを考えると、家の中を1週間ゆっくりと堪能するのも悪くありません。もしどうしても家から離れたいだけであれば、距離は関係ないはずです――3マイルでも300マイルでも離れることには変わりありません。自分の真の欲求が何かを考えれば、1日の旅行でも、裏庭のハンモックでも、1週間の旅行と変わらないくらいの満足感を得られるはずです。キャンプも家から離れ、息抜きし、自然の美を堪能できるお金のかからない遊び方です。

もし遠出すると決めたのであれば、費用を切り詰める方法はいくらでもあります。飛行機を使うのであれば、最も安い航空券を探すために、最も効果的な検索エンジンを使いましょう。日時や場所に関しては柔軟になり、表に出ていない超割安な航空券を探してくれるサイトや通知サービスに登録しましょう。通常料金の半分の価格で航空券が手に入ります。規律のある人であれば、トラベルハッキング――航空会社のマイルやホテルのポイント目的でクレジットカードを契約し、すぐに解約する――を試すこともできます。

宿泊施設に関しては、カウチサーフィン、ルームレンタル、ホステルを検討しましょう。いずれも地元の人やほかの旅行者と個人的につながりやすくなります。WWOOF（World Wide Opportunities on Organic Farms）を利用してみるのも手です。部屋と食事を提供してもらう代わりに、有機農家などでボランティアとして働く制度です。

どこに行くにしても、旅行者をターゲットとした詐欺には気をつけ、地元の人と同じ場所で食事をし、可能な限り徒歩か公共交通機関を利用しましょう。地元ならではの体験ができる上、費用も安く済みます。

もしエキゾチックな場所に行きたいのであれば、あなたの住む場所がエキゾチックだと感じる人もいるかもしれません。ホームエクスチェンジのサイトは家の交換を仲介するサービスで、例えばロードアイランドのプロビデンスとフランスのプロバンスで家を交換できます。また、科学研究や慈善事業を目的としたボランティア休暇も検討しましょう。急ぎ足でショッピングや写真撮影、工芸品の買い物をして立ち去るよりは、村に住んで学校を建てたり、病気の治療方法を見つけたりするほうが充実した時間の使い方です。ハウスシットの仲介サイトを利用するという選択肢もあります。

賢いＦＩｅｒの中には、生活費の安い国に何カ月間か滞在することで、足りなくなったその年の予算を埋め合わせる人もいます。住居費や交通費、食費など主要なコストはすべて安く、庶民の日々の生活を経験する楽しさも味わえます！

保険の契約

本書のステップを実践していくことで、あなたは確実に消費に対する意識が高まります。このスキルはあらゆる買い物の局面で役立ちますが、保険を契約する際にとくに重要になるスキルです。

保険にお金を払う前に、自分が何を契約しようとしているのか、必ずしっかりと理解しましょう。例えば、中古車価格ガイドブックでの価格や車の状態を考えると、契約している車両保険は必要なものですか？　盗まれても買い替えないような先祖から受け継がれている家財に保険をかけていませんか？　扶養する家族がいないのであれば、生命保険は必要ですか？　それぞれの保険契約を注意して見直し、最大限の価値を得ているのか確認しましょう。契約の内容を完全に理解していないのなら、評判の高い保険外交員に聞いてみましょう。喜んで説明してくれるはずです。

キャシーとラングドンのL夫妻は、保険の項目で支出表を評価する手が止まりました。キャシーの祖母から引き継いだ宝石の保険に毎月6ドル払っていました。経済的自立の思考で考えると、このプライスレスな宝石は買い替え不可能です。買い替えたいとも思っていませんでした。過去とのつながりがその宝石を特別なものにしていましたが、何のために6ドル払っているのでしょうか？　安心感を買っている？　ラングドンは経済的自立に到達した際に毎月6ドルの利子を稼ぐのに、どれくらいの元本が必要かを計算してみました。1000ドルです。その数字を見て、ふたりは保険を解約しました。

アイリーンとクエンティンは解約するどころか、最初から保険を契約しませんでした。亡くなる前に資産を使い切るリスクに備えて介護保険に入るコストを精査しましたが、その費用を見て考え直すことにしたのです。ふたりは「自ら老いに備える」――つまり、家から離れず、健康を維持し、他者とつながり、心と体を元気にしておく――ことで自家保険をかけて、リスクを軽減することにしました。また、子どもがいなかったため、もし車椅子生活になっても大丈夫なよう、複数の世代にまたがる大きなコハウジングのコミュニティに住む選択をしました。

マイケル・フィリップスとキャサリン・キャンベルの著書『*Simple Living Investments for Old Age*』は、老いを衰退と捉える通説を覆し、高齢になっても楽しく生きられる4つの戦略を提示しました[6]。第一に、積極的に健康維持に努めることです（薬づけになり、保険に頼ってはいけません）。二番目は、新しい友人――とくに若い友人――をつくり、コミュニティに参加することです。いずれも自分は生きていて、価値があることを思い出させてくれます。三番目は、自分の内部や周囲の回避不可能な変化を次なる冒険と捉え、断捨離することです。最後に、持ち家など昔ながらの投資を見直し、十分な――ただそれ以上ではない――収入を得ることです。持ちもの――車であれ、持ち家であれ――を守ると言っても、多ければよいというわけではありません。時間や神経、お金があまりにかかりすぎて、守るメリットがないものもあります。どれを守るべきかを見極め、どのように守るべきかよく考えましょう。

老いを前向きに捉え、倹約を取り入れましょう。遅すぎる――もしくは早すぎる――ということはありません。

子どもを育てる

米農務省の推計によると、子どもを18歳まで育てるのに平均でおよそ23万ドルかかります（大学の費用は含まれていません）。思わず怯んでしまう数字ですが、子育て費用の削減に成功しているＦＩｅｒはたくさんいます。

一般的に、倹約生活において親が子どものモデルになることは重要です。もしあなたが支出を抑えていれば、子どもたちも必ず親のまねをします。もし子どもが嫌がるようであれば、通常より多めのお小遣いを与え、服など必要なものをそのお小遣いでやりくりさせましょう。多くのＦＩｅｒによると、子どもは自分のお小遣いで欲しいものを買わなければならないと知ったとき、すぐに倹約を始め、起業家精神を働かせると言います。

野外での遊びは危険だと考え、親は子どもたちをテレビやパソコンに向かわせる傾向にあります。ただ、自然に触れさせれば、子どもたちはいつまでも遊ぶことができます——しかもほぼお金はかかりません。アウトドアへの愛を育むことは生涯の財産になりますが、最近では子どもたちにそうした愛情を注ぐ親がますます少なくなっています。

もう１つのアドバイスは、子どもとの生活のできるだけ多くの部分でお金に頼らず、創造力を働かせるということです。誕生日会では自家製ケーキをつくり、昔ながらのゲームを楽しみます。水風船も楽しくてお金がかかりません。ハロウィンではコスチュームを自作すると楽しいですし、思い出も残ります。

それでも、あなたが買いたくないものを子どもが欲しがるのであれば、数日後に改めて話し合うことを提案してみましょう。ほとんどの一時的な気まぐれは、言葉通り一時的なものです。もし子どもがそれでも欲しがるのであれば、それが正当な思いであるとわかるはずです。子どもと一緒にどうすればそのお金を貯められるのか考えてみましょう。

服のお下がりは、子どもの服にかかる費用をほぼタダにしてくれます。お下がりは、いまでは兄弟や姉妹の間だけに限りません。インターネット上のネットワークやママ友グループによって、子どもの間での服の着回しは容易になりました。ベビーベッド、おもちゃ、赤ちゃん用のお風呂など、赤ん坊に必要なものはすべて手に入ります。

最近では、一晩のベビーシッターの費用が外食の費用を大きく上回ります。同じような年齢の子どもを持つ夫婦を探して、交代で一晩、子守りをしてもらえるようにしましょう。今週、あなたが彼らの子どもを見て、翌週には彼らにあなたの子どもを見てもらうのです。2週間に一度、あなたは子育てから解放され、費用もかからず、子どもも毎週、友達と遊べます。ベビーシッターのグループに参加するのも選択肢の1つです。

キャシーとラングドンのL夫妻は、ふたりの子どもの大学にかかる費用を節約しました。「さらに10年間働き続けて、子どもたちの行きたい大学に通わせることが果たして合理的なのだろうか?」と彼らは疑問に思いました。最終的に、ふたりは州内の州立大学分の授業料を子どもたちに手渡すことにしました。もし子どもが州外の大学、もしくはアイビーリーグなどの私立に行きたいのであれば、差額をアルバイトか奨学金で稼いでもらうという考え方です。

子どもたちには、どの大学に申請し、どの大学に入学するかを選ぶ際に、学費が大切な要素であることを前もって伝えておきましょう。倹しいライフスタイルには隠れた利点があります。少ない収入や資産で満足するため、大学の学費援助を受けやすくなります。資金が潤沢な私立大学には、公立大学以下の学費に抑えられる学費援助があることを、多くのＦＩｅｒは知っています。それぞれの大学がどれくらいの学費を援助してくれるのか、そのうちどれくらいが奨学金やワークスタディ［職業体験の報酬として奨学金をもらえる］で、どれくらいが学生ローンなのか、あらかじめ調べて感覚をつかんでおきましょう。もしかしたらアイビーリーグの学費が最も安く済むかもしれません。もちろん子どもが合格できる成績を収めていればの話ですが！

モノを捨てる

もしあなたがこのプログラムのステップを実践していれば、あなたの家にあるものはほとんどゴミとして廃棄される必要のないものです。ただ、プログラムの初めのころは、多くの人がステップ1で暴き出された不要ながらくたをガレージセールで処分したり、インターネットのオークションサイトに出品したり、どこかに寄付したりします。

台所の生ゴミは庭の土の中に埋めたり、コンポスト［生ゴミを堆肥《たいひ》に変える容器］に入れたり、ミミズに食べさせて肥沃な土に変えてもらってもかまいません。経済的に豊かな国では、タイヤや紙、アルミニウム、鉄鋼、ガラス、段ボールはリサイクルできます。ニューヨークなど一部の都市では、食料廃棄物を堆肥に変えるプログラムを始めました。

ゴミでできる節約は限られるかもしれませんが、ゴミをお宝に変える方法は探し続けましょう。

地下室で埃をかぶっている持ち物の中にも、大金に化けるものが眠っているかもしれません——もしそう思えるものがあれば、鑑定してもらいましょう。

プレゼントとお祝い

多くの人にとって、プレゼントは愛情を表現するための大切な方法です。ただ、表現する愛情は変えずに、プレゼントにかける費用だけを切り詰めることは可能です。ここでは、ステップ4の質問3が役に立ちます。もしお金のために働いていなければ、あなたは別の（もっとお金のかからない）プレゼントをあげますか？

私たちの文化の中で、プレゼントをする機会の代表的なものと言えばクリスマスです。もしクリスマスのお祝いが過剰だと思うのであれば、制限を設けてみましょう。ビル・マッキベンの著書『*Hundred Dollar Holiday*』が役に立つかもしれません。(7) ＦＩｅｒの中には、クリスマスの日に子どもたちに１つ（せいぜい３つ）しかおもちゃをあげない人たちがいます——しかも、子どもたちに欲しいものを選んでもらいます。

エイミーとジムのＤ夫妻は、まさにこの戦略を採用しました。彼らはクリスマスにも満足度曲線が有効であることに気づいたのです。１つ目、２つ目、３つ目のプレゼントまではうれしいですが、それ以上になると次第に喜びは逓減《ていげん》します。子どもたちは遊ぶ暇もなく、プレゼントを開封し続けなければなりません。すべてを開封し終わるころには疲れて機嫌が悪くなり、どれも気に入らなくなります。

モノではなく、マッサージや子守り、料理などのサービスをしてあげるのもよいアイデアです(通年で使えます)。また、ガレージセールで中古品を買いだめしておき、機会が来たときにプレゼントとして使うという手もあります。昔に比べるとプレゼントを使い回すこと——もらったけど使っていないものやガレージセールで買った新品のもの——に対して、社会的な抵抗感はなくなっています。最後に、秘密のサンタパーティーを開くのも、プレゼントをリサイクルするすばらしい方法です。参加者はラッピングされたプレゼントを持ち寄り、ほかの参加者と交換するのです。

「他者への善意」の季節、クリスマスが近づいてくると、アースラ・Kの気分は落ち込みます。家族と親戚を合わせると、20個以上のプレゼントを用意する必要があるからです。何度も内省を重ね、自分に選択肢を突きつけました。返済能力と正気を保つのか、それともこれまでのやり方を続けるのか、です。深呼吸をして家族全員に手紙を書き、彼らへの愛情を表現しつつ、クリスマスプレゼントの交換をやめたい意向を説明しました。彼女は家族からの反対に身構えましたが、家族は彼女の意向を尊重してくれました。ところで、彼女は結婚式も自分で主催しています。多くの友人たちを動員して料理やイベントを手伝ってもらい、儀式も彼らの手で執り行ってもらいました。

このお話にはいくつかのヒントとアドバイスが含まれています。一番大きいのは、アースラが実際に行ったことです。現実を直視し、本当に欲しいもの、必要なものについて正直になり、誠実に敬意を持ちながら、これまでのやり方に思い切って異議を唱えたのです。これはケチケチしたり、節約することとは違います！　賢くなり、理解するということです。結果を気にせず、やりたいときにやりたいことをやるというのは「自由な世界」における潮流のように思えますが、すでに見てきたように、そうした自由には必ず大きな代償が伴います。一方、自分の欲しいもの、必要なものを自覚するほうがもっとお金を節約でき、より多くの時間が自由になります。

相棒を見つける

これまでに紹介した戦略を実践している人は、新たな節約術を見つけるほど、生活がより面白く、楽しくなることを知っています。もし幸運にも価値を共有し、節約術を褒めてくれるような相棒がいれば、少なくとも誰かに得意げに話すという気分のよさを味わうことができます。そうした仲間がいれば、やる気とスキルも向上します。

一方、ひとりで孤独にやれば、自分は無駄な支出を奨励する社会の中で変わり者だと感じるかもしれません。もしあなたが変わりたいと思っていても、パートナーがそれを望まないのであれば、あなたをサポートし励ましてくれるような、価値観を共有する人を探してみてください。ＦＩＲＥ(Financial Independence, Retire Early）のブロガーや実践者のコミュニティはいまではグローバルな広がりを見せており、ネット上や現実で人とつながる方法は無数にあります。価値観を共有する友人――そして恋人――を探すことは、それほど難しいことではなくなっているのです。

アン・ヒービッグとフレッド・エックスは、シンプルライフを話し合うインターネット上の掲示板で出会いました。ふたりの倹約的な価値観と人生に求めるものはマッチしました。ただ、常にそうだったわけではありません。コンピュータサイエンスの修士号を持つフレッドは若いころ、「おもちゃ」で埋もれたガレージと増え続ける借金を抱え、いつも疲れていることにうんざりしていました。そのとき、彼は本書について言及したある記事を読みました。すぐに本を買い、週末に貪《むさぼ》るように読み、雇われ仕事に永遠の別れを告げる決意をしたのです。当時、彼は27歳でした。35歳になるころにはリタイアし、独自のスタイルの倹約生活を実践しました。それまでに家を売り、離婚し、リサイクルショップで買い物を始め、賃貸の部屋に住み、自炊し、人生をより楽しむようになりました――旅行やセーリングをし、給与はそれまでの3分の1ですが、それまでよりも2倍楽しい環境保護団体での仕事に就いたのです。

アンは何年も環境保護を重視する価値観に則った生活を送ろうとしてきましたが、結局はお金のためにIT企業で退屈な仕事をすることの繰り返しでした。本書――のちにフレッド――が人生は変えられるという彼女の思いを裏付け、そのやり方を教えてくれました。支出を切り詰め、貯蓄を増やし、いまではほんの少しだけパートタイムで働く生活です。

ふたりはサンフランシスコのハウスボートに住み、共に旅行をしながら、ボランティアでほかの人が自分らしい生活を考える手助けをしています。「いまやっていることのほとんどはお金がかからないわ。トライアスロンのトレーニングや自転車を普及させる活動をして、ギターの練習もしてるの。ここでは5年間、車に乗らない生活をしたけど、いまでは車を持ってる。おかげで遠い登山スポットにも行けるようになったわ。フレッドはたまにプロのレースをサポートする仕事をしている。ただ、お金を目的にやっているわけじゃないの。私たちには同じ価値観に基づいた強い信頼関係があるの。お互いのための時間もある。いまの生活は最高よ！」

フレッドとアンは自分たちの消費が地球に影響を与えていることを強く意識し、それを常に心がけながらお金を使っています。そうした意識は支出を抑え、良心にも健全な作用をもたらしています。

節約し、地球も救う？

お金を節約する（save）ことが地球を救う（save）ことにつながるというのは、ただの奇妙な一致ではありません。実際に、ある意味、あなたのお金は地球なのです。これから説明します。

お金は地球の資源の先取得権《さきどり》です。何かを手に入れるのにお金を使うたびに、そのモノを構成する金属やプラスチック、木材などの原料を消費しているだけでなく、それらを地球から掘り出し、製造業者まで運び、加工し、組み立て、小売店まで搬送し、お店から家に届けるために必要な資源も使っていることになります。そうした経済活動と費用のすべてが、例えば新しいコンピュータの価格に反映されているのです。

また、価格には反映されていない環境コストも付随します。経済学者が外部性と呼ぶものです。肺の病気やがん、呼吸障害、砂漠化、洪水などの形で回り回って私たちが代償を払うことになる環境汚染や廃棄物です。つまり、私たちはお金を使うたびに、将来の世代にどのような地球を残したいのか、自らの票を投じているのです。

お金とは、地球の生命エネルギーの先取特権です。私たちはこれをポゴノミクス──漫画のキャラクターであるポゴの視点から見たエコノミクス（経済学）──の原則と呼んでいます。1970年のアースデイで、ポゴは「私たちは敵と出会いました。敵とは私たちです」という見方を教えてくれました。地球が汚染されているのはミステリーではありません。もっと多くのもの、もっとよいもの、これまでとは違うものを求める私たちの欲求によって汚染されたのです。

これは私たち自身が対処できる問題です──さらに私たちに利益をもたらします。創造的な倹約は一挙両得です。私たちの財布にも、この世界にもプラスなのです。

あなたを不毛の地に放り出し、イチジクの葉を股間に着けながら植物の実を食べてもらおうと話しているわけではありません。この言葉を忘れないでください。ノーシェイム、ノーブレイムです。私たちはみな、消費が生活の一部を構成する世界に生まれました。消費を通じて幸せになることが自然であり、正しいことのように思える世界です。地球環境を生存に適した場所に保つためには、現行の習慣を着実に、勇気を持って変えることが必要です。待つ必要などありません。すぐに問題の解決に取りかかりましょう。環境を汚染することなく、2倍の満足感——あなたにとっても地球にとっても——を得られる活動はたくさんあります。実際、自然と親しみながら、地球——すべての命の源——とのつながりを感じることは、世の中で最も楽しい行為の1つです。

多くの本やブログ、ウェブサイトが、地球を救って、お金を節約する方法を紹介しています。生態系への影響と照らし合わせながら、自分のライフスタイルを見直すための参考になります。もし図書館で本を借りれば、森林を救うことにつながるでしょう。

買って使わないもの、捨てるもの、使ってみたものの楽しめなかったものは、お金の無駄です。生命エネルギーを浪費しながら、地球の限りある資源も浪費しているということを肝に銘じておきましょう。生命エネルギーの浪費とは、より多くの時間をラットレースに使い、墓場を建てているということです。倹約こそが、私たちにも地球にもフレンドリーなライフスタイルなのです。

> 環境保護について話すとき、それはほかの多くのことにも関連してきます。最終的には、決断は人の心でなされるものでなければなりません。大切なことは、世の中や人類に対する真の責任感を持つことだと思います。
>
> ——ダライ・ラマ(8)

節約する1001の確実な方法

1年間、月の収支表を記録した暁には、あなたは15〜30の支出項目について、およそ1001もの記入をしているはずです。買った物すべて――りんごからヒャクニチソウまで――について、使っている金額は抑えつつも、製品の質、そしてあなたの生活の質はおそらく下がっていないと思います。他人の倹約生活をまねするのではなく、自分の生命エネルギーを大切にするという考え方が、あなたを正しい方向に導いてくれるはずです。ガレージセールの商品やタダ同然のものを家の家具として使ったときに感じたように、新たな節約方法の発見はワクワクするはずです。倹約のための独自の戦略を編み出す知恵と創造力こそが力の源です。だからこそ、私たちは創造的倹約と呼んでいます。白紙の紙にあなたが編み出した1001の節約の秘訣を書き出してみてください。

節約する100001の確実な方法

思考には注意してください。瞑想《めいそう》する人はご存じだと思いますが、少なくとも1秒間に1回、脳みそは狂った猿のように無関係な思考を生み出しています。11・6日間で100001もの思考をする計算になります。そのほとんどは、欲望に関するものです。これが欲しい。これは欲しくない。これが好き、これは好きじゃない。ブッダは欲望こそがあらゆる苦悩の原因であると説きましたが、あらゆる買い物の原因でもあるのです。

1000001の欲望に対して意識を高く持つことで、満足感をもたらさないものにお金を使わない1000001の機会を得ることになります。広告があなたに買わせるわけでも、他人の期待があなたに買わせるわけでも、テレビがあなたに買わせるわけでもありません。あなたの思考があなたにモノを買わせるのです。こうした思考には注意しましょう。あなたの家計簿——そしてもっと多くのもの——にとって危険なものです。

〈チェックリスト：お金を使う前によく考えましょう〉

①買い物に行かないようにしましょう。
②収入の範囲内でやりくりしましょう。
③いま手にしているものを大切にしましょう。
④最後まで使い切りましょう。
⑤自分でつくってみましょう。
⑥必要なものを先回りして予測しましょう。
⑦価値、質、耐久性、用途、価格を調べましょう。
⑧安く買いましょう。

⑨ほかのやり方で欲求を満たしましょう。
⑩本書のプログラムの9つのステップに従いましょう。

ステップ6のまとめ

自分の生命エネルギーを大切にし、支出に対する意識を高く持つことで、月の支出総額を抑えましょう。生活水準よりも生活の質を優先するようにします。

次の質問を自分に問いかけてみよう

・あなたは持っているものやお金の使い方で、誰に見栄を張ろうとしているのですか?
・あなたはどのように節約していますか? どの支出に関して節約していますか? それについてあなたはどう感じていますか?
・心から好きな持ち物について考えてみてください。どの部分が好きですか?
・あなたにとってのガジンガスピン(あなたの「買わねばならない」もの)は何ですか?
・最後まで使い切った最近のものは何ですか?

第7章

好きだから？　お金が欲しいから？

——生命エネルギーを大切にする

第6章では、お金の使い方に対して意識を高く保つことで、自分の生命エネルギーを大切にすることについてお話ししました。本章では、時間の正しい使い方にこだわることで、自分の生命エネルギーを大切にすることについてお話しします。あなたは人生という最も貴重なコモディティを差し出す対価として、十分な価値を得ていますか？　あなたがやっているその仕事に、果たしてそれほどの価値はあるのでしょうか？

真理に到達するには、自明と思えることについても疑ってみる必要があります。本章では「仕事とは何か？」という疑問について、一緒に考えていきたいと思います。

一般的には、仕事とは生計を立てるためにやることだと言われています。ただ、そうした定義が人生をあなたから奪っているのではないでしょうか？　仕事を大事にする一方、人生のほかの部分を蔑ろにする人がいます。仕事はただ耐えるものと割り切り、アフターファイブや週末にその埋め合わせをする人もいます。家でテレワークをする人がいれば、ギグエコノミー［インターネットで受注する単発の仕事でお金を稼ぐ働き方］でいくつかの仕事を同時にこなしながら、仕事漬けになる人もいます。仕事は大好きですが、取締役や監査役、資金提供者、投資家から個人的なビジョンに制約をかけられていると感じている人もいます。「仕事＝お金のためにやっていること」であるとき、自由な時間に取り組む稼げない「仕事」にはあまり価値がないということになります。私たちは生命エネルギーを大切にできていません。また、現状を変えることなんかできないと感じています。その仕事の定義自体が問題の原因なのかもしれません。これから一緒に考えていきましょう。

仕事をしているとき、もしくは仕事をしていないとき、あなたは生命エネルギーをどれほど正しく使えていますか？　あなたの仕事はあなたの人生を消費して（使い切って、破壊して、浪費して）いませんか？　あなたは自分の人生を愛していますか？　仕事でも、仕事以外のときでも、1分1秒を大切に使っていますか？　第2章でお話ししたように、生命エネルギーは貴重です。限りがあり、取り戻すことができないからです。そのエネルギーをいかに使うかの選択が、地球上における自分の時間の意義や目的を表します。

これまでは、お金の使い方を自分の満足感や価値観と調和させることで、生命エネルギーを大切にすることを学びました。ここからは、あなたが仕事に投じる時間から得られる対価を最大化させることで、生命エネルギーを大切にすることを学んでいきます。

仕事とは？

お金と同じように、仕事の概念も、矛盾する信念や考え、感覚――両親、自国の文化、メディア、自分の人生経験から得たもの――の寄せ集めです。次に紹介する引用文から、いかに私たちの仕事の定義に一貫性がないのかがわかります。

著名な20世紀の経済学者であるE・F・シューマッハーは、次のように述べています。

……人間の仕事の3つの目的とは、

・第一に、必要かつ役に立つ財やサービスを提供すること。

・二番目に、私たち全員が与えられた才能や資質を活用し、磨き上げる手伝いをすること。

・三番目に、他者と協力しながら、他者のために上記の2つを行わせ、自らを生来の自己中心性から解放させること。(1)

経済学者のロバート・シオボールドは次のように語っています。

仕事とは人々がやりたくないことと定義され、そしてお金とは仕事の不快さに耐える代償とし

て受け取るものと定義される。(2)

スタッズ・ターケルは著書『仕事!』の冒頭で次のように述べています。

本書は仕事について書かれたものだが、本質的な部分では暴力――心と身体に対する――について書かれている。潰瘍《かいよう》について、事故について、罵《のの》り合いについて、殴り合いについて、神経衰弱について、犬を蹴り回すことについて書かれている。中でもとくに日々の屈辱について書かれている。その日をやり過ごすだけでも、われわれの中に潜んでいる心を患った人たちにとっては大きな勝利だ……食べ物だけではなく生きる意味、お金だけではなく他者からの認識、倦怠《けんたい》よりも驚嘆を求めることについて書かれている。つまり、月曜から金曜まで墓場を建てるのではなく、暮らしを立てる生き方を求めることについて書かれているのだ。(3)

一方、20世紀の詩人であるハリール・ジブラーンは、「仕事とは愛が目に見える形になったものだ」と説いています。(4)

仕事とは何なのでしょうか? よいものなのでしょうか、悪いものなのでしょうか? 試練なのでしょうか、勝利なのでしょうか? これから行うのは、お金と同じように仕事を定義し直すことです。仕事について、どんなときでも必ず真理であると言えることはいったい何なのでしょうか?

それぞれの時代における仕事

それでは、まず簡単に「仕事」の歴史について見ていくことにしましょう。歴史を振り返ることで、自分なりに仕事を定義し直す新たな機会が見つかるかもしれません。私たちが抱く仕事の概念はいったいどこから来たのでしょうか？　人生において仕事とは、いったい何なのでしょうか？

日々の最低限の仕事量

私たちはみな人間として、生きていくために最低限の仕事をしなければなりません。ただ、最低限とはどれくらいの時間なのでしょうか？　具体的に「1日の最低限の仕事量」といった目安があるのでしょうか？　さまざまな分野――狩猟採集文化や現代史など多くの研究――において1日3時間という長さが指摘されています。

『石器時代の経済学』の著者である文化人類学者のマーシャル・サーリンズは、西洋文化の影響で日々の生活が変わるまで、［アフリカ南部の］カラハリ砂漠に居住していたクン族の男性は週にたった2日から2日半ほどしか狩りに費やさなかったことを発見しました。平均して週15時間の労働です。女性は同じくらいの時間を食べ物などの採集に使っていたようです。実際、1日の仕事量で家族3日分の野菜が集められたといいます。年間を通して、男性、女性ともに1～2日働いた後、次の1〜2日間は休んだり、遊んだり、噂話をしたり、儀式を計画したり、友人を訪問したりしました。昔の1週間の労働時間は、今日の銀行員と比べると、かなり短かったようです。[5]

つまり、1日3時間というのが生存のために必要な労働時間と言うことができそうです。産業革命以前の時代には、この働き方が理にかなっていました。当時の生活では、仕事が家族との時間や宗教的な儀式、遊びの時間と渾然一体となっていました。そして「労働者を救う」はずの産業革命が起き、生活は「仕事」と「仕事以外」で区別されることになります——仕事が普通の人の1日のかなりの部分を占めるようになるのです。

19世期に入ると、「一般的な人」が長時間労働に対する反発から、労働時間の短縮を求めて戦うようになります。労働者を擁護する人々は労働時間を減らすことで疲労が軽減され、生産性は上がると主張しました。労働時間の短縮は、産業革命の成熟に伴う自然な成り行きだと訴えます。労働時間が短くなれば、人々は学習に時間を割くようになり、教育を受けて積極的に社会とかかわろうとする市民が民主主義を支えるという意見です。

ところが世界恐慌でその流れは変わります。[6] 20世紀初頭には60時間だった週の労働時間は、世界恐慌のころには35時間まで減りましたが、それ以降は40時間に固定され、近年では50〜60時間まで徐々に増えています。いったい、何が起きたのでしょうか?

生命、自由、給与を追求する権利?

世界恐慌の間、自由な時間とは失業を意味しました。経済を浮揚させ、失業者を減らすために、ニューディール政策が週45時間労働を確立させ、政府が最後の雇用主となったのです。労働者は自由な時間ではなく、雇用こそが国民としての権利だと考えるよう教育されました（生命、自由、給与を追求する権利？）。ベンジャミン・クライン・ハニカットは著書『*Work Without End*』の中で、「完全雇用」という教義について説明しています。

世界恐慌以降、米国人は労働時間の減少が経済成長と生産性向上の自然かつ前向きな成り行きとは考えなくなった。そうではなく、余暇の増加はむしろ経済を縮小させ、賃金を停滞させ、経済的進歩をあきらめるものだと見なされるようになった(7)。

「成長は善」「完全雇用」という通説が、重要な価値観として確立されたのです。これらは「完全消費」という教義ともぴったりとはまりました。余暇とは楽しむための自由な時間ではなく、消費すべきコモディティだという教えです。過去50年もの間、完全雇用とは、より多くの「可処分所得」を持つ、より多くの消費者を意味しました。彼らは企業の利益を増やし、ビジネスを成長させます。結果的に仕事が増えて、さらに多くの可処分所得を持つ、さらに多くの消費者が生まれます。第1章で見たように、消費は「進歩」の車輪を常に動かし続けるものなのです。

ここまでで、余暇の社会的な概念が大きく変わってきたことがわかると思います。日々の生活の中で大切とされる啓蒙的なものだったのが、不安を感じるべきもの、世界恐慌の間の失業を思い出させるものに変わったのです。余暇の価値が下がっていく一方で、仕事の価値は上がっていきました。完全雇用を推し進め、広告産業が成長する中で、人々はより仕事一辺倒になり、もっと多くの資源を消費するために、お金を稼ぎたいと思うようになっていったのです。

そうした風潮に抗う形で、自由な時間を求める運動が21世紀初頭に台頭しました。映像作家のジョン・デ・グラーフが始めた「テイク・バック・ユア・タイム（あなたの時間を取り戻そう）」と呼ばれる運動は、働きすぎの米国人に短い労働時間と長い休暇の必要性を訴えました。あらゆる研究が短い労働時間と十分な休暇によって生産性が高まることを裏付けているものの、こうした主張は1日8時間労働を神聖視する文化的価値観の流れに逆行するものでした。

スローフード運動の台頭も、私たちの仕事中心のライフスタイルに反旗を翻《ひるがえ》すものです。食事とはパソコンの前でひとりでファーストフードを胃袋に流し込み、次のラットレースに備えて栄養補給することではなく、親睦の時間であり、楽しい時間であり、会話をする時間、つまり啓蒙的な時間だと彼らは主張します。

仕事が帯びる新たな意味

ハニカットによると、私たちは過去半世紀の間に家族や文化、コミュニティの土台——職場以外での人生に意味を与えてくれていたもの——をも失い始めました。かつては伝統的な儀式や社交の場、仲間と共にいる時間が仕事以外の時間を構成し、人々に目的意識や所属の感覚を与えていました。集団の一部であるという経験なしでは、余暇は孤独で退屈な時間になります。仕事以外の生活が活力や意味を失ってしまうことで、仕事は目的のための手段ではなく、それ自体が目的に変わりました。ハニカットは次のように説明します。

伝統的な哲学的、神学的な枠組みを無視して、いまでは人生の意味、正統性、目的、さらに魂の救済までもが仕事に求められるようになった。男性も女性も昔ながらの宗教的な問いに対して、新たな答え方をするようになった。ますます仕事やキャリア、天職、専門職という観点から答えるようになったのだ。(8)

アーリー・ホックシールドは2001年の著書『タイム・バインド』の中で、いまの家族にはやるべきことが3つあると述べています。仕事、家庭、そしてより多くの時間を職場で過ごすことによって損なわれた関係の修復です。「家族に優しい」と評価される企業でも、(生産的であろうがなかろうが)職場でより多くの時間を過ごすようになった従業員にはほとんど報いていません。家庭の中が慌ただしくなる一方で、職場はより快適になっています。従業員は職場のほうが居心地がいいため、もっと長時間働きたいと思うようになっているのです(9)!

最後にパズルを完成させるピースが、プロテスタント的な倫理観の台頭に伴う仕事に対する宗教観の変化です。それ以前は、仕事は世俗的なもので、宗教が神聖なものでした。プロテスタントの倫理観が広まることで、仕事は魂を救済してもらえる場所と見なされるようになり、宗教的な成功は経済的な成功によって裏付けられると考えられるようになったのです。

そして21世紀に入り、仕事は無数の役割を担うようになりました。これまで宗教に求められていた役割さえも果たすようになったのです。私たちは「自分は何者なのか？」「どうしてこの世に生まれたのか？」「人生の目的は何なのか？」といった、昔からある問いに対する答えを仕事に求めるようになりました。さらに仕事は家族としての役割も果たすようになり、「私の仲間は誰なのか？」「私はどこに所属しているのか？」といった問いに対する答えも仕事が用意してくれます。

仕事には恋愛の刺激と愛情の奥深さすら求められています。まるでおとぎ話の中の王子様（プリンス・チャーミング）のように、欲求を満たし、高みに連れて行ってもらえる魅力的な仕事（ジョブ・チャーミング）があると信じているかのようです。私たちは仕事を通じてあらゆるもの——ステータス、人生の意味、冒険、旅、ぜいたく品、尊敬、権力、困難なチャレンジ、すばらしい報酬——が手に入ると思い込むようになりました。理想の仕事さえ見つければ、それらすべてが手に入ると勘違いしています。

純粋な時間の長さという意味では、私たちはパートナーよりも仕事と分かち難く結びついているのかもしれません。幸せなときも、困難なときも、富めるときも、貧しきときも、病めるときも、健やかなるときも、死がふたりを分かつまでという誓いは、妻や夫よりもむしろ仕事に当てはまります。私たちが家と職場の間の無限ループにハマるのは、まさにこの魅力的な仕事の幻想のなせる業です。まるでいつの日か、ハンサムな王子に抱きしめられる日が訪れることを夢見て、カエルにキスし続けるお姫様のようです。仕事はまさにそのカエルなのです。

いまの若い人々はもっと流れの強い逆流の中を泳いでいます。携帯電話とパソコンのせいで四六時中、会社やサイドハッスル（本業の合間に手がける副業）に対して臨戦態勢が求められています。

本業からの収入が十分でないとき、学生ローンを滞納せず、実家で寝泊まりする生活から卒業するために、副業をいろいろと組み合わせなければなりません。複数の副業をハッスル［精力的な活動］と表現すること自体が、いかに事業を育て、成功させることにエネルギーを必要とするのかを表しています。終わりのないハッスルの勇ましい新たな世界にいることを、若い人々は自覚しています——引き波に逆らって泳ぐことと同じように、勇気が求められるのです。

仕事がかつて果たしたアイデンティティ、キャリア、社会保障としての役割は完全に過去のものとなりました。若い人はその結果、ジョブ・チャーミング症候群から解放されましたか？　解放されていません。もし常に頑張っているのなら、常に仕事をしているようなものです。彼氏や彼女とのデートすら、次の仕事の機会のための人脈づくりになりかねません。

産業革命は勝ち取ったものなのか？

1日3時間だけ働き、残りの時間を社交や儀式、祝祭、遊びに費やしていた時代から社会は大きな発展を遂げました。ただ、その発展は価値あるものだったのでしょうか？　私たちは物質世界の征服に創造力と才能を集中して発揮し、非常に多くのものを手に入れてきました。科学、テクノロジー、文化、芸術、言語、そして音楽はすべて進化し、数えきれない恩恵を私たちの生活にもたらしてくれました。時計を完全に逆戻りさせたいと思う人はほとんどいません。バッハもペニシリンもなくなってしまいます。ただ、時計の針をいったん止めて、方角を見定める必要はあります。もしかしたら向かうべき道から外れていませんか？　これから現代の職場と労働市場を簡単に見ていきますが、そこは私たちが望んでいる場所なのでしょうか？

・能力を十分に発揮できない仕事をしていると感じている人がいます。彼らは毎日、単調でやりがいのない同じ仕事ばかりをこなし、創造力や知性はほとんど要求されません。一方、働かされすぎていると感じている人もいます。とくに、リストラを勝ち残った幸運な従業員の背中により大きな負担がのしかかっています。スタートアップの分野はまさに未開の地であり、資金も潤沢な新しい企業が一夜にして現れ、若い労働者に厳しい労働環境の埋め合わせとして、タダの食事や卓球テーブルなどの福利厚生を提供しています。

・社会的正義や気候変動、消費社会の有害な副作用に対する意識が高まり、労働者は二面性を併せ持つようになりました。経済的には仕事が必要ですが、倫理的には自分の会社が提供する商品やサービスを支持できずにいるのです。

・退職後の生活はもはや保障されていません。企業のたった7パーセントしか確定給付の年金プランを提供していないのです。25パーセントは401kなどの「確定拠出年金」と現金支給の組み合わせです[10]。そのほかの企業は退職後の備えを従業員に丸投げしています。米国の社会保障制度の長期的な安定性に対して懐疑的な人もいます。もちろん、これは多くの読者が本書を手に取っている理由でもあります。社会で何が起きても対応できるよう、退職後の生活を自分でコントロールし、自分なりのタイムテーブルで計画したいのです。

・ニューヨークを拠点に活動する非営利の調査機関であるコンファレンス・ボードは２０１４年、過半数の米国人が仕事に対して不満があると報告しました。１９８７年の最初の調査では、61・１パーセントもの労働者が仕事が好きだと答えましたが、その年がピークでした。最も低かったのは２０１０年で、仕事が好きだと答えたのは42・６パーセントでした。同じ会社で長期間働ける可能性が低くなり、健康保険の自己負担額と給与天引き額がいずれも増える現状を反映し、労働者の満足度が最も悪化したのは雇用の安定と健康保険の分野でした。いずれも１９８７年以降、11ポイント以上下がっています。(11)

まさに狂気の世界です。もう十分に墓場は建ててきました。仮にあなたが仕事が好きで、職場に恵まれていて、仕事に不満のない50パーセントのひとりであっても、ジョブ・チャーミング症候群に苦しんでいます。もしかしたら、仕事では満たされることのない欲求を仕事で満たそうとしているのかもしれません。人生の最期を迎えるときに多くの人が抱く後悔――どうしてあれほど多くの時間を仕事に費やしたのだろうか――を、あなたも繰り返していませんか？

仕事の目的とは？

それでは引き続き仕事について考えていきましょう。次に挙げた3つの問いについて考えてみてください。

・あなたはお金を稼ぐ手段として、どうしてその仕事を選んだのですか？
・職場に向かうためにベッドから出るモチベーションは何ですか？
・雇われ仕事の目的は何ですか？（もしあなたが配偶者や親族に食べさせてもらっているのであれば、どうしてその稼ぎ手が働いているのか考えてみてください。もしくは自分の過去の仕事について考えてみてください。もしすでにリタイア、もしくは失業しているのであれば、以前就いていた仕事について考えてみましょう）

それでは、次に挙げた仕事の目的について考え、そのどれが自分に当てはまるのか考えてみてください。

お金を稼ぐ

・自分と家族の生活のため
・将来に備えるため
・慈善活動に従事するため
・経済的自立に到達するため

安心感

・自分の会社での居場所を確保するため
・将来的に退職金を得られるようにするため

伝統

・特定の専門職に従事してきた家族の伝統を引き継ぐため
・家族に対する義務を果たすため
・みんな働いているから

社会貢献

・自分が果たすべき役割を果たすため
・他者や社会、世界に貢献するため
・自分のスキルを使って人助けをし、世の中で起きてほしいと思う変化を起こすため

学習

・新たなスキルを習得し、人として成長し、市場で高く売れる人材になるため
・刺激とチャレンジを求めるため
・革新し、創造するため

権力

・他者に影響を与えるため
・決断と結果に影響を与えるため
・見栄を張りたい相手から尊敬と称賛を得るため
・自分の分野で成功して目立つため

社交

・同僚とのつながりを楽しむため
・他者と交流し、より大きなコミュニティの一部だと感じるため
・会社主催のイベントやパーティーに参加するため

時間管理

・自分の時間を管理し、生活に秩序あるリズムを与えるため

仕事には2つの異なる役割があることに気づきましたか？　物質的・金銭的な役割（例えば、給与をもらうこと）と個人的な役割（感情的、知的、心理的、精神的なもの）です。

「雇われ仕事が果たすべき目的とは何ですか？」というのがそもそもの問いでした。実際は、雇われ仕事が果たすべき目的は1つしかありません。給与をもらうことです。これこそが仕事とお金の唯一真の接点です。雇われ仕事が果たすほかの「目的」は、ほかの種類の報酬であり、確かに望ましいものではあるものの、給与とは直接関係していません。いずれも給与をもらえない活動からも手に入れられるものです。

中産階級以上の労働者にとって、雇われ仕事で感じるストレスや困惑、失望の原因が給与の中身であることは滅多にありません。すでに見てきたように、ある一定の水準を超えると、それ以上稼いだところでより大きな満足感は得られません。おそらく雇われ仕事の問題は、刺激、他者からの認識、成長、社会貢献、交流、意義を求める欲求が、その仕事によって満たされないことにあります。前述したコンファレンス・ボードの仕事満足度調査がこの見方を裏付けています。成長の可能性、コミュニケーションの機会の提供、仕事への関心、他者からの認識が仕事を満足度の高いものにします。給与ではないのです。

では、雇われ仕事にこうした欲求を満たしてもらうことを期待せず、お金を稼ぐことを除くすべての目的は、給与の伴わない活動によって満たすことが可能だと発想を転換してみたらどうなるで

しょうか?

こうした考え方によって、仕事とのかかわり方は大きな転換点を迎えます。仕事には2つの側面があると言いました。1つはお金です。私たちはお金を稼いで、人としての基本的な欲求を満たすために働きます。もう1つは賃金とはまったく切り離されているものです。人生におけるほかの多くの前向きな目標を果たすために働くのです。

こうした議論は——2つの仕事をかけもちしても——自分や家族を支えられる十分な稼ぎを得られない、多くの人には当てはまらないかもしれないということは注記しておく必要があります。米国は世界の中で、有給休暇が保障されていない唯一の先進国です。低賃金労働者で有給休暇を取得しているのは半数以下です[12]。

仕事と賃金とのつながりを断つ

つまり、仕事の真の問題は、私たちの期待が高すぎることではありません。仕事と雇われ仕事を混同していることにあります。「仕事」をシンプルに生産的活動、目的を持った活動と定義し直す(雇われ仕事はそうした活動の1つでしかありません)ことで、単に衣食住を確保するためにやっていることが、生きる意味や目的、満足感をも提供すべきだという誤った前提から私たちを解放してくれます。仕事と賃金とのつながりを断つことで、私たちはバランスと正気を取り戻せるのです。

人間としての私たちの満足感は、雇われ仕事ではなく人生全体——人生とは何かという内面的感覚、他者とのつながり、意義や目的を求めること——から得られるものです。仕事と賃金とを切り離すことで、お金を稼ぐことから家族を愛することまで、人生のあらゆる側面を「本来の自分」と調和させることができます。私たちは人生が調和しているとき、消費によって幸せになろうとする必要はありません。幸福とは生まれながらの権利なのです。

あなたが雇われ仕事を愛していようが、憎んでいようが、仕事と賃金とを切り離すことで、生命エネルギーという貴重品を——仕事でも、仕事以外でも——本当に大切にしているのかどうかがより鮮明になります。

40歳の人は亡くなるまでおよそ35万6500時間しか残されていないと、第2章でお話ししたことを覚えていますか？　そのうち3分の1が睡眠、15パーセントが食事や家事などに費やされることを考えると、あと半分しか時間は残されていません。あなたに残された時間はそれだけです。あなたの人生にとって、残された時間以上に価値のあるものなどありません。仕事と賃金とを切り離すことで、人生のあらゆる瞬間が大切であり、自分の好きなように多くの時間を使うことが価値のある目標だと認識を改めることになります。

仕事と賃金とのつながりを断つことは、お金が自分の生命エネルギーを差し出して得るものだと認識することと同じくらい、人生に対する影響力があります。お金とは私たちの生命エネルギーです。お金の価値は外部の定義とは関係なく、私たちがそれを得るために投じるもの（＝生命エネルギー）によって決まります。同様に、雇われ仕事は給与をもらえるという事実から本質的な価値を得ています。それ以外の人生における活動は、本来の自分とは何者であるのかを表現する行為であり、経済的な必要性からやらなければならないことではありません。仕事と賃金とのつながりを断つことで、結果的に私たちは質、価値、自尊心を取り戻せます。つながりを断つことで、仕事とはシンプルに人生の真の目的のために行うことだと定義し直すことができます。つながりを断つことで、私たちは人生を取り戻せるのです。

つながりを断つことが与える驚くべき影響

このように考えると、どうして雇われ仕事が墓場を建てているように感じるのかがわかると思います。1日8〜10時間、週5日、年50週、人生の50年以上の期間、お金を稼ぐこと以外に、人生の目的と調和することが何もできていないからです。

次第に多くの疑問がわいてきます。満足度曲線の頂点にはいくらお金が必要ですか？　あなたの仕事はその金額を払ってくれていますか？　自分の価値に見合わない金額しか稼げていないのではないですか？　もしくは満足感という観点から言えば、必要以上の収入を稼いでいませんか？　その余分に稼いだお金の目的は何ですか？　もし何の目的も果たしていなければ、仕事の時間を減らし、自分にとって大切なことをする時間を増やしたいですか？　もし何らかの目的を果たしているならば、その目的が明確かつ価値観に沿うものであるため、雇われ仕事で働く時間にも喜びをもたらしてくれていますか？　もしそうでなければ、何を変える必要がありますか？

それでは、仕事と賃金とのつながりを断つことによって仕事を再定義する意味、つまり雇われ仕事を仕事——人生の目的を果たすという意味での仕事——とは区別する意味について、これから一緒に考えていきましょう。

ミレニアル世代もベビーブーマーも仕事を定義し直そうと試してはいるものの、うまくいっていないように見受けられます。多くのミレニアル世代は、株式市場が暴落した２００８年の金融危機の後に社会人生活を始めました。両親と同じような経済的メリットを期待して、大学に行き、借金を背負ったものの、待っていたのは歴史的な不景気と仕事の機会が限られた労働市場でした。彼らが起業し、副業を手がけ、ギグエコノミーで稼ぐのも当然です。生き馬の目を抜く社会に出ても大丈夫なように、自らをブランディングしなければなりません。プログラマー、ブロガー、アプリのデザイナー、そして起業家は無給で長時間働きながら、結果として何も得られないということも珍しくありません。ミレニアル世代の間で、本書と経済的自立への興味が再燃するのも納得がいきます。彼らの生活はすでに多面的です——お金を稼ぐ部分、趣味の部分、情熱の部分、人それぞれの部分があります。

一方、多くのベビーブーマーは社会保障だけを頼りにした退職の年齢に差しかかっています。何らかの仕事をしてお金を稼ぐ方法を考えなければなりません。退職後も十分な収入があるのであれば、孫と遊んで暮らせます。もし十分な収入がなければ、お金を稼ぐために他人の子どもと一緒に働くことにもなりかねません。社会人生活を通して1つの会社でしか働いたことがなければ、弱肉強食の世界に出るには気概がいるでしょう。年齢差別が幅を利かせている世界です。ミレニアル世代は慣れていますが、ベビーブーマーはそうではありません。

以上を踏まえて、働き盛りの人たちは仕事と収入を切り離すメリットについて考えてみてください。お金とのかかわり方を根本から変えようとしているとき、きっとあなたの背中を押してくれるはずです。もしかしたら、早期リタイアにつながるかもしれません……少なくとも、心配事ではなく自由をもたらしてくれるリタイアです。

①仕事の再定義は選択肢を増やす

あなたは生まれついての教師気質にもかかわらず、給与が高いという理由でプログラマーの仕事に就いたとします。従来の考え方では、仕事は何かと尋ねられたとき、あなたは「プログラマーです」と認めなければなりません。心の中の本来の自分という感覚と、外から見られる現実の自分との間に整合性がない状態が続くと、心身にどのような影響があると思いますか？　理由は判然としないものの、ただ何となく不満を感じるかもしれません。ピアニストになる夢をあきらめてプログラマーになった私たちの友人のように、病気になるかもしれません。彼女は原因不明の病を発症し、約1年ほど身体に障害を抱えました。合わないことをしている自分にご褒美をあげるために、カードローンを使い込んでいるかもしれません。

生計を立てるためにやっていることがプログラミングだから、あなたは自分をプログラマーだと認めます。ただ、あなたは本当にプログラマーですか？　自分に問いかけることを忘れていませんか？　賃金と仕事とのつながりを断ったとき、もう1つの選択肢が生まれます。仕事は何かと尋ねられたとき、「私は教師ですが、いまはお金を稼ぐためにプログラムを書いています」と認めることができるのです。自分が本当は何者かを認めることができることで、それまでのキャリア設計の仕方を見直すことができます。

あなたはお金を貯めて、教師の資格を取るために学校に戻る決断をするかもしれません。プログラミングの仕事の時間を減らして、ボランティアで教師を始めるかもしれません。プログラミングを教える決断をするかもしれません。第三の情熱であるカヤックを持ち出し、お金を稼ぐためにプログラマーをしつつ、週末にカヤックを教えるかもしれません。仕事と賃金とをバッサリと切り離すことで、生活のさまざまな部分の境界線がなくなり、すっきりと片付き、もっとあなたの目的や価値観に資する形に変わっていきます。

ドナ・Oは懸命に働いて成功の階段を駆け上がりましたが、働き詰めの生活は自分のこまやかな神経には合わないことに気づきました。医者として他人の健康を守りながら、自身は不健康な生き方をしていることに気づいたのです。週100時間の労働と睡眠不足。ほかのことをする時間はほとんどありません。

研修医の期間や内科医として働いた最初の数年間は、仕事でくたくたになるため、お金について考える暇も、自分のお金の使い方について検討する暇もありませんでした。同じく医者をしている夫と結婚すると、ますますお金の使い方について意識しなくなりました。ドナと夫は家や車を次々と買い、変わった投資にも手を出しました。自分たちの支出を細かく把握することなど想像もつきません。彼女たちは意識と気苦労を混同していたのです。気苦労は仕事だけで十分でした。

ところが彼女のそうした日々は終わりを迎えます。ふたりの子どもが生まれたことで、何が一番大切かを思い出したのです。彼女は忙しい医療の世界から足を洗い、人に寄り添う——なおかつワーク・ライフ・バランスが取れた——仕事を始めたいと考えていました。不安と決意の狭間で揺れながらも、彼女は安定していた元の職場を去り、女性のための診療所を開設することにしました。スタッフは全員女性で、それは彼女の価値観を反映したものです。

ちょうどそのころ、彼女は経済的自立をテーマとしたオーディオ講座を聞きました。すっかり夢中になり、彼女はすぐに夫にも尋ねてみました。自分自身にも問いかけていた質問です。「もしお金のために働く必要がなければ、あなたは何をしたい？」

「どういう意味だい？」と彼は答えました。「俺は仕事は好きだよ」

「それじゃあ、経費を稼ぐために医療費を請求する必要がなければ？」

その質問には答えることができず、彼はすぐにベッドに行きました。最終的には彼もその講座を聞きましたが、彼女ほど新しい医療のやり方に熱意を抱きませんでした。彼女はプログラムのステップを始めたものの、夫との足並みは揃っていません。そして最終的に、通常の結婚生活においても女性は自分自身の生き方を率先して実践していかなければならないという結論に至りました。

そうした個人的な思いが心の中で膨らむ中、彼女は自分の診療所の在り方を見直し始めました。スタッフは誰も主流の医療従事者のように長時間働きたくはありませんでした。一方で、収入を減らすことにも抵抗感がありました。多くの医者は高額治療によって稼いでいましたが、ドナはむしろ予防ケアを好みました。ところが、医療の経済学が昔ながらの働き方に彼女を引きずり戻すのです。「別のやり方で医療をするか、完全に足を洗うか、そのどちらかしかない」。彼女は覚悟を決めました。

ドナにとって、経済的自立はまさにお金、仕事、意義、目的に関する昔ながらの考え方から自分を解放するためのプロセスでした。「もし健全な医療のやり方でお金を稼げないのなら、もうそれでかまわないわ！」

ドナだけではありません。センター・フォー・ア・ニュー・アメリカン・ドリームが行った全国規模の調査によると、米国人のおよそ半数が結果的に収入を減らすような生活の変化を自発的に行った経験があるということです。そうした選択をした人たちは変化に満足しており、ストレスを減らし、ワーク・ライフ・バランスを保ち、より多くの自由な時間を持てることがモチベーションだったと答えています。

②仕事を再定義することで、自分の内面を軸に働くことができる

多くの場合、私たちの生活は社会を軸に回ります。中華料理店のメニューのように、私たちは自分の役割やペルソナ（社会的人格）を与えられたリストの中から選びます。仕事の欄には「消防士」を選び、妻の欄には「金髪と碧眼《へきがん》」を選び、子どもの欄には「ふたり」を選び、スタイルの欄には「カジュアル」を選び、車の欄には「トヨタ」を選び、政党の欄には「共和党」を選び、住居の欄には「マンション」を選び、キレイにまとまった人生だと満足するのです。仕事という四角い穴に、まん丸な自分を合わせなければなりません。まさに人生とは、決められたリストの中から選択肢を選ぶことだと胸に刻み込まれます。芸術家や起業家でない限り、仕事とは通常、誰かがつくった仕組みの中で歯車として働くことです。その見返りに給与を得るのです。

仕事の世界には、ある種の無責任さが蔓延《まんえん》しています。少し上の立場のほかの誰かを喜ばせるために、常に誰かの命令を実行しているという感覚です。大企業では、ほとんどの労働者は自分たちが真面目に取り組んでいるプランの策定者が誰なのかすら知りません。企業は私たちから労働力だけではなく、個性すらも奪い取ります。誰と話すべきか、何を着るべきか、どこでランチを取るべきか、どれほどの残業をこなさなければならないのかなど、日々の無数の選択が暗黙の企業文化に左右されます。

もしお金を稼ぐためにやる仕事が本来の自分だと考えるのであれば、仕事で確実に生き残れるよう、生活パターンを仕事に合わせるのは当然です。ただ、仕事と賃金とを切り離すときのように、本来の自分とお金を稼ぐためにやることを区別できれば、あなたは失った自分自身を取り戻すこと

ができます。自分自身や自分の価値観、信念、本当の才能、大切にしていることを自覚することで、自分の内面を軸にした働き方が可能になります。本来の自分をあきらめることなく、仕事をすることができるのです。

マーガレット・Pは他人の価値に従って生きる人生から、自分の価値を見つけ、それに従って生きる人生に変えようとしています。すでにふたりの子どもがいて、離婚していました。シングルマザーとしての強い責任感から、子どもたちを支えるためにできるだけお金を稼ぎたいと思っていました。そのために教師の仕事を辞め、公認ファイナンシャルプランナーになったのです。

彼女は歩合で働いており、顧客に勧めている金融商品の中には儲かる商品もあります。儲けを優先することはときに顧客の最善の利益に反し、胃が痛む思いでした。彼女はいかなる代償を払ってでも、金融商品を顧客に売るこの仕事を辞めなければいけないことに気づいたのです。売り上げを求めることをやめると、体調はよくなりました。一方で、経済状況は悪化の一途をたどります。

彼女はアイヴィー・Uと一緒に、経済的自立のプログラムに本気で取り組む20人のグループを立ち上げてよかったと思いました。プログラムのステップを実践していく中で、次第に自らの心の衝動に自然と身を委ねられるようになっていたのです。グループのメンバーそれぞれが求めていることはわずかに違います。例えば、ある女性は「自分の生命エネルギーを大切にする」ことで、平凡な群れの中で自分の才能を無駄にしていることに気づきました。「これだけの苦痛に見合う給与をもらっていない」。彼女はためらわずに仕事を辞め、別の仕事を見つけるまで、それまでの貯蓄で乗り切りました。

こうした変化はこのプログラムのステップを実践していく過程で起こったことです。

③仕事を再定義することで、賃金労働者ではなく自らのライフデザイナーになれる

産業革命以前、ほとんどの人は農家でした。つまり、日々の生活で必要なものをほぼすべて自分でつくり、メンテナンスし、修理できていたのです。産業革命以降、とくに情報革命以降、私たちは必要なものをお金で買うために、自分の才能の一部を切り売りするようになりました。仕事を失えば、住宅ローン、自動車ローン、カードローンがあるにもかかわらず、収入がなくなります。一方、仕事と賃金とを切り離すことで、「仕事以外の時間」という人生の大きな部分を大切にすることができるようになります。ほとんどの人は農家や大工のように何でもこなせる若い男女には戻れませんが、給与の伴わない仕事を大切にするようになればなるほど、借金の必要性はなくなります。修理の技術を習得し、デッキを自作し、ウェブサイトを運営し、ブログを立ち上げられるかもしれません。お金のために働くことをやめても、仕事を失うわけではないのです。

また、遊びでお金を稼げるようになるかもしれません。生活の一部となった作業でスキルを習得できるかもしれません。人生の教訓を学び、それを他人に教えてお金が取れるようになるかもしれません。1つの仕事で得たスキルが別のスキルにつながるかもしれません。ある仕事で商売の裏表

を学べば、仕事を辞めても、その商売を趣味で手がけることができます……うまくいけばお金も稼げます。つまり、仕事が学校になります。学校が遊びになります。仕事が自己表現になります。自分が自分の上司であり、お金を稼いでいようがいまいが、自分自身の道を踏みならしていくことができるのです。

④仕事を再定義することで、リタイア後の人生が生き生きする

リタイアとは仕事を辞めることではありません。稼ぐための仕事を辞めることができるというだけです。私たちは誰もが役に立ちたい、自分の貢献を他人に認めてもらいたいと思っています。もし雇われ仕事だけが貢献できる唯一の方法であれば、いったい誰がリタイアなどしたいでしょうか？　誰も過去の人間になりたい、用済みになりたい、追い出されたいなどと思っていません。

仕事を賃金から切り離すことで、あなたはあらゆる役割、タスク、活動において価値ある人間になれます。また、リタイアできる時期もずいぶん早まり、ほかの人のためにより多くの時間と才能を使うことができるようになるかもしれません。

⑤仕事を再定義することで、無給の活動を尊重できる

ナンシーは毎晩、自分のＴｏＤｏリストがほとんど消化されていない現実を目の当たりにします。「今日１日何に使ったの？」。そんな独り言を言う自分にうんざりしていました。彼女はお金の出所をコントロールするために、支出を細かく記録していました。時間についても同じことができる

のではないかと思い、15分単位で何をやったのか、1週間記録してみました。掃除、料理、買い物、家族とのおしゃべりなど、ほとんどの時間を重要ではない作業に使っていることに気づきました。

彼女の「公式」のＴｏＤｏリストには仕事に関するタスクしか載っていません。同僚との会議、メールへの返信などです。ほかのあらゆる活動はリストには載っていませんでした。もし家を掃除することで給与をもらえるのであれば、それもリストに載っていたはずです。ところが、自分の家の掃除などリストのどこにも載っていません！　この作業は彼女がいかに雇われ仕事のみを重視しているかを浮き彫りにしました。いまでは雇われ仕事以外の活動もリストに載せ、自分が行ったすべての仕事――給与が発生していなくても――を誇れるようになりました。

無給の仕事は価値がないと思われていないでしょうか？　働いてお金を稼いでいなければ、キャリアを築いていなければ、雇われていなければ、あなたは何者でもないという社会通念が私たちの文化にはありませんか？

心の中の作業――自己省察、能力開発、感情的・精神的な成熟――は、雇われ仕事や家事、庭仕事と同じように重要なものです。自分自身を知るには時間がかかります。反省する時間、祈りと儀式の時間、一貫した人生哲学や個人的な倫理規範を確立する時間、個人的な目標を設定し、進捗度合いを評価するための時間が必要なのです。

仕事と賃金とを切り離せば、雇われ仕事と自分自身を同一視することによって本来の自分を見失うことはなくなります。

⑥仕事と遊びの垣根をなくすこと

仕事は真面目で、遊びは不真面目。仕事は大人で、遊びは子ども。仕事は役立つが、遊びは役立たない。白熱したチェスのゲームのように、遊びもときには仕事のように見えます。プロスポーツのように、仕事はときに遊びのように見えます。仕事を遊びのように感じ、「この仕事は楽しいから、お金をもらえるとなんだか気が引ける」と言いたくなることもあります。

では、仕事と遊びの境界線はどのようにして見分けるのでしょうか？　いずれも競争的であり、協力を必要とします。いずれもスキルを磨け、達成感を味わえます。いずれも集中力が研ぎ澄まされ、フローの状態に入れます。実際、ある活動に集中している人を外から見ると、お金をもらって仕事をしているのか、ただ遊んでいるのか見分けがつきません。これこそが仕事と賃金とを切り離すことによる効果です。仕事と遊びの垣根がなくなり、人生のすべてが楽しく輝くのです。

⑦仕事を再定義することで、余暇をより楽しめる

ギリシャ人にとって、余暇とは最高の善であり、自由の本質でした。自己の能力開発の時間、高みを求めるための時間だったのです。ところが21世紀初頭にいる私たちは、心からリラックスして余暇を楽しむことができていません。余暇のことを「オフの時間」と呼んでおり、私たちの本音を表しています。まるで余暇は再びオンになる――生産的な現実の自分に戻る――前の回復の時間のような扱いです。

雇われ仕事を自分自身と見なす偏狭な考え方から脱却できれば、余暇をもっと尊重し、楽しめる

のかもしれません。遊んでもOKです。木陰で休んで、鳥のさえずりを聞いてもOKです。あてもなく散歩してもOKです。テクノロジーは家に残して、キャンプに出かけてもOKです。ひとりでゆっくり何かをやっても恥ずべきことではありません。常に何かをするのではなく、ただそこにいることを楽しんでもOKです。もし雇われ仕事が自分自身でないとわかっていれば、余暇はアイデンティティクライシス（自己喪失）ではありません。

おそらく仕事が日々のあらゆる時間に入り込んでいるため、仕事をしながらプライベートのメールを見るためにこっそりと携帯電話をチェックする細切れの息抜きのように、休みの取り方は無意識かつ満足度の低いものになっています。仕事と賃金とを切り離すことができれば、仕事のときは仕事に集中し、自由な時間のときは自分が選んだ活動にしっかりと集中することができるようになります。

⑧仕事を再定義することで、「正しい生計の手段」に新たな解釈が生まれる

「正しい生計の手段」とは、あなたの本来の仕事、つまり天職でお金を稼げる方法を見つけ出すことです。理想的な考え方ですが、この崇高な努力には落とし穴があります。経済的自立のプログラムはきちんとそれを回避します。

天職だと感じることを仕事にして、あなたにお金を払ってくれる人が現れるという保証はありません。資金を提供してもらえるレベルまで、芸術、研究、社会イノベーション、テクノロジーを完成させるのには何年もの時間を要するかもしれません。クラウドファンディングは政府や財団の補

助金を長期間待たなければならない人にとっては、革新的な問題解決方法と言えますが、ロンドンに拠点を置くクラウドファンディングセンターの2015年の報告書によると、そのうちの7〜9割は失敗しているということです(13)。ほとんどの場合、あなたの仕事の本来の価値ではなく、運や偶然、粘り強さ、コネクション、人種、性別などの要因に左右されます。

情熱を感じる仕事をしてお金をもらえるという期待を捨て去ることで、雇われ仕事にも、天職にも、より誠実に向き合うことができます。支出を賄うためにお金を稼ぎつつ、自分の情熱は妥協することなく追い求めることができるのです。リタイアした暁には、心から好きな仕事をするという夢を抱くことができます。そうした夢を持つことで、9つのステップのプログラムを誠実に、強い決意でやり通すという情熱が高まります。雇われ仕事をする年月を、天職に専念できるまでの準備期間——それぞれの仕事は重要なスキルを磨き、人脈をつくるためのもの——と捉えることができます。好きではない仕事でどれだけ妥協していても、好きな仕事をしてお金をもらえていなくても、この仕事を生涯続けるのではなく、次の行動に向けた準備、最終的には経済的自立に向けた準備をしているだけだと自分を納得させることができるのです。

合気道を学び始めた人は最初に「折れない腕」と呼ばれる体の使い方を学びます。生徒は手を相手の肩のあたりに乗せながら相手と向かい合い、その相手が両手を使って肘《ひじ》を曲げようとしてくるので、抵抗するように言われます。どれだけ相手の力に抵抗しても、生徒の肘はすぐに曲がってしまいます。そこで生徒はリラックスするように言われます。ホースの中を流れる水のように、エネルギーがお腹の中心から腕、さらにどこまでも流れているように意識するよう指導されます。そうすると不思議なことに、相手がどんなに力を入れても、生徒の肘を曲げることはできません。

お金を稼ぐことに意識を向けると、自分が選んだ仕事にはエネルギーが向かなくなります。折れない腕と同じように、あなたは相手（お金を稼ぐこと）への抵抗に集中することもできるし、エネルギーを無限の先（あなたの天職）に向けることに集中することもできます。

自分の天職を探し出す過程で商売が絡んでくると、何が起こるのか想像してみてください。この場合は天職を画家としましょう。『美術の発生』において、動物学者のデズモンド・モリスは「利潤動機」を猿に導入する実験について説明しています。最初のステップでは、猿に画家になってもらい、美しい絵を描くよう調教します。次にきちんとした絵が描けるようになると、モリスは描いた作品の報酬として猿にピーナッツを与え始めました。そのような報酬システムの下に置くと、猿の作品はすぐに質が落ち、ピーナッツをもらうための適当ななぐり描きになってしまいます。「商業主義」が芸術家としての猿を台無しにし、猿はピーナッツをもらおうと急いで絵を描くようになるのです[14]。

天職と雇われ仕事が同じでなければならないと過度に固執してしまうと、あなたの重点も使命からお金のほうに傾きかねません。経済的自立に到達する――あなたの心と時間を自由にする――ことで、あなたは折れない腕を手に入れます。雇われ仕事が何であってもかまわないのです。

幸運に恵まれて、本来の自分と稼ぐことが両立できる夢のような仕事を見つけたにもかかわらず、不測の事態――経営陣の交代、プロジェクトの終了、チームの再吸収――が起きて、お金と使命のどちらかを選ばなければならなくなった場面を想像してみてください。仕事と賃金とを切り離しておけば、あなたの「本来の仕事」に対する姿勢にブレは生じません。将来的に妥協することなく、本来の仕事をやれるようになるかどうかを基準に現状を判断できます。不測の事態が起きても、折れない腕に戻って、新たな選択をすればいいのです。

収入への影響

雇われ仕事の唯一本来の目的は、シンプルにお金を稼ぐことだとわかりました。それを踏まえた上で、あなたは貴重な生命エネルギーをそれに見合うことに使っているのか判断しなければなりません。雇われ仕事が人生のほんの一部であると理解したいま、あなたがなすべきことは、当然のように本来の目的を果たす仕事、つまり稼ぎのよい仕事に就くことになります。このような考え方が、本書のプログラムのステップ7につながっていきます。

ステップ7　生命エネルギーを大切にする——収入の最大化

仕事に投じている生命エネルギーを大切にし、健康と価値観を守れる範囲で最も高い給与を稼げる仕事にエネルギーを差し出すことで、収入を増やしていくステップです。

給与明細書を開いたとき、単発の仕事で得た収入を足し合わせたとき、収入の総額を表に記入したとき、あなたは差し出した貴重な生命エネルギーに見合う収入を得たと感じていますか？　墓場を建てる生活から脱却するカギは、自分の生命エネルギーを大切にすることです。お金はあなたが生命エネルギーを差し出して得るものだということをすでに見てきました。また、あなたは雇われ仕事の目的がお金を稼ぐことだということをすでに認識しています。理屈抜きでシンプルにこうした考え方を踏まえれば、お金を稼ぐための仕事については、できるだけ時間当たりの収入を最大化すべきではないでしょうか?

もちろん、あなたの身体の健康と価値観を守れる範囲での話です。昔ながらの強欲的な考え方に聞こえるかもしれませんが、この考え方に従うことで、あなたはまったく新しい方向に向かうことになります。

ステップ1～6を実践していく過程で、あなたは自分にとっての「十分」を定義してきました。十分とは「いま以上」――つまり、いつも足りないと自分を非難する――ではなく、自分が想像しているよりも少ないことに気づいたはずです。十分とは、生存のための最低限の金額ではないことも忘れないでください。余分なお金はないものの、満足感を与えてくれるちょうどいい金額なのです。

第5章で指摘したように、十分があなたの収入を大きく下回ることも少なくありません。稼いだ額よりも少ない支出に抑えることで、仕事の時間を減らしても十分な収入を得られます。簡単な算数です。もし十分な金額が月2500ドルで、時給が25ドルであれば、月100時間働かなければなりません。ただ、もし時給が50ドルであれば、月50時間働くか、収入の半分を貯蓄に回すことができます!

あなたは産業革命以前に楽しまれていた、充実したライフスタイルの人間に戻りつつあります。

お金を稼ぐために独立業務請負人として1日2～3時間だけ働いて、残りの時間はリラックスしたり、楽しんだり、自己啓発や社交に使ったり、コミュニティや社会に貢献するなど、好きなことに使ってかまいません。それ以上働くのは、正当な理由がある場合だけです。あなたは自分の生命エネルギーを大切にしているからです。誰かをサポートするために働くのかもしれません。借金を完済して、その意味での経済的自由を経験するために働くのかもしれません。貯蓄を増やして、景気がどうなっても安心できるよう働くのかもしれません。もしくは学校に行く、世界を旅行する、経済的自立に到達するなど、ほかの人生の目標を達成するために働くのかもしれません。

目標の大きさや難易度によって、仕事に費やす時間やエネルギーは変わってきます。経済的自立にできるだけ早く到達するために、本業に加えて複数の副業をかけもちすることになるかもしれません。ただ、それはいままではワーカホリックとは違い、余分な時間働くことがあなたの目的と直接リンクしています。

仕事と賃金とを切り離すことはローズマリー・Iにとって、旅行、執筆、地球を守るプロジェクトなど、仕事以外の目標を追求できるようになることを意味していました。彼女は老人ホームでのアクティビティ・ディレクター（心の栄養士）としての仕事を楽しんでいましたが、生涯をそれに捧げるつもりはありませんでした。いまの収入を増やせば増やすほど、いち早くほかの目標に取りかかれることはわかっています。ただ、より給与の高い——そしておそらくよりストレスのある——仕事を探し求めるのではなく、別の戦略を取ることにしました。週に数時間だけ、夕方と週末を使ってもう1つの仕事を始めることにしたのです。音声の複製サービスとその機器を手がける小さな会社で不定期に働く仕事です。働き方は柔軟で、気心の知れる同僚がいて、ストレスもほとんどなく、時給は本業と変わりません。週の労働時間は40時間を大きく超えていますが、目標があることでやる気を維持できています。

自分の生命エネルギーを大切にし、可能な限り高い給与を求めることは、「多いほど豊か」というメンタリティとはまったく違います。「お金＝生命エネルギー」であれば、収入を増やすことによって、自由に使える時間も増えることになります。実質時給次第で、新車購入に必要な労働期間は1カ月、半年、もしくは1年まで幅ができます。地位や名声、権力、安泰を求めてお金が欲しいわけでもありません。お金ではそうしたものが手に入らないことをあなたはすでに知っています。お金の心配をすることなく、自分らしくいられる自由を手に入れるために、より多くのお金が欲しいのです。同様に、自尊心を高めるためにお金が欲しいわけではありません。自尊心がある、つまり自分の生命エネルギーを大切にしているからこそお金が欲しいのです。

雇われ仕事の新たな選択肢

あなたには複数の選択肢が用意されています。フルタイムの働き方を卒業できるよう時給を上げる、いまの仕事の環境を改善する、まったく違う仕事に変えるなど、これまでの働き方の発想にとらわれてはいけません。

高い給与：心構えの問題

多くの人は自分の収入に対して受け身で、運命論的ですらあります。外的要因――上司、賃金表、雇用状況、不景気、地元経済の停滞、大統領の経済政策、発展途上国における低賃金労働者との競争など――に翻弄《ほんろう》されながら、犠牲者のメンタリティで生きています。まさに「いい仕事を見つけられないのは……のせいだ」といった態度です。低賃金の仕事に甘んじているのは、自分ではコントロールできない要因のせいだと言い訳するのです。

ときに現実は厳しいですが、思考や信念が現実化するというのが心の作用というものです。そう考えると、自分自身の考え方には配慮しなければなりません。あなたの稼ぐ力も考え方によって大きく左右されます。自分自身に対する（「私は十分に優秀ではない」）、仕事や会社に対する（「彼らは自分を搾取しようとしている」）、そして現状に対する（「とにかく仕事がないんだ」）考え方です。もし自分のことを犠牲者だと見なせば、自分自身に同情するばかりで、その惨めな運命を変えられる多くの機会に気づくことができません。

成功するためには、自尊心を高め、自分の職場への貢献や仕事への献身、雇い主や同僚との協力、真面目な取り組み、個人的な誠実さや責任感に誇りを持ちましょう。あなたは自分の生命エネルギーを大切にしています。だからこそ、そうすべきなのです。

自分の生命エネルギーを大切にすることで、仕事での経験やパフォーマンス、新しい仕事を得る能力は大きく変わります。どこで働いているにしても、あなたは自分自身のために働いています。何をしているにしても、100パーセント誠実であろうとしているあなたは、常に卓越した成果を残そうとしているはずです。

仕事の満足度は仕事内容ではなく、自分自身の心構えに大きく左右されるのです。

第6章で紹介した大工のテッド・Yは、この経済的自立のプログラムに感謝しています。作家になりたいというかつての情熱を呼び覚ましてくれたからです。彼は空軍の家系で育ち、成人してからは引っ越しを繰り返しました。ミシシッピ州のガルフポートで高校を卒業し、テキサス州のオースティンに引っ越し、リフォーム事業を手がけて8人を雇いました。ところが石油危機によって、経済的な基盤が崩れます。さらに離婚によって持ち物が乗っていたカーゴバンだけになり（ステップ1の作業は容易です）、最終的にはオレゴン州に落ち着きました。

このプログラムを始めて1年もかけずに1年分の生活費を貯め、ギリギリの生活からは一息つきました。そこで彼は何年も温めていた物語を書く決意をしました。1970年代初頭のミシシッピー州での自身の経験を題材にした物語です。年配のアフリカ系米国人の大工たちと一緒に、彼はバプテスト派の教会を建てたのです。

彼は書く時間を捻出するために、リフォームを請け負う価格を釣り上げました。契約のほとんどが打ち切られることは覚悟していました。ところが驚くべきことに、多くの人がそれまでの仕事ぶりに感銘を受け、いくらでも喜んで払うと言ってくれたのです。やりたかった仕事をすべてこなしながら、収入も大きく上がりました。料金に見合う出来栄えに仕上げようと、大工作業をよりいっそう集中して行うようになりました。すると優れた職人としての評判が広まり、さらに仕事が舞い込みます。雇われ仕事にかける時間は減る一方で、収入は増え、不安はなくなり、心はますます穏やかになり、小説を書くための時間もいくらでもあります。彼は現状には驚いているものの、自分の幸運に疑問を感じたりはしません。

パートタイムの仕事を選ぶ

テッド・Yは一般的にパートタイムと呼ばれる働き方を選択しました。これまでに説明したお金と仕事の新しい考え方に照らし合わせると、パートタイムという働き方も新たな解釈を持ち始めます。「仕事＝アイデンティティ」の世界では、パートタイムの仕事をしているあなたは単なるパートタイムの人間であり、パートタイムの価値しかありません。つまり、あなたは正規雇用者としての多くのメリットを犠牲にしていることになります。健康保険や企業年金を失い、昇進の機会も閉ざされます。ところが、私たちの新しい考え方に照らし合わせると、ほかの誰かの下でパートタイムで働くことによって、自分自身の目標のために多くの時間を割くことができます。もらえる給与に見合った仕事はするものの、自分自身の価値をその仕事によって定義することはありません。

パートタイムの働き方にもいろいろあります。週の労働時間を短くする人もいれば、半年はお金のために働き、残りの半年は自分がやりたい芸術、旅行、ボランティア、遊びに使う人もいます。

1日4時間だけ働き、子どもと一緒にいることを優先する人もいます。上司にいろいろと要求する人もいます。ぜひ積極的にやってみましょう。思い切って挑戦しなければ、何も得られません。休暇の日数を再交渉し、週24時間労働を認めてもらうよう頼み込み、テレワークによっていかに自分がこれまでよりも会社に貢献できるのか説得を試みてみましょう。

もし仕事が好きなら？

仮にあなたが仕事好きでも、生命エネルギーを大切にするという考え方はあなたの経験の質を向上させ、収入を増やしてくれるものです。

マディー・C（プロパンガスを運ぶトラック運転手であるトム・Cの妻）は、「ホリスティック［顧客の経済状況について全般的にアドバイスする］会計士」としての自分の仕事を心から愛していました。クライアントの金銭的な責任感を高める仕事ですが、彼女は本書のプログラムを実践するにあたり、自分のパーソナルファイナンスにも盲点があることに気づきました。自分の実質時給を計算してみると、表向きの時給は90ドルにもかかわらず、さまざまなコストを考慮に入れると、7.5ドルにしかならなかったのです。メイン州の田舎で冬の間にプロパンガスを運ぶ夫のほうが実質時給は上でした。彼女は何にお金を使っていたのでしょうか？

彼女は金銭的に余裕のない人にもサービスを提供したいと思っていたので、低所得の人に対しては料金の割引を提供していました。無給の残業もこなし、絶対に手を抜きません。結果的に、毎月の収支表を記録してみると、まったく実質時給が上がっていないことが明らかになったのです。彼女は自分の生命エネルギーを大切にするというシンプルな教訓を忘れてしまっていました。彼女は料金を23パーセント引き上げ、スタッフも秘書ひとりに絞りました。さらに、クライアントの数に制限を設け、自分で現状を変えようという学びの意識が強い人だけに絞りました。働く時間も制限しました。こうした変化を経て、自分にとって理想的な数のクライアントと仕事ができるようになり、収入を増やしつつ、労働時間を減らすことができたのです。

もし雇われ仕事をしていない、もしくはしたくなければ？

従来の意味での「仕事」をしていない、もしくはしたくないという人はたくさんいます。自営業者、起業家、不定期で働く便利屋、犬の散歩屋、副業で仕事を請け負う芸術家、家族の面倒を見る主婦、ライフラインに頼らない自給自足の人たちなどです。ギグエコノミーをしている人の中にも、上司がいて福利厚生の整っている仕事に戻りたいという人もいれば、フリーランスや短期労働の不安定な雇用に適応できたという人もいます。親の遺産を相続した人や宝くじを引き当てた人など、本当の意味で働かなくても暮らしていける人もいます。彼らは創造的活動や好奇心に従った活動、慈善活動などに時間を使っています。もちろん、その一部は経済的自立を達成した人たちです！　こうした人々も仕事と賃金とを切り離すことで利益を得ることになるでしょう。

富裕層と同じようなやり方で財産を築きたい、つまり自分のお金にお金を稼いでもらいたいと考える人は増えています。デイトレーダー、個別銘柄の投資家、ポートフォリオマネジャー、不動産の転売者まで、彼らは等しくほかの仕事と同じようにリターンの最大化を目指して時間を費やし、神経をすり減らしています。本書の観点から言うと、デイトレーダーになることは、重機の操縦士や科学者、教師、ロックスターになるのと同じです。すべてお金を稼ぐための仕事です。こうした投資家が高校の同級生の中で誰よりも稼いでいることも珍しくありません。もともとなりたかった職業より稼げることも珍しくありません。もちろん一文無しになることもあります。

経済的自立という観点から言うと、投資でお金を稼ぐことと看護師や不動産仲介業者としてお金を稼ぐこととの間に違いはありません。いずれの稼ぎ方にも時間——そして生命エネルギー——とのトレードオフがあるからです。ほかの仕事と同じように、投資についても「実質時給はいくらなのか？」を基準に評価しましょう。

第8章と第9章では、経済的理解、経済的調和、そして経済的自立に合った投資アプローチについて紹介していきます。

いかにして給与が高く、価値観に沿う仕事に就けるのか

これまで見てきたように、世の中にジョブ・チャーミングなど存在しません。本章で紹介した人たちも給与が高く、目的や価値観に沿う仕事を得るために、自分探しをし、積極的にリスクを取り、試行錯誤を繰り返し、従来の考え方を打破しなければなりませんでした。仕事は所詮、人生のほんの一部でしかないことに気づかなければなりませんでした。雇われ仕事で息苦しく感じたときには、再び呼吸をする猶予が必要でした。子どものころの人生のビジョンを、大人らしさを装った社会的

地位や自尊心という虚構の下から呼び覚まさなければなりませんでした。いまの仕事がしかるべき目的——お金を稼ぐ——を果たしているのかどうか、自分と向き合い問い質《ただ》さなければならなかったのです。

世の中には仕事探しに関する本やブログがあふれています。ただ注意してほしいのですが、P・T・バーナム［米国の19世紀の著名な興行師］が言うように、世の中にはお人好しでだまされる人が後を絶ちません。車や冷蔵庫を買うときのように、仕事を選ぶときも賢く立ち回りましょう。

ニーナ・Nは本書のプログラムを始める10年前に離婚し、シングルマザーとして4人の子どもを育てました。その後にオーディオ講座を聞き、自分の支出の把握を始めたのです。当時、彼女は家事の手伝いをすることで、友人の家に居候させてもらっていました。経済的自立を実現する決意を固めると、近くのモーテルが募集していたメイドの仕事に応募し、無事に採用されました。友人に報告するために、彼女は興奮して急いで家に帰りましたが、時給を聞くのを忘れていたことに気づきます。

その数カ月後、彼女は最低賃金以上の時給の仕事を求めて、シアトルに引っ越し、数週間後には派遣企業から仕事をもらいました。すぐにウォールチャートを作成し、数カ月で数千ドルの借金を返済しました。借金を完済したことで、彼女のやる気に火がつきます。新しい派遣の仕事をもらうたびに実質時給を計算し、彼女の収入はすぐに2倍に上がりました。ただ、そんなところでは立ち止まりません。病院で派遣社員として働いているときに、フルタイムの事務アシス

7-1　ニーナのウォールチャート（収入）

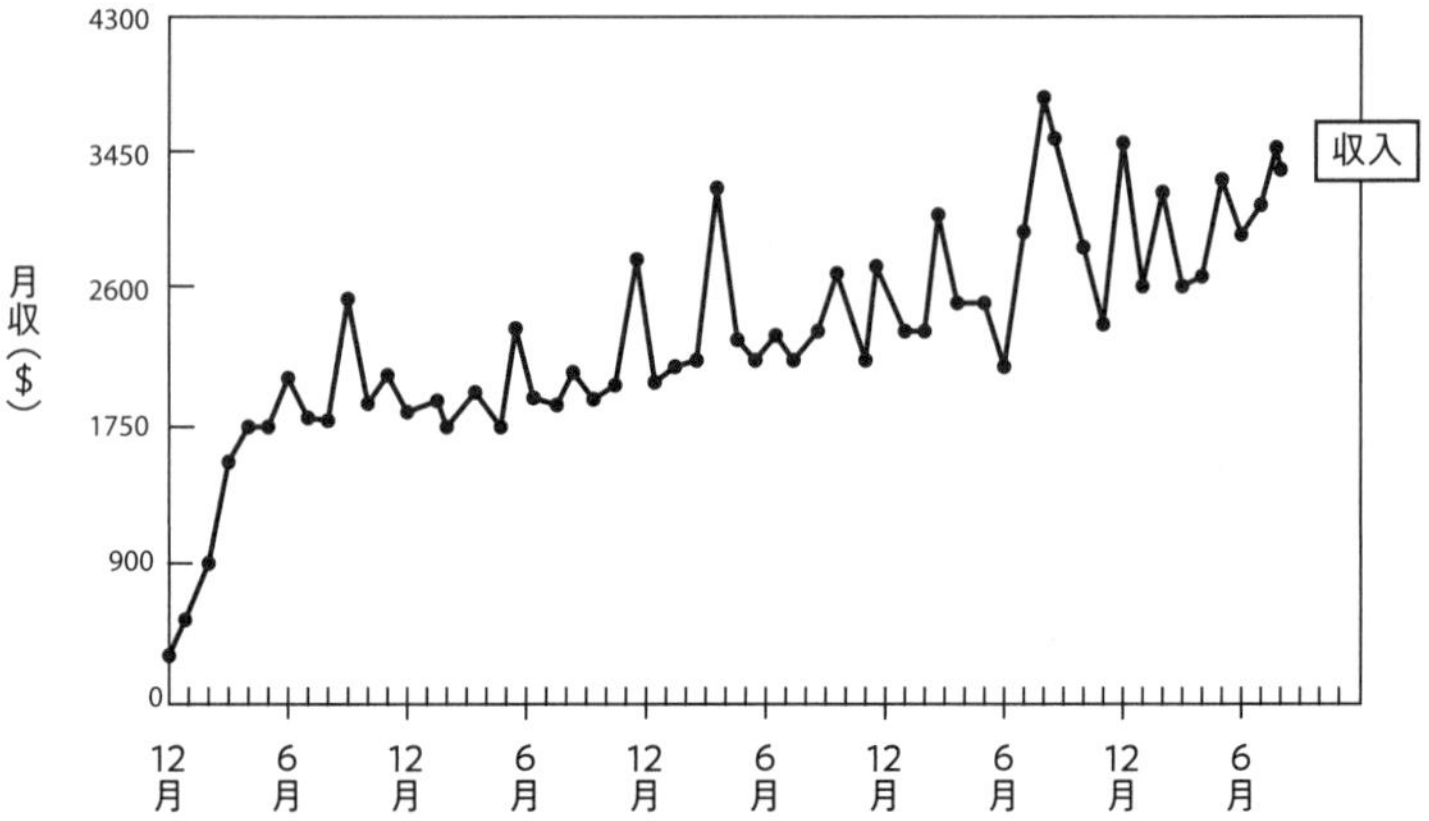

タントの仕事が募集されていることを知ります。彼女はそのポジションに応募しました。時給は一気に17ドルを上回り、福利厚生も整っています。彼女は同じような仕事を過去に経験したことはありませんでしたが、すでに4人の子どもを育てた経験があります。ひとりの医者をサポートするくらい、彼女にとってはたかが知れています。

彼女はまだまだ立ち止まりませんでした。ウォールチャートは生命エネルギーを高く売るほど、早く自由に近づけることを毎日思い出させてくれます。ある週末、彼女は興味のあるテーマを扱った会議でボランティアとして働いていました。すると、ある政策に抗議するために、会議のスタッフ全員が仕事を放棄したのです。そこでニーナはさらなるステップアップを果たします。理事会が新しい事務局長を探した際に、ニーナが候補として挙がったのです。彼女はリタイアするころには、年収が4万8000ドルを超えていました。ホテルのメイドだった彼女には考えられないような数字です。毎月の収入を記入するために、ウォールチャートにテープで紙を継ぎ足さなければなりませんでした。収入は文字通りチャートを突き抜けたのです！（グラフ7‐1を参照）

自分の生命エネルギーを大切にすることで、ニーナの年収は4倍に増えました。自分に対するイメージが「最低賃金労働者」から「事務局長」に変わったのです。

ステップ7は、シンプルに生命エネルギーを大切にすることで、収入を増やす作業です。なぜなら雇われ仕事の唯一の目的はお金を稼ぐことだからです。強欲や競争意識から収入を増やそうとするわけではありません。自尊心を持ち、人生を尊重するからこそ、収入を増やすのです。その結果、借金は減り、貯蓄は増え、自由な時間も増え、仕事も休みも充実し、クライアントや家族も満足して、心も穏やかになるかもしれません。

ステップ7のまとめ

仕事に投じている生命エネルギーを大切にし、健康と価値観を守れる範囲で最も高い給与を稼げる仕事にエネルギーを差し出すことで収入を増やしましょう。

次の質問を自分に問いかけてみよう

・魂を売ることなく、健康を害することなく、どうすれば収入を2倍にできますか？
・あなたの初めての仕事は何ですか？　最良の仕事は？　最悪の仕事は？
・収入のあるなしにかかわらず、あなたにとっての夢のある仕事は何ですか？
・仕事とは何ですか？　どうして私たちは仕事をするのですか？
・あなたのライフワークは何ですか？
・お金を稼ぐためにやっている仕事で好きな部分――嫌いな部分――は？

第8章

着火——収入と支出のクロスオーバーポイント

これまでのステップを実践した結果、あなたは支出を最小化し、収入を最大化し、借金を完済し、銀行口座の残高を増やすことができました。昔のあなたであれば、せっかく貯めたお金は使うべきだと考えたのではないでしょうか？　休暇、最新のＩＴ機器、家を買い替えるための頭金など、誘惑は尽きません。ステップを終えたいまでは、モノや経験に手持ちのお金をすべて——もしくはそれ以上——使うことはなくなっています。お金とは生命エネルギーです。楽しく、人生の目的に資するものだけにお金を使うという考え方に変わっているはずです。かつてのガジンガスピンがあなたの注意を引くことはなく、思わず買ってしまったものでも、買ってすぐにその価値は色あせていくでしょう。あなたは「十分」の自由を感じ始めているのです。

それでは次にやるべきこととは？

ここであなたは運よく、成功したルーイおじさんやロザリータおばさん、いとこのアーチーが教えてくれる「複利のマジック」に耳を傾ける機会を得たとしましょう。まさにあなたのお金があなたのために働いてくれるという概念です。彼らはこう言うでしょう。「お前はまだ若い。もしいま貯蓄を始めたら、50歳になるころには複利のマジックでお金持ちになっているはずだ」

私が？　お金持ち？

本章ではそのことについてお話しします。

ステップ1〜7を実践することで、あなたのお金とのかかわり方は根本から変わりました。ステップ8と9は、あなたの将来とのかかわり方を大きく変えてくれるものです。

もし貯めたお金を使うのではなく投資に回したら、財産を築けると叔父や叔母、いとこは教えてくれます。その話に乗っかりましょう。あなたのお金があなたのためにお金を生み出してくれるのです。銀行に預ければ、利子をもらえます。債券を買えば、もっと大きな利子をもらえます。保守的に株式市場に投資すれば、配当をもらえます。もらった利子と配当をすべて再投資に回せば、もっと大きな財産を築けるのです。「最終的に、お金が必要な収入をすべて稼いでくれるんだ。つまり経済的に自立するということさ」

この親戚は実はあなたのすぐそばにいます、ウォールチャートです。あなたが思っている以上に強力なツールであり、あなたの人生を劇的に変えてくれるものです。注意してよく見てください。その紙の上で起こっていることを理解すれば、すぐにわかります。あなたの支出ラインが下落

8-1　ニーナのウォールチャート（収入と支出）

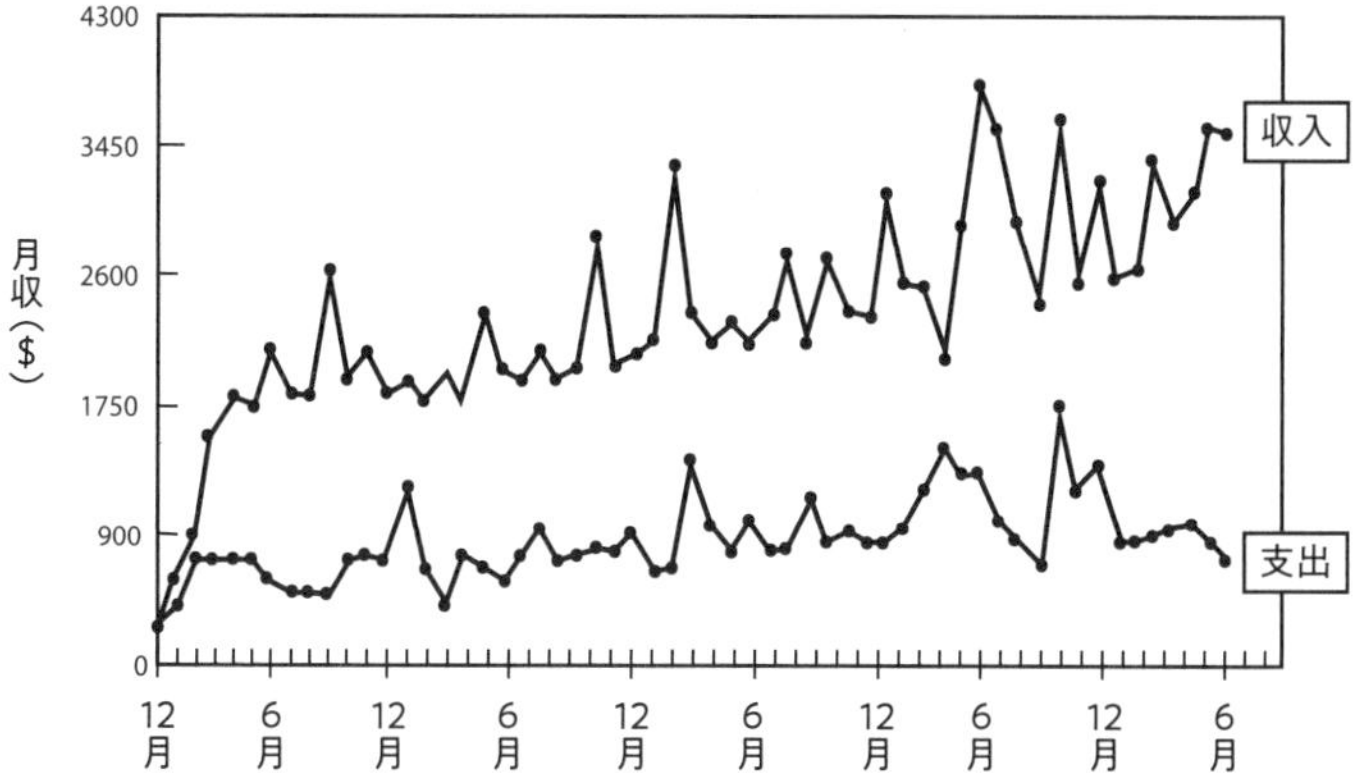

1年目の12月～5年目の8月

し、収入ラインが上昇すれば、債務残高は減り、貯蓄は増え始めます。

第7章ではニーナのウォールチャートを紹介しましたが、彼女の収入ラインは天井を突き破っていました。もう一度見てみましょう。今度は彼女の支出ラインもグラフに加えます（グラフ8-1を参照）。すると一定の傾向が見て取れることがわかります。

長い間、貧困すれすれの生活を送っていたニーナは、特筆するほどの無駄遣いの習慣はありませんでした。彼女の支出ラインは月950ドルあたりでほぼ横ばいになりました。チャート上に表れていないのは、彼女の裁量支出の中身の変化でした。単に暇をつぶすための娯楽から、人生の目的に資する活動への支出に変わったのです。彼女の心は着実に穏やかになっていきました。本業の仕事と地元

8-2　イレインのウォールチャート（収入と支出）

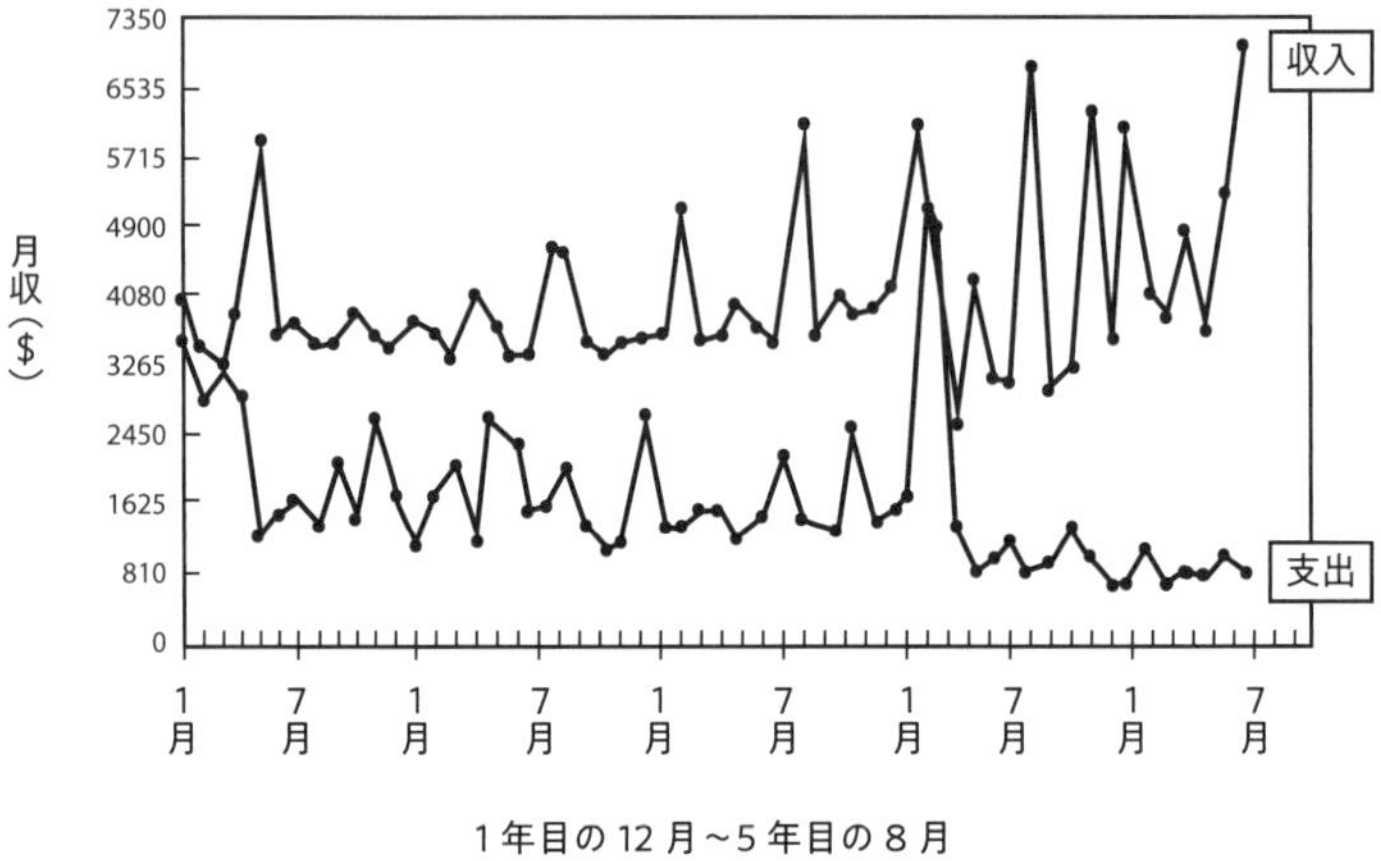

の小さな会社でのパートタイムの仕事から得た収入で、収入ラインはチャートを突き破りました。彼女のチャートの形状は生粋の倹約家の典型的な形です。稼ぐ力が天井を突き破るのです。

イレイン・Hのチャート（グラフ8‐2を参照）は稼ぎは安定しているものの、支出も多い人特有のもので、このプログラムを真面目に実践することによって、支出を半分に減らすことができました。一方、彼女によれば生活の質は改善し、自尊心は高まったと言います。

資本

ふたりのチャートに共通するのは、収入と支出の差額、つまり貯蓄が大きくなっているということです。経済的自立を知る前までは、この差額は単により多くの支出を意味しました。ところが経済的自立の思考に啓蒙されることで、貯蓄には新たな解釈が生まれます。この差額を「資本」と捉えるのです。

資本とは、お金を生み出すお金のことです。銀行口座に眠っているお金とは違います。50ドルであろうが、500ドルであろうが、あなたの資本は収入を生み出し始めます。ステップ8とステップ9を行うことで、経済的自立が限られた豊かな1パーセントの人だけのものではないことがわかります。お金とのかかわり方を根本から変え、十分な資産を築いた人であれば誰でも到達できるものです。十分な資産とは、賢く投資することで、あなたが亡くなるまで必要なパッシブ・インカム[不労所得]を稼ぎ続けてくれるものです。ステップ8を実践することで、完全な経済的自立が視野に入ってきます。

しっかりと理解しておきましょう。

チャートに加える新たなライン：毎月の投資収入

資本から得る収入は、雇われ仕事で得る収入とは意味合いが違います。あなたが出勤しなくても、クライアントに製品を納入しなくても、月の販売目標を達成しなくても入ってくる収入です。あなたの投資資産から配当や利子、家賃、事業収益の形で継続的に入ってくるものです。そのお金は毎月の収入に加算するのではなく、3番目の個別のラインとしてチャートに記入しましょう。投資収入というラインです。

ステップ8 資本とクロスオーバーポイント

毎月、資本の総額に次の公式を当てはめて、弾き出された数字をウォールチャートに記録しましょう。

資本×現在の長期金利÷12カ月＝月の投資収入

単純に言うと、ウォールチャート上の投資収入のラインが支出のラインを突き抜けたとき、あなたは経済的自立の領域に足を踏み入れることになります。以下に詳しく説明します。

資本の総額とは、単純にあなたの手持ちのお金（通常は普通預金口座に入っている）の中で、使う予定がないもののことです。現在の金利に関しては、当座預金口座の金利を使ってはいけません。そうではなく、長期国債の金利、もしくは譲渡性預金の金利を使いましょう。国債は債券の金利を表す最良の指標の1つです（国債の購入を勧めているわけではありません。国債の金利を勧めているだけです）。長期投資から期待できるリターンの保守的な数値です。この金利の数値をあなたの投資収入の計算に使うと言っても、確実にその収入が得られるという意味ではありません。あなたが経済的自立のポートフォリオ（第9章で詳しくお話しします）から得られるであろう収入を、単にシミュレーションしているだけです。あなたが経済的自立に到達した後の収入がどれくらいになるのかを予測するための、極めて重要なステップになります。

計算を単純にするために、ここでは4パーセントという数値を使いますが、これはあくまで便宜的な数にすぎず、あなたが投資する際に得られるであろう金利を予測したり、約束したりするものではありません。投資資産にはさまざまな種類があり、その種類によってあなたの投資利益率（ROI）は左右されます。どのような投資資産であれ、私たちが確実に言えるのは、最も安全な資産でさえ価格が上下に変動するということです。現段階では数字にあまり気をとらわれないようにしてください。シンプルに現在の金利を使いましょう。

興味深いことに、従来のファイナンシャル・プランニングの世界でも、4パーセントが退職後の収入を計算する上でカギを握る数値となります。この数値は「安全引き出し率」として知られており、株式と債券から成るポートフォリオにおいては、毎年、資本を4パーセント取り崩しても安全だ（＝元本は毀損されない）と考えられています。この4パーセントルールがあなたの資本を保護し、インフレからあなたの身を守り、あなたの支出を賄う収入をもたらしてくれます。これはある種、適温状態と言えるでしょう。もし3パーセントの引き出し率であれば、毎年の支出を賄うには十分でないかもしれません。一方、5パーセント引き出してしまうと、残高がすぐになくなるかもしれないのです。

これはあくまで一般的なたとえにすぎず、あなたの状況に合った個別具体的なアドバイスをしているわけではありません。安全引き出し率と長期金利が同じパーセンテージとなるため、これから説明する例においても4パーセントという数値を使うことにします。

それでは、あなたの貯蓄を100ドルとしましょう。その100ドルを金利4パーセントの債券に投資するのであれば、式は次のようになります。

100ドル×4%÷12＝月0・33ドル

100ドル投資するたびに、債券の償還まで毎月0・33ドル得られる計算です。元本の100ドルは毀損されず、最終的にはあなたの手元に戻ってきます。ただ、これはまだ始まりにすぎません！

もしチャートの最初の月に1000ドル貯蓄しており、金利を4パーセントとすると、式は次のようになります。

1000ドル×4%÷12＝月3・33ドル

つまり、あなたが貯蓄している1000ドルには毎月3・33ドルの収入を生み出す力があるということです——あなたがそれを資本と捉え、債券などの投資資産に投資した場合の話です。この例では、あなたは3・33ドルをウォールチャートに書き加えます（ニーナのチャートを使って、どのように見えるのかを後で見ていきます）。

確かに急増している収入と比べると微々たる金額ですが、それでも債券が償還されるまで月3・

8-3　月の投資収入を計算するために公式を資本に当てはめる

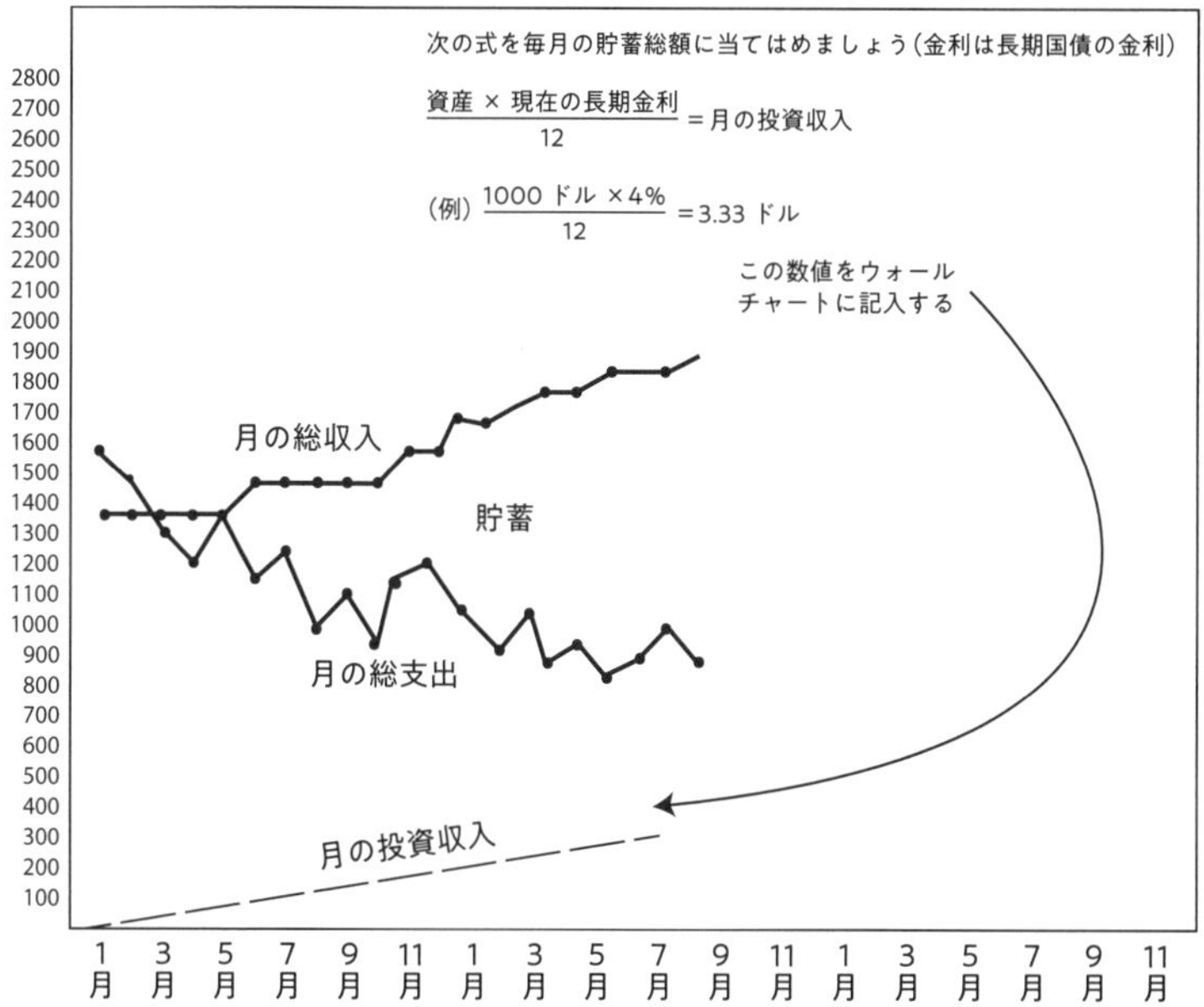

33ドル（年間40ドル）というのはばかになりません。その金額をもっとわかりやすいもの、毎月消費する米の量や1～2週間分のコーヒー豆、携帯電話料金の一部など、生きるために必要な支出に置き換えてみてください。

毎月の貯蓄総額をこの公式に当てはめましょう。例えば、2カ月目に貯蓄を500ドル増やし、それを前月の1000ドルに加えたら、式は次のようになります。

1500ドル×4％÷12＝月5ドルの収入

その金額をチャートに書き加えて、前月の金額とつなげてみましょう。年月がたてば、着実に上昇していく第三のラインが見えてくるはずです。このラインは毎月の投資収入を表しています（グラフ8‐3を参照）。

収入と支出が安定してくれば、ゴールライン、つまり働かないことを選択できるようになる貯蓄額を計算できます。計算する際には、前述の公式を逆に考えてください。あなたの年間支出を3万6000ドル、つまり月3000ドルとします。さらに、リタイア後は安全引き出し率として4パーセントを採用するとします。それらの数値を基に計算すると、経済的自立を宣言するために、どれくらいの資本が必要となるのかが計算できます。

3000ドル×12÷4%＝90万ドルの資本

ミスター・マネー・マスタッシュ［パーソナルファイナンスの人気ブロガー］の言葉を借りれば、あなたは年間支出の25倍の資本を築いたとき、クロスオーバーポイント――4パーセントの引き出し率を亡くなるまで継続できる地点――に到達するのです。例えば、年間3万6000ドルの支出であれば、経済的自立に到達するために90万ドルの資本（3万6000×25）が必要になります。

第9章では、貯蓄を思い切って投資するタイミングについてお話しします。あなたが経済的に一息ついたとき、手始めに5000ドルを長期国債に投資したとします。その投資からの収入は毎月の投資収入の一部になります。次に貯めた5000ドルも同じように投資し、その次に貯めた5000ドル、さらに次の5000ドルも同じように投資していきましょう。

8-4　ニーナのウォールチャート（月の投資収入を加える）

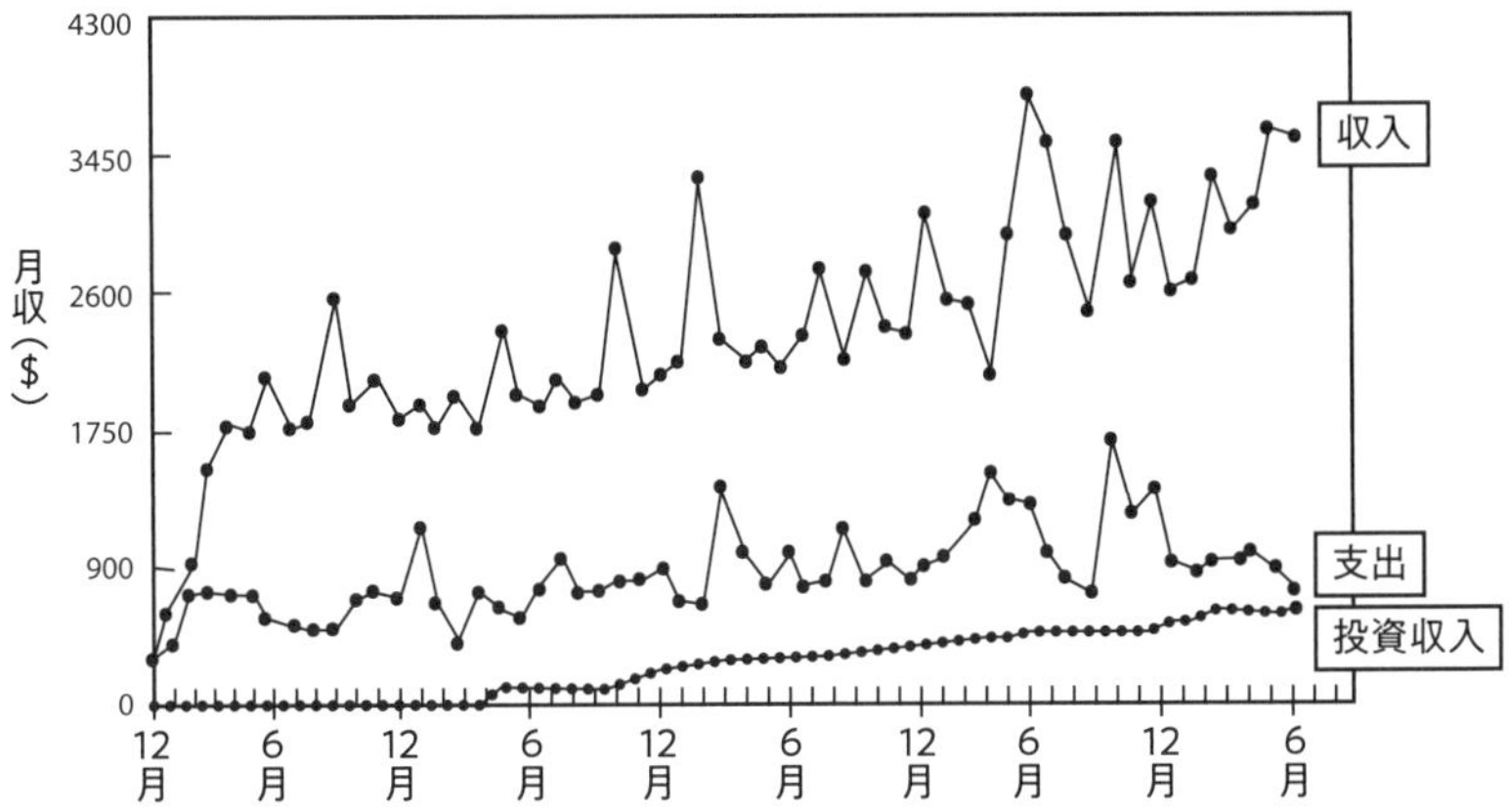

1年目の12月～5年目の8月

それではニーナのチャートに戻り、どのように見えるのか確認していきましょう（グラフ８‐４を参照）。

ニーナはスタート時点で借金があったため、ホテルのメイドの仕事を始めてからおよそ1年間は、投資収入のラインはチャート上に現れません。貯蓄を増やし、それを資本に転換し始めると、彼女の毎月の投資収入は増え始めます。例えば、4年目の1月には、ニーナの月の投資収入は２１５ドルに増え、支出は８４５ドルでした。翌年の1月には月の投資収入は３５０ドルに増える一方で、支出は１０００ドル以下を維持しました。５年目の2月を見てください。月の投資収入は５４５ドル、支出は９５０ドル以下の範囲に収まっています。このグラフから垣間見えるのは、ニーナの増え続ける投資収入だけではありません。いわゆる複利のマジックです。

毎月、資本に加算される金額が一定（例えば、月500ドル）でも、複利のおかげでラインは一直線に上がるのではなく、上昇曲線を描きます。これこそが親戚があなたに教えてくれたマジックです。複利とは、利子収入を再投資に回すと、金利が元本だけではなく利子収入にもかかるという意味です。例えば、次のようになります。


1年目は100ドルの資本に対して4パーセントの金利だと、資本は4ドル増えます。

2年目には4パーセントの金利は104ドルの資本にかかり、利子収入は4・16ドルとなり、その金額が資本に加わります。

3年目には4パーセントの金利は108・16ドルの資本にかかり、利子収入は4・33ドルとなり、その金額が資本に加わります。

4年目には4パーセントの金利は112・49ドルの資本にかかり、利子収入は4・50ドルとなり、その金額が資本に加わります。

5年目には4パーセントの金利は116・99ドルの資本にかかり、利子収入は4・68ドルとなり、その金額が資本に加わります。

こうした計算が続いていくのです。

毎年増えていくものは、このように指数関数的な増え方をします。大まかに言うと、年率7パーセントで増えていく場合、元の数は10年で2倍になります。投資した資金、人口、そしてあなたの借金もです。ここで使っている保守的な4パーセントという数値でも、投資した100ドルは18年で200ドルになります。

この上昇トレンドはニーナのウォールチャートで確認できます。緩やかながらも上昇を続ける毎月の投資収入のラインは、ほぼ横ばいの支出ラインに着実に近づいています。これがどういった意味を持つのかは後々説明します。現段階で心にとどめておくべきことは、このステップを毎月のように実践するだけで、ニーナの投資収入が増加を続けるということです。これはあなたの場合でも同じです。

どこに資金を投じるのか？

貯蓄を増やしていく期間には、まず銀行口座に流動性のある現金を貯めていきましょう。3カ月分（理想は半年分）の生活費を現金として銀行口座に預けておくべきだと一般的には言われています。この銀行のお金は失うリスクがありません。預金保険制度によって、銀行が倒産しても口座当たり25万ドルまで政府によって保護されるからです。銀行でさえ数十年前ほどシンプルではなく、あなたにはいくつかの選択肢があります。環境汚染や差別を行う企業に融資したかどうかを考慮に入れますか？　家から一番近い銀行を選びますか？　クレジットユニオン（信用組合）を選びますか？　金利の高さを優先して、世界中どこでも使えるネット銀行を選びますか？

私たちはこの流動性のある現金のことを「クッション」と呼びます。病気になった親を看護するために帰省したり、壊れた車を買い替えるときなどにすぐに使えるため、「緊急時用資金」とも呼ばれます。日々の生活費を蓄えておく場所であり、給与はそこに振り込み、請求されたお金はそこから支払います。かつかつの生活をしているのであれば、半年分の生活費を貯めることなど不可能に思えるかもしれません。ただ、ご心配なく！　このプログラムに従うことで、それ以上のお金を貯めることができます。

クッション以上の資金

第9章では、投資収入をもたらしつつ、元本も概ね安全な投資資産について説明します。ジョー・ドミンゲスはかつて米国債を勧めていましたが、国債の絶好の投資機会はとうに過ぎ去りました。その機会がいつ戻ってくるのか、戻ってくるのかどうかさえも定かではありません。そのため、第9章では本書の初版が出版された1992年からFIerが愛用してきた、国債以外の投資戦略について説明するつもりです。

まずは流動性のある現金をある程度貯めた上で、その後は譲渡性預金を利用するか、現代のFIREの潮流に従うのであれば、インデックスファンド（第9章で説明します）を買いましょう。

もしあなたの企業が401kなどの年金プランを提供しているのであれば、必ず利用しましょう。企業はあなたの掛け金と同額——通常は最大で給与の6パーセントまで——を負担してくれます。つまり、タダで投資資金を提供してくれるのです。会社負担は即座にあなたの資金を2倍にしてくれるもので、現状では最良の投資リターンをもたらしてくれます。さらに非課税です。ほとんどの401kは大手証券会社によって運用され、投資信託から債券ファンドまでさまざまな商品が用意されています。

現段階では、毎月の投資収入は資金の投資先には影響されないと仮定します。経済的自立に到達し、パッシブ・インカムを求めて投資するようになった暁には、この計算はもはや役目を終えています。すでに述べたように、この計算はあくまであなたが経済的自立のポートフォリオから得られる収入金額を予測するためのものです。当座預金口座であれ、譲渡性預金であれ、年金口座であれ、リターンを予測する際は4パーセントという利率を公式に当てはめましょう。

クロスオーバーポイント

ある日、自分のウォールチャートを見ていると、あなたは投資収入のラインが今後どのようなカーブを描くのか予測できることに気づきます。

毎月の支出額も非常に安定しているため、支出ラインの先行きも概ね予測することができます。

8-5　クロスオーバーポイント

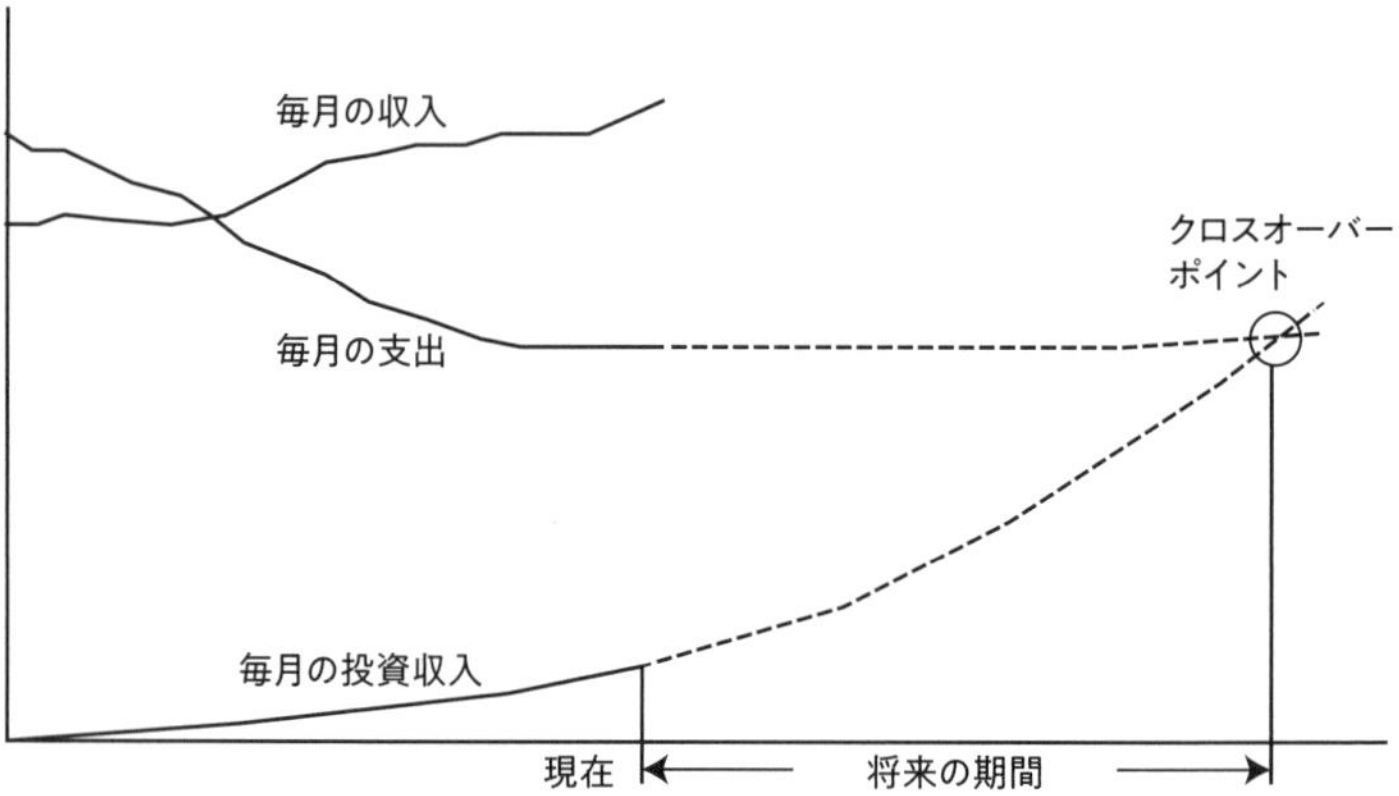

もし支出額があるボックス圏内――例えば、月2800〜3200ドル――で上下している場合、経済的自立に到達した後の支出額を予測する際には、余裕を持たせるためにも高いほうの水準を選んでください。予期せざる支出が生じるかもしれないという不安を和らげてくれます。

それほど遠くはない将来に、この2つのライン（毎月の支出と毎月の投資収入）が交差することに気づくはずです。その交点を私たちは「クロスオーバーポイント」（グラフ8-5）と呼んでいます。クロスオーバーポイントを超えた時点で、投資からの収入が支出を上回るのです――お金のための仕事を続けるかどうかが正式にあなたの選択肢になります！

このクロスオーバーポイントこそが、まさに経済的自立を表しています。毎月の投資収入が毎月の支出を上回るこのポイントを超えた時点で、あなたは昔ながらの意味での経済的自立に到達したことになります。雇われ仕事以外の収入源からパッシブ・インカムを得て、毎月の支出を賄える状態にいるのです。

期限を視覚化する効果

経済的自立のタイミングを認識することは、これまで多くの人に多大な影響を与えてきました。想像してみてください。もしあなたが自分の人生を仕事よりも大きな枠組みで捉え、お金のために働かなければならない期間が有限で、予測可能なものだとすれば、モチベーションは高まりませんか？　お金のために働かなければならない期間が有限だと気づいたとき、生命エネルギーを大切にすることで得た自信、モチベーション、献身、調和、職業人としてのプライド、責任感は急激に大きくなります。

大企業の人事部で働いていたラリー・Dは、収支の評価とウォールチャート（グラフ8‐6）の記入を毎年繰り返した結果、近いうちにクロスオーバーポイントに到達するとわかったとき、仕事においても自分で驚くほどの変化を経験しました。

「ついに経済的自立に到達するということがわかったんだ。まさにスケジュール通りに進んでいたよ。解雇されるんじゃないか、一時的に失業するんじゃないか、誰かの機嫌を損ねるんじゃな

8-6 ドロシーとラリーの収支

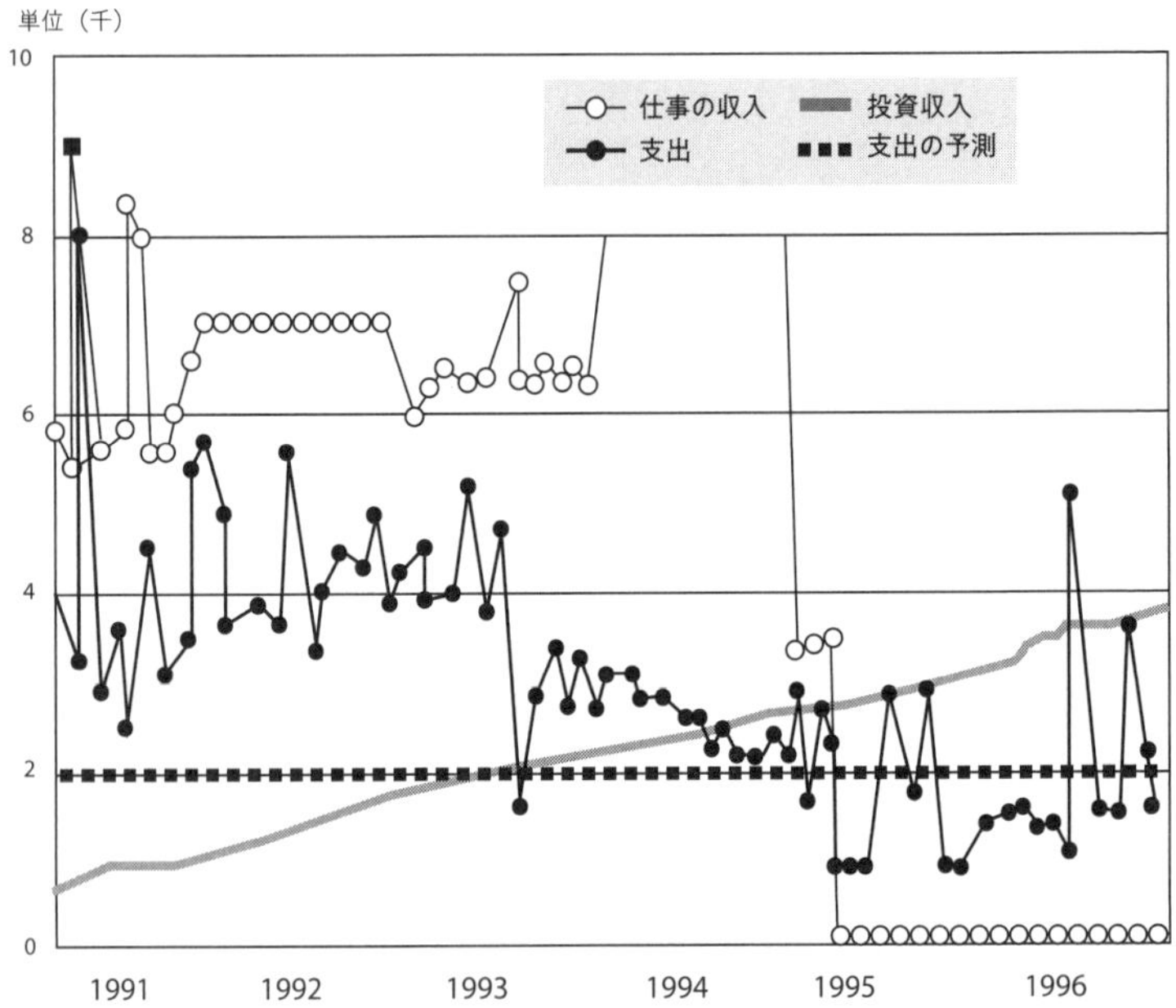

（注）ふたりは経済的自立に到達した後に必要な収入（彼らの「十分」の収入）を月2000ドルとしました。グラフを見てわかるように、着実に増えていった投資収入は支出の予測値を1993年に超え、実際の支出を1994年後半に超えました。仕事から得る収入はドロシーが仕事を辞めた1995年1月と、ラリーが仕事を辞めた4月に大きく減ったことがわかります。また、ふたりの実際の支出が目安とした月2000ドルをかなり下回っていることにも注目してください。これは倹約的思考と本書の原則を守り続けていることによる結果です。

（出典）Jacqueline Blix and David Heitmiller『Getting a Life』p.172

いかって心配することもなくなった。ものすごい自信と力がみなぎったんだ」（彼の妻によると、彼は「俺は無敵だ、俺は無敵だ」と言いながら仕事から帰ってきたようです）

「仕事ではまさに敵なしになったよ。ものすごいエネルギーと自信に満ちあふれていたから、誰から見ても恐ろしい存在になれたんだ。……過去6～8カ月の間にかつて経験したことがないほどタフな交渉をしたけど、負けなかった。ただ負けなかっただけじゃなく、すべてにおいて圧倒したんだ。……マネジャーがなにか大失敗をしても、『私に任せてください。なんとかしますから』と自分から申し出たくらいさ。会社にとっても、自分にとっても本当によい結果をもたらしたよ」

もはや定年まで働く必要はなく、お金のために働くのが限られた期間だとわかったときに何が起こるのか、数分間、想像してみてください。一見、まだ上司のために働いているように見えながら、実際は自分の自由のために働いている状態です。もしあなたが定年に近い年齢であれば、職場に残る期間が数年間短縮されて、代わりにリタイア後の年数が長くなると考えたら、どのような気持ちになりますか？　もしあなたが40代――もしくは30代――であれば、残りの人生の半分を、やらなければならないことではなく、やりたいことのために使うことができると想像してみてください。

経済的自立を目指す人にとってこのプログラムの肝心な部分は、リタイア後にお金を稼ぐ必要がないよう、いまお金を稼ぐことに集中するということです。そうすれば限られた期間だけ、（自分の価値観や健康を損なわない範囲で）お金を稼ぐことに猛烈かつ意図的に力を尽くすことができます。

現在、自分の人生を自由にデザインしたい人たちの間で、世界規模のＦＩＲＥコミュニティの輪が広がっています。自分のお金や生命エネルギーの使い方を明確に把握することで、彼らは運命を自らコントロールする力を得ました。彼ら全員が投資によって、一生安泰なわけではありません。確かに投資資産からの収入だけで一生働かずに暮らせる人もいます。彼らは亡くなるまで自由です。ただ、それは全員に言えることではありません。一部の人にとって、ＦＩＲＥとはサバティカル［長期休暇］の連続のようなものです。働いてお金を貯め、貯めた資金を投資に回し、仕事を辞めて旅行したり、勉強したり、子どもを育てたり、スキルを組み換えたりしますが、数年後には再び雇われ仕事に戻ります。また、夏に季節労働をし、残りの9カ月間はＦＩＲＥを楽しむという周期を繰り返す人もいます。ＦＩＲＥ後も収入を補うために副業を手がける人や、あくまで自ら選んだ選択肢として仕事——新しい仕事や起業など——を続ける人もいます。

たとえ自由な期間がきっかけとなって新たなキャリアを始めたり、居ても立ってもいられないビジネスのアイデアを思いついたり、お金のかかるライフスタイルを選んでしまい、雇われ仕事に戻らざるをえなくなったとしても、自由を経験するまでの期間に果たした変化は永続的なものです。あなたはやろうと思えば、いつでも自由に戻れることがわかっています。世の中の仕組みを理解し、力を持ち、立ち直りが早く、知識も豊富です。

サムは自作農家で、米国の伝統的な価値観が残る中西部への人口回帰を願っています。彼と妻のドナは自分たちの仕事や生活と地球の生態系を調和させるために、カンザス州の故郷の町に戻りました。友人から土地を買い、木材を調達するために古い納屋を取り壊し、60人ほどの友人とサムの父親（大工であり石工でもあります）の力を借りて、パッシブ・ソーラー・ハウス［ソーラーパネルなどの機械には頼らず、大きな窓や断熱材などを効果的に使うことで建物そのもののエネルギー効率を上げて、自然な形で太陽エネルギーを利用できる家］を建てました。

サムは父親の会社でゴミ収集の仕事をし、ドナは安定している仕事のスキルを学ぶために看護学校に通いました。やることなすことすべてにおいて、自分たちの価値観に沿った生活——自給自足、省エネ、庭で育てた野菜や地元の食材を食べる——をしようとしたのです。何事も慌てて決断せず、お金の使い方には注意し、稼いだ以上のお金は使わないようにしました。理想的には、必要不可欠な生活費（家賃、食費、水道光熱費）を半分以上削り、課税所得以下の生活をしたいと思っていました。ゴミ収集には1日5時間しかかかりません。一方、ドナは看護師として週に2日だけ働きました。

ふたりの生活は充実し、概ね収入の範囲内でやりくりしました。ところが楽園に向かう道中で、いくつかの出来事に見舞われます。子どもがふたり生まれ、健康保険に加入し、サムの父親からゴミ収集の会社を買うことになりました。また、車が故障し、家はたびたび細かな手直しが必要でした。表向きはシンプルライフを標榜《ひょうぼう》しながら、何に使ったのかわからないのに、月末になる前に残高が尽きるというよくある一般家庭の経済状況に陥っていたのです。楽園も郊外での生活と変わりません。至るところに罠が仕掛けられていました。

彼らが本書のプログラムを知ったのはそのころでした。お金のために働く期間が有限になりうることを知ったとき、サムの人生は開けたのです。ゴミ収集も大切な仕事ですが、亡くなるまで続けたいとは思えません。経済的に自給自足になり、自分の4エーカー［約1万6000平方メートル］の土地で持続可能な農業の開発に身を捧げ、西部カンザスの半乾燥の草地の中で、持続可能なやり方で牛を飼育し、小麦や飼料用穀物などを育てる方法を見つけられるかもしれない。そうした思いが彼の想像力を焚きつけました。

彼は自分自身のためだけではなく、コミュニティのためにそれを実現したかったのです。小さな農家が次々と廃業していくのを目の当たりにしていました。毎年、彼の住む地域の人口は減り、平均年齢は上がっていきます。彼は自分が新たな生き方を体現することで、その流れを変えたかったのです。若い人が10年間、都会で働いて経済的自立を実現し、十分な資産を携えて中西部に戻ることで、自給農業と小さな町での生活を復活させることができるのではないか？ 彼はそう考えました。彼の小さな努力が彼の家族だけではなく、ほかの家族や米国の農業地域にとっても理想となる生活を生み出すことができるかもしれないと思ったのです。

雇われ仕事をする期間を有限にできるとわかり、サムの将来は一変しました。ゴミ収集を続けるだけの生活が、さまざまなプロジェクトに取り組む生活に変わったのです。経済的自立のプログラムを始めてから4年後、投資からの収入がゴミ収集で稼ぐ収入に追いつき、彼はクロスオーバーポイントに到達しました。いつでもお金のための仕事を辞め、夢のために動き始めることができます。

キャッシュ

パッシブ・インカムだけで本当に亡くなるまで経済的に安泰なのか、疑問に思う人もいるかもしれません。非常に長い期間です。「～したらどうしよう」「～はどうなるだろう」といった不安が脳裏をよぎり、あなたの思いを揺さぶろうとするでしょう。

ここで紹介するのが金銭的な不安を和らげる第三の要素「キャッシュ（Cache）」です。キャッシュとは、資本やクッション以外の貯蓄のことです。西部開拓の時代に、旅人が重すぎて運べないため、あとで使えるよう食糧を埋めておく地面の穴のことをキャッシュと呼びました。経済的自立のプログラムでは、将来に備えて蓄えておく余剰資金のことです。

ローズマリー・Iはクロスオーバーポイントが近づくにつれて、不安がますます募っていることに気づきました。すでに仕事には慣れました。その頼れる収入源を放棄し、債券からの収入だけに頼るのが怖かったのです。頭では債券から十分な収入を得られることはわかっていましたが、経済的自立が途中で頓挫したとき、再び労働市場に戻れるのかどうか、根拠のない不安が頭をもたげました。「たぶん、空中ブランコの曲芸師は次のブランコに飛び移るタイミングをはかっているとき、こんなふうに感じているんじゃないかしら」

セーフティネット（クッション）は準備していましたが、それはブランコの高さからずいぶん下に設置されているように思えました。彼女はキャッシュを用意することで安全性を強化することにしました。銀行口座に余分に数千ドル貯めておくことで、「同時に車が故障して、大きな病気にかかって、家が火事で燃えたらどうするの？」といった不安を煽《あお》る心の声をかき消すことができました。

すでにお金のための仕事を辞めている人は、どうやってキャッシュの元手を稼げばいいのか？そんな疑問を持つ人もいるかもしれません。

ほとんどの人は雇われ仕事を辞めることによって、支出が大きく下がることに気づきます。通勤費もなく、仕事着代もなく、レストランでのランチ代もありません。クロスオーバーポイントはあなたが働いているころの支出額に基づいています。経済的自立に到達した後は、投資収入がどんどん貯蓄に回っていくのではないでしょうか？　つまり、「十分」より少し上の稼ぎがある状態です。

さらに、経済的自立に到達するまでに続けていた習慣をやめるわけではありません。あなたがこれまでに学んできた知識は、生涯使えるものです。注意深く、意識的に、創造的にお金を使うことで支出はいくらでも抑えられます。経済的自立に到達する前に買った多くのもの（頑丈な車、究極のキャンプ用品、自給自足の家）は買い替える必要がありません。経済的自立に到達した後の税金は、稼いでいたころよりもずいぶん少ないはずです。副業やパートタイムの仕事を始めたり、遺産が転がり込んできたり、新たなキャリアを始めることになれば（誰も仕事を再び始めてはいけないとは言っていません）、キャッシュをいっそう強化することができます。

キャッシュの役割は心理的なものかもしれません。常に「十分」より少し上のお金が手元にあることを保証し、「～したらどうしよう」というくすぶり続ける不安を抑えてくれるものと言えるでしょう。

自分が選んだライフスタイルには欠かせない高額なもの――車、自転車、奥歯の歯冠――を買い替える際の元手になるのもキャッシュです。キャッシュは常に備えておくべき資金であり、使い切ってもかまわない一度限りの資金ではありません。

資本、クッション、そしてキャッシュ。これらが経済的自立の3つの柱です。

ただ、そのほかにも――おそらくお金よりも――頼れる3つの柱があります。

自然の豊かさと経済的自立

ルーイおじさんとロザリータおばさんにはそれぞれパートナー――レイチェルおばさんとモノロおじさん――がいて、家族の結束を支える役割を果たしています。彼女たちは食事を用意し、音楽をつくり、ジョークを飛ばし、人々を快適にくつろがせてくれる、愛にあふれた存在です。あなたを抱きしめながら、「お金がすべてじゃないのよ。自尊心、愛、家族、そして人助け、それこそが真の豊かさであり財産なの」と教えてくれる人たちです。

お金と愛、これはどちらか一方が大切ということではありません。親戚はそれぞれが正しいことを言っています。このプログラムも経済的生活と愛の生活の両輪で成り立っているからこそうまくいくのです。

一方は国の通貨、つまり私たち全員が取引や投資の際に使うお金です。

もう一方は自然の通貨、つまり家族や仲間（そしてすべての生きとし生けるもの）同士の尽きることのないギブ・アンド・テイクです。

国の通貨は比較的最近の発明で、銀行などの金融機関がコントロールし、私たち自身ではコントロールできない人々や機関によって供給されています。

自然の通貨は生命体の誕生とともに生まれ、ほかの生命体との互恵関係を生み出しました。生命体が生き続けるには、周囲の生命体に何らかの利益を提供する必要があります。周囲の人たちと互恵的な関係性を築けば築くほど、欲しいものを手に入れるのに必要なお金は少なくなります。私たちはすでにステップ1～7を通してこのことを学び、シェアリングエコノミー――図書館などの公共サービスを利用する、個人間取引市場を利用する――、もしくはＤＩＹ経済を利用すれば、楽しく支出を減らせることに気づきました。ケチだから支出を減らすのではありません。節約術に長《た》け、周囲を愛し、共有し、世話し、与え、受け取っているから、そしてシンプルに生活に必要なものが少なくなっているから、支出を減らすのです。支出を切り詰めたり、お金を貯めること自体は目的ではありません。それらはあくまで本書のプログラムを実践した結果、起きることです。

これこそ自然の通貨です。取引経済というよりはむしろ互恵経済です。これこそが経済的相互依存であり、私たちのほとんどが依存している富です。共存している人々が共有している富です。信じようが信じまいが、紛れもない真実なのです。きれいな空気はあなたの肺に入ってきます。道路、橋、文明の機関はいつでも利用できます。この相互依存の愛の経済の中で成功するやり方を学べる人が、経済的により自立できます。つまり、欲求を満たすためにお金に頼る必要がなくなるのです。

レイチェルおばさんとモノロおじさんは、真の豊かさとは、あなたが知っていること、あなたと共に人生を歩む人、あなたが最良のものを与え、それに見合った見返りがもらえる社会だと教えてくれます。非常にシンプルなことなのです。

自然の富のＡＢＣ

能力（**Ability**）には、スキルや知識が含まれます。あなたがそのやり方を知っていることです。

近しい人（**Belonging**）は、あなたと共に人生を歩む人です。

コミュニティ（**Community**）とは、あなたが住む社会――近所、都市、環境――と自然です。

お金の稼ぎ方、使い方、貯め方を人生の目的や価値観と調和させようとした場合、あなたは本能的にこれら3つの富を築き上げることになります。誤った目標（より多くのもの、よりよいもの、ほかとは違うもの）に惑わされることなく、あなたは本当に大切なことを見据えます。友人であり、家族であり、共有であり、学びであり、チャレンジであり、一緒にいてあげることであり、つながることであり、尊敬されることです。つまり、人生で最も大切かつお金のかからないものです。あらゆる自然なものに当てはまりますが、これらの富を築くには、時間や集中力、忍耐、互恵関係が必要となります。

お金を貯めている期間に自然の富も同時に築ければ、あなたは経済的自立により早く到達でき、その状態をより長く持続できます。つまり、その分だけより幸せになれるということです。

能力

能力とは、人に頼らず自分自身でやるスキルであり、大きな節約につながります——必要であればお金を稼ぐことだってできます。これまで説明してきたように、配管工を家に呼ぶのにどれだけ貴重な生命エネルギーを差し出しているのかに気づいたとき、業者に頼らず自分でやろうと思えるようになります。蛇口のワッシャーの修理であれば、費用は1ドルもかからず、インターネットで動画を見るほんの15分間でできることです。ＤＩＹを手がけてうまくできれば、ほかにも自分でできることがないか探すようになります。掃除機を修理します（飼っている猫の毛が詰まっているだけです）。次はカーステレオです（ワイヤーが緩んでいるだけです）。次は説明書に従って壊れた生ゴミ処理器を取り替えます。さらにデッキをつくったり、家のリフォームを手がける段階にまでステップアップするかもしれません。

そこまでいけば、いつでもほかの人の役に立てるレベル、（あなたが望めば）お金を儲けることだって可能なレベルです。その間にお金を節約し、力をつけ、スキルを蓄積することになります。

将来、余分なお金が必要になったときに稼げるレベルのスキルです。

修理屋さんになるのが性に合わないあなたは、料理が好きかもしれません。レストランの食事にどれだけ貴重な生命エネルギーを差し出しているのかに気づけば、一から自分で料理したいと思うようになるでしょう。夫や妻と一緒にエスニック料理の教室を受講し、料理が大好きな趣味の１つになるかもしれません。食費を減らしながら食事を豊かにできるだけではなく、ケイタリング業者やシェフになればお金を稼ぐことだってできます。

写真も趣味や芸術、仕事になりえます。本当に好きなことなら、仕事や遊びの垣根を越えた１つの楽しみになるのです。自転車の修理、家のペンキ塗り、ウェブサイトの作成、ソーシャルメディアを使ったマーケティング、会計など、すべてが節約につながりながら、あなたを他人にとって価値のある存在にしてくれます。こうしたスキルを学ぶために講習会に参加したり、資格を取るなど自己投資をするほうが、金融商品に投資するよりも理にかなっているかもしれません。救命士の資格を取れば、引く手数多のボランティアにもなれるし、プロとしてお金を稼ぐことだってできます。さらに子どもにとってのロールモデルにもなれるのです。

経済的自立に到達した後でも、あなたは経済とのかかわりを失うわけではありません。スキルを磨き続ければ、必要なときにもう一度お金を稼ぐことができます。さまざまなスキルや能力を身につけることは、レジリエンス——金融市場で何が起きても、立ち直れる能力——のカギです。スキルに磨きをかけることは、あなたにレバレッジ、自由、選択肢を与えます。多様な能力とは富の１つの形であり、自分自身に挑戦し、他人に尽くし、コミュニティの役に立ち、必要なときにお金を稼ぎ、勇気を持って人生を送るために、生涯をかけて築き上げることができるものです。

デーモン・Sは大学を出て、1つの会社に定年まで勤め上げる昔ながらの人生を歩んでいました。収入に不満はありませんでしたが、賃金の奴隷として働き続ける人生には魅力を感じず、安全でもなく、抜け出すことが難しいように思えました。ふとしたとき、彼はお金に頼らなければ、自分が基本的な生活のニーズ――食事、水、住居――さえ満たせないことに気づきました。彼は支出を削り、貯蓄し、自分のビジネスを始める決意をしました。余った時間とお金を使って自然を学ぶ学校に入学し、自給自足のスキルや荒野で生き抜く方法、採集、食物を育てる方法を学びました。自然の通貨を貯めるために、国の通貨を投資することにしたのです。その結果、彼はコミュニティ、愛、幸福のある豊かな生活を送ることができています。

愛――そしてお金――のために、あなたがこれから学べることは何ですか？　これまでずっと知りたかったこと、自分では習得できないと思っていたことは何ですか？　そのための目標は設定できますか？　子どものころ好きなことで、いまなら副業や生存スキルのためにトレーニングできることは何ですか？　生涯学習こそが幸福のカギです。生存するため、そして成功するための能力に投資し、他人の手助けをしましょう。そうすれば、人生に退屈することはないはずです。雇われ仕事の時代が終わった後にも、社会での居場所を与えてくれるものであり、必ずその努力が報われるのです。

近しい人

もし助けが必要なとき、あなたは誰に頼ることができますか？　誰が思いやりを持ってあなたの話に耳を傾けてくれますか？　あなたが病気のとき、誰が食事を持ってきてくれますか？　誰があなたの喜びを祝ってくれますか？　愛と忠誠心の絆によって、私たちはこれまでつらい夜――そしてつらい人生――を乗り越えてきました。移動、都市化、そしてキャリア主義が、作家のリーアン・アイスラーが言う「思いやりの経済」の時間を私たちの人生から奪ってきましたが、ＦＩＲＥがそのトレンドを反転させようとしています。思いやりの経済は生活に必要なお金を少なくしてくれるだけではなく、人生を真の意味で豊かにしてくれます。人生とはギブ・アンド・テイクです。ハリーおじさんがあなたの家の蛇口を修理しに来てくれます。そしてあなたは友人のリリーの家に行って、ハリーおじさんからもらった好意に対してお返しするのです。あなたが病気になったときには、リリーが快復に効くスープを持ってきてくれるでしょう。近しい人の通貨圏の中で、このギブ・アンド・テイクがいつまでも続いていくのです。

かつては教会と家族が人と人とを結びつける役割を果たしていましたが、いまでは多くの人がそうした伝統的な思いやりの輪の中から外れています。米国人の４割が教会に所属していると答えましたが、そのうち実際に教会に足を運んでいるのは２割以下です[1]。最新のギャラップの調査によると、教会はますます私たちの生活の中でその重要性が下がっています[2]。また、米国勢調査局によると、１９７０～２０１０年までの40年の間に、両親と子どもで構成される世帯は４割から２割に減る一方、単身の世帯は17パーセントから28パーセントに増えました。[3]

高齢に差しかかっているベビーブーマーは、社会的なセーフティネットが弱体化する中、相互に支え合える相手が少なくなり、関係性が薄くなっていることに気づいています。目が覚めるほど恐ろしい現実ですが、多くの人が対策に乗り出すきっかけにもなっています。複数の高齢者のためのグループがこの隔たりに着目し、地域の思いやりネットワークをつくっています。疎遠だった家族が、歳を取った両親をどうするのか互いに話し合うようになっています。ただ、それでは対策がちょっと遅い気がします。だからこそ、生涯をかけて近しい人の財産をつくることが、経済的自立プログラムにとって非常に大切になるのです。

修復が必要な関係はありませんか？　再びお互いを思いやることができるよう、その関係性を修復できませんか？　アルコール依存症など心の病を回復させるためのプログラムはほとんどの場合、正直に自分の人間関係――これまで傷つけた人、まだ怒りを感じている人、仲直りする必要のある人――を見つめ直すよう提案していますが、それは偶然ではありません。孤独は蔓延しています。解消にはお金もかかります。近しい人という財産には、自然の利益と金銭的な利益の両方があります。家事や買い物をお互いにし、必要なものを交換できることで、誰もが時間とお金を節約できます。人間関係の豊かな人には常に、共に夕食をつくれる人、空港に送ってくれる人、引っ越しを手伝ってくれる人、新しい仕事を紹介してくれる人がいます。「社会的資本」とも呼ばれ、互恵的な関係性のネットワークを通じて築き上げることができる財産です。

パートナーをつくるのは1つの方法ですが、自分の住んでいるコミュニティの中で長く続くような友情や関係性を育むことも大切なことです。ダンスが1つのスキルであるのと同じように、近しい人をつくるのも1つのスキルです。相手の話に耳を傾けたり、親切にしたり、毎週の電話や毎月の集まりなどのシンプルな活動を通じて、そうしたスキルを磨いていきましょう。

コミュニティ

人とのつながりの輪を広げること、つまりコミュニティが自然の富の三番目の柱です。貨幣経済の外側でモノやサービスを共有し、思いやり支え合う集団の中での取引を円滑にするという意味で、ある種の貨幣の役割を果たします。私のコミュニティでは、最近、安心して人々が年齢を重ねていける相互援助のモデルを採用しました。長期ケアの費用を考えれば、ものすごい節約です！　自分が住むコミュニティを信頼できればできるほど、より多くの資源をタダで共有できます。十分に活用されていない多くのものが自由に活用されるようになり、同じものから多くの人が利益を得られます。孤独にはお金がかかります。共有こそ富です。文字通り、車や家、キャンピングカーなどを貸し出すという形もあれば、経済的な取引とは無関係な、日々の無数のやり取りという形もあります。

コミュニティとは、自分が根を下ろす場所を選ぶということでもあります。近くにあるお店、頼れる社会的サービス、中心街に足を延ばせばすぐに楽しめる文化、農家の生産性、森の静けさなどの要因が考えられます。もし定住する場所を考えているなら、具体的な家やその外観だけではなく、周辺環境のことも考えてください。食料や水、電気はどこから来るのか？　車に乗らなくても必要なものを手に入れられるのか？　文化的な生活は？　気候変動マップを見てみてください。20年後、50年後、その地域はどうなっているでしょうか？

もしすでに定住する場所を決めているなら、地元のカフェで友人と会い、ＮＰＯの役員になり、市町村の議会に立候補し、地元紙に手紙を送り、聖歌隊で歌い、教会に参列するなどして、コミュニティという富を築き上げることができます。社会システムと自然システムのすべてが詰まった場所であり、身の安全を助け、心を豊かにし、より社会に貢献できるようになり、長期的にはあなたに必要なものを提供してくれます。

ＡＢＣのインフレーション

ジョー・ドミンゲスは「意識の成長速度はインフレよりも速い」とよく言っていました。つまり、スキルや能力、知識、仲間、コミュニティでのつながりは、通貨よりも早くインフレさせることができます。ダンスを学ぶことはヘッジになります。聖歌隊で歌う、ウェブサイトを作成することも同じです。経済的自立に到達すれば、学習するための時間、ＤＩＹの時間、人とつながる時間がもっとたくさん増えます。必要なものを安く手に入れられる時間があります。地域でボランティア活動を行い、教会に参列する時間があります。お金がかかり、急ぎ足だった旅行も、お金がかからず、ゆったりとしたものになります。働いている時期とは違い、便利かどうかはあなたの決断にそれほど大きな影響を与えません。

ＡＢＣ以外の富は？　それはあなたが持っているモノです。あなたの金銭的な富、物質的な富です。ただ、それらはあくまでプラスアルファにすぎません。思いやり経済の中では取るに足らない存在だからです。経済的自立は、安全と自由の土台の単に1つの角にすぎません。経済的相互依存はすべての角、つまり能力、近しい人、コミュニティ、そして苦労して手に入れたものを含みます。国の通貨と自然の通貨は合わさることで、あなたを途方もなく豊かにしてくれます。

富のABCを理解することで、ウォールチャート上のクロスオーバーポイントはより深い意味合いを持つことになります。単に雇われ仕事をする必要がなくなるというだけではありません。より愛や満足感、好奇心に満ちた世界に足を踏み入れる分岐点なのです。レイチェルおばさんやルーイおじさんとファミリーディナーを楽しむ、ロザリータおばさんやモノロおじさんとボランティアに参加する、いとこのアーチーと魚釣りを練習する、地元の議会の選挙に立候補する、洞窟の中で40日間瞑想する、そんな日々の始まりです。

クロスオーバーポイントに到達するというのは、まさに大きな達成です。あなたは誰かに解雇されたわけではありません。自分にとって最も満足度が高く、価値を感じていることを中心とした生活を新しく構築したのです。経済的な虚構を経済的な真実に置き換え、自分自身やお金、人生に関する過去の思い込みや通説を打破しました。多ければ豊かという幻想から目を覚まし、自分にとっての「十分」を明確にしました。日々の生活における収入と支出を把握・評価し、自分の生命エネルギーに対して責任を持つようになりました。満足感を測る自分自身の尺度をつくり、広告やピアプレッシャーの揺さぶりからは解放されました。あなたは自分の価値観と人生の目的を探求し、自分にとって本当に大切なことにより多くの時間を注いでいます。あなたの人生は他人のものではなく、あなた自身が紡ぎあげるものになったのです。

クロスオーバーポイントでの戸惑い

ただ、そうした人生の分岐点を通過する際に戸惑う人も少なくありません。

ある日、男性から電話がありました。私たちに経済的自立に至る道のりを逐一報告してくれていた、熱心で、創造力豊かな人です。

「ついに、経済的自立に到達しました」

「おめでとう！」と私は言い、彼の達成を大げさに褒め称えました。

「そうじゃないんです！　実は……怖いんです。この自由な時間を使って何をすればいいのかわからないんです」

この創造力豊かな男性でさえ恐れているのであれば、ほかの人は言うまでもありません。実際、多くの人がこの分岐点を通過する前に、ある奇妙な恐怖心の壁に突き当たることがわかったのです。もちろん三途の川を渡ろうとしているわけではありませんが、自由への橋を渡ることをそんなふうに感じる人は少なくありません。

ジョー・ドミンゲスは、自由になったらフルタイムでやりたいと思っていることを週末に試してみることで、経済的自立に到達した後に襲われるであろう不安感や恐怖心を克服しました。彼はリタイアした暁には米国全土をキャンピングカーで旅したいと思っていたので、貯蓄の期間にキャンピングカーのレイアウトをデザインし、週末をニュージャージー州の国立公園で過ごしました。分岐点を通過するころには、ジョーは自由な時間をうまく過ごせるようになっていたのです。

ＦＩＲＥムーブメントが世界中を席巻している現在では、そうした自由への適応の仕方についての情報やアドバイスはかつてないほど充実しています。ＦＩｅｒのブログや掲示板、そして私たちが直接いただいたものの中から選りすぐりのアドバイスをここで紹介したいと思います。

あなたは当初、不安を感じたり、退屈になったりするかもしれません。もしくはキャンディー屋さんにいる浮かれた子どものように、何でもかんでも口に入れてみたいと思っているかもしれません。ただ、そうした状況は長くは続きません。あなたは時計の針に従って行動するのではなく、心の針に従って行動するようになります。

経済的自立に到達するために目の前にぶら下げていたニンジンが何であれ、到達した暁には、あなたはついにそれを食べ始めます。旅行かもしれません。惰眠かもしれません。ビーチで過ごす休暇かもしれません。政治的活動かもしれません。

多くの人は後回しにしていた個人的な問題や健康上の問題に目を向け始めます。長い間、あなたが気にかけてくれることを待っていた問題です。あなたが過ちを犯していたということではありません。あなたが心身ともに健康になりつつあるということです。30歳であろうが、40歳であろうが、50歳であろうが、身体にはケアが必要です。それ自体がまさに冒険になりうるのです。

あなたは楽器や絵画、聖歌隊での合唱、タップダンス、魚釣りを始めるかもしれません。もしくはアルティメットフリスビーのチームに入る、コミュニティ劇場にはまる、協議会をとび回る、マルチプレイヤーのオンラインゲームに夢中になる、シェイプアップする、瞑想する、高齢者や身体の不自由な人に食事を届ける可能性だってあります。

自分の作業場やコンピュータ上であれこれと手を動かし、解決困難だった問題の驚くべき解決策を思いつくかもしれません。その解決策を周囲に広めることで、かつては想像できなかったような影響力を持つようになるかもしれません。

NPOが役員の席をあなたに用意してくれるかもしれません。「理事会や委員会はいくつあれば十分なんですか?」と聞くチャンスの到来です。

これらは経済的自立に到達した人たちがすべて経験してきたことです。彼らの経験はこれだけにとどまりません。

あなたもそんなFIerたちの仲間に入れば、雇われ仕事をする時間などないことがわかるはずです。仕事とお金とを切り離すことで、本来の仕事を発見し、バラバラだった人生のピースが再び1つになり、真に調和の取れた人生を歩めるようになります。のんびりしたり、片付けたり、料理したり、散歩したりする日々さえも充実感であふれています。次々とやるべきことがあるものの、変なプレッシャーはありません。瞑想、洗濯物の片付け、満員の会場での講演まで、あなたはすべての作業に全神経を集中して取り組めます。取るに足らないことなど何ひとつありません。まさに経済学者のジュリエット・ショアが「plenitude(豊富、完全、充実、十分)」と表現する状態です。

あなたは自分の好きなように自由に働けます。楽しみのために働いても、誰かにお返しするために働いても、インスピレーションに従って働いても、向上心のために働いても、自己変革のために働いても、何を目的に働いてもかまいません。

選択こそが経済的自立の核心です。お金ではなく、あなたにとって最も貴重な資源である時間、意識、人生を何に使うのかという選択こそがカギを握ります。

クロスオーバーポイントを通過した後の人生にマニュアルなどありません。自由に人生の時間を使ってください。建築家で思想家でもあるバックミンスター・フラーは、「私たちは将来の犠牲者ではなく、将来の設計者になるために生まれたのだ」と言いました。その言葉の意味するところを、自由に探求してください。

ステップ8のまとめ

毎月、次の公式をあなたの資本に当てはめ、ウォールチャートに投資収入のラインを書き加えましょう。

資本×現在の長期金利÷12カ月＝月の投資収入

次の章で説明する指針に従って投資を始めたタイミングで、ウォールチャートに実際の投資収入を書き加えましょう（まだ投資に回していない預金に関しては、先の公式を当てはめて投資収入を概算します）。投資収入のトレンドがはっきりし始めた際には、そのラインをクロスオーバーポイントまで延長させましょう。経済的自立に到達するまでに、残りどれくらいの期間、働かなければならないのかが概ね予測できます。

次の質問を自分に問いかけてみよう

・借金を完済するために、どのような実践的アイデアを持っていますか？
・あなたが後世に遺すものは何であってほしいですか？
・もし生活費のために働く必要がなければ、自分の時間を使って何をしますか？
・もし1年間の休みが取れるのであれば、その時間をどのように使いますか？
・お金に頼らずに生活に必要なニーズを満たすために、どのようなスキルを磨けますか？　どのような社会的ネットワークを築けますか？

第9章 どこにお金を投資する？

ステップ9 経済的自立に到達した後の投資

このステップは、あなたに投資についての知識と教養を深めていただくことが目的です。経済的自立に到達した後の投資では、長期的にあなたのニーズを満たす、安定した収入を手にすることが重要になります。

経済的自立に到達するクロスオーバーポイントを通過した後（もしくは通過するまでの期間）、どこに資金を投資すべきなのでしょうか？　本章では、その疑問についてお答えしていきます。目新しい流行りの投資スキームを期待して本章だけを拾い読みしようとしている方は、最初のページに戻ってください。本章は、仕事や遺産、投資での成功などによってすでに十分なお金を貯めて、お金を稼ぐことよりももっと大切なことに自由な時間を使いたいと思っている人に向けて書かれたものです。

力をつける

本書の主要な目的の1つは、あなたに力を与える——知らず知らずのうちにお金に奪われてしまった力を取り戻してもらう——ことです。前章では、資本が生活に必要な毎月の投資収入を生み出し、墓場を建てるような生活からあなたを解放してくれることを説明しました。本章では、世界中のFIerたちが財産を維持し、「十分より少し上」の収入を生み出し、自分たちが住むコミュニティを豊かにするために利用している一般的な投資手法についてお話ししていきます。

投資資産とはシンプルに、あなたがリターンを期待してお金を投じる資産です。FIerは通常、複数の資産に投資しています。

保守的に投資するのであれば、投資先は債券（利子付きで払い戻しが保証されている企業や公的機関への貸し出し）、もしくはリボルビングファンド（あなたの住む地域や発展途上国に資金を投資するファンド）です。

証券口座や年金口座を通じて、ファンドマネジャーやコンピュータのアルゴリズムが選んだ株式や債券に投資する投資信託やETF（上場投資信託）に投資することもできます。不動産──住む目的でも、貸し出す目的でも──に投資することもできます。企業に資金を投じる──出資する、融資する──こともできます。

それ以外にも投資する方法はたくさんありますが、いずれもリスクが高いか、常に注意して見ておく必要があるか、倫理的に疑わしいものです。デイトレーダーは多くのお金を稼ぐこと（失うことも）ができますが、その名の通りに毎日を過ごさなければなりません。デリバティブなどの金融商品は高いリターンを約束してくれましたが、あくまで金融危機が起こる以前の話です。あなたは自分の好きなように投資することができますが、本章はあくまで経済的自立のスタイルに合った指針を与えることを目的としています。

投資と言えば、お金儲けを連想させますが、再び「多いほど豊か」というメンタリティーを取り戻すわけではありません。あなたの資本を使って、墓場を建てる生き方を学ぼうというわけではないのです。あなたはすでにこのプログラムのステップに従うことで、自分にとっての十分な金額を知っています。この投資の目的は、その十分な金額の収入──プラス少しのぜいたくのお金──を生涯、確実に維持できるようにすることです。

つまり、あなたの基本的な欲求が満たされる十分な収入を、長期間にわたって確保してくれる投資資産について、知識と教養を深めるということです。知識と教養を深めるとは、投資の世界とは切り離せない不安や思い違いが解消されるくらいまで学習するということです。そして、耳寄りの投資アドバイスやスマートフォンなどを見ていると思わず目に入る有害な情報に惑わされなくなるということです。

本章を具体的な投資アドバイスと解釈しないでください。あくまで、長期的に資産を守り、増やしていくための一般的な手法に焦点を当てた内容になっています。本書のほかの部分と同じように、個人的な経験や人気のある戦略に基づいた情報であり、あくまで指針、原則、ためになる情報として活用してください。

簡単な用語解説

本章では、株式市場での投機のやり方について学ぶのではなく、ＦＩｅｒが情報に基づいた保守的な選択ができるよう、一定の指針を与えることを目的としています。投資をする際に理解しておいたほうがいい、よく使われる専門用語についていくつか解説していきます。

・リスク耐性

あなたはどの程度、投資に伴う損失のリスクに耐えられますか？「もう一度、働かなければならないのでは？」と不安になって、夜も眠れなくなる損失はいくらですか？元本をまったくリスクにさらしたくないという保守的な投資家もいれば、大きなリターンを得るために、全資産でリスクを取って賭けに出たいという積極的な投資家もいます。ＦＩｅｒは後者の選択はしません。クロスオーバーポイントに到達する前には、大きなリターンを求めてリスクを取る人も中にはいます。ただ、クロスオーバーポイントに到達した後は、できるだけ投資の結果に気を取られないよう、リスクを最小限に抑えつつ、パッシブ・インカムを最大化したいのではないでしょうか？

あなたのリスク耐性は年齢、性格、仕事のスキルの汎用性、人生経験――あなたの経験とあなたを育てた人の経験――、そしてあなたの金融全般に対する心構えに左右されます。インターネット上には、あなたのリスク耐性を診断してくれるすばらしいツールがあるので、ぜひ活用してみてください。

・資産の種類と分散投資

資産の標準的な種類には、株式、フィクスト・インカム（債券）、不動産、コモディティ（鉱物、化石燃料、穀物）、そして外貨があります。1つの資産が上昇すると、もう1つの資産は下落するという動きがよく見られるので、複数の資産に分散するというのがリスク管理のセオリーです。FIerは幅広いファンド――債券、株式、ゴールドなど――に投資することで資産を分散します。最近では、P2Pレンディング、貸付型ファンド、株式投資型クラウドファンディング、再生可能エネルギー関連の投資など新たな資産も登場しています。

・収入

投資収入を稼ぐ方法は5つあります。

①**利子**とは、債券や手形、譲渡制預金、普通預金などのフィクスト・インカム投資から得られる

定期的な収入のことです。

②**配当**とは、株式や投資信託、ＥＴＦ、非上場企業の保有者に支払われる企業の利益の分け前です。

③**キャピタルゲイン**とは、投資資産や不動産の売却に伴う利益のことです（売却額が当初の投資金額を下回れば、キャピタルロスとなります）。

④**家賃**とは、所有している不動産から得られる収入です（税金、保険料、住宅ローンの返済額、修理費などの費用が差し引かれます）。

⑤**ロイヤリティ**（特許権使用料、著作権使用料）とは、知的財産や天然資源、フランチャイズなどの所有者に支払われるお金です。

・時間

あなたの想定する投資期間は何年ですか？　過ちを犯しても立ち直れるほど十分に長い期間がありますか？　それともすでにリタイアしており、亡くなるまで資金を持続させる必要がありますか？

一般的には若ければ、高いリターンを求めてリスクを取るべきであり、歳を取るにつれて、安定的な収入を得るために元本を維持することを重視すべきだと言われています。リタイアが数十年先の若い人は、資金の９割を株式に、１割を債券に投資すべきだとされています。バブルとその崩壊を耐え忍んだ後、また復活できる時間的な余裕があるからです。より保守的な投資家、もしくは財産の安定性を優先させたいリタイア間近の人などは、株式2割、債券8割の資産配分を選ぶかもしれません。

ＦＩｅｒは一般的な考え方よりも保守的な傾向にあります。彼らはずっと早い時期でのリタイアを目指しており、下落相場に突入しても投資収入がクロスオーバーポイントの収入を下回らないという強い確信を持ちたいのです。

・手数料

投資資産の売買に多くの仲介業者が絡むほど、より高額な取引費用と管理費用が加わり、あなたの利益の取り分は少なくなります。アクティブファンドではファンドマネジャー――ダーツを投げるよりは銘柄選びに長けていると考えられていますが、実際はそうではありません――に高額の手数料を支払う必要があります。手数料制のファイナンシャルアドバイザーには、あなたの資産の数パーセントを自分たちのサービス料として徴収するタイプと、時間制報酬のタイプがあります。現在ではインデックスファンドがＦＩｅｒの間では一番人気があります。手数料が安く、パフォーマンスも――必ずとは言えませんが、少なくとも最近は――良好だからです。

・ファイナンシャルアドバイザー

投資はすべてを自前でやる必要はありません。もちろん、あなたがそうしたければ別ですが。アドバイザーを雇ったり、オンラインサービスや証券会社を利用したりできます。彼らはあなたの目標やリスク耐性、価値観などを把握した上で、あなたに合ったポートフォリオを見繕ってくれます。タチの悪いブローカーに囲い込まれて、手数料の高い金融商品を買わされないように気をつけましょう。手数料制のファイナンシャルアドバイザーは、あなたのために働いてくれます。パフォーマンスの監視、ポートフォリオのリバランシング、より大局的なプランニングなど、自分ではやる能力のない本質的な作業を肩代わりしてくれるありがたい存在です。決める前には、いろいろなアドバイザーと話をして比較するようにしましょう。

・社会的責任投資

あなたはもしかして自分の価値観が強すぎて、その価値観に反する事業活動を行う企業がポートフォリオに含まれているファンドに投資すると、夜も眠れなくなるタイプではないですか？　それはあなただけではありません。幸運なことに、環境汚染や武器の製造、性差別などを行う企業をポートフォリオから除外するファンドは増加傾向にあります。長期的に見ると、社会的責任投資をするファンドのパフォーマンスはそれ以外のファンドに引けを取らず、上回っていることも少なくありません。(1)ただ、企業が社会的責任を果たしているのか調査する必要があるため、手数料はほかのファンドをやや上回ります。手数料の差額を調べた上で、社会的責任を果たすファンドをサポートするためにその差額を払うべきかどうか、自分の良心と対話してみてください。

ナチュラル・インベストメンツに所属する私のファイナンシャルアドバイザーは、社会的責任について以下のように説明してくれています。

お金の使い方や稼ぎ方と自分の価値観を調和させることが、本書で紹介するプログラムの核心と言えます。そうした観点から言うと、社会的責任投資は真剣に検討すべき価値のあるものです。自分のお金に関する選択――収入、支出、貯蓄、投資――の倫理的な影響を、誰しも避けることはできません。金融の世界では清廉潔白なものなどありませんが、自分の投資ができるだけ世の中に害を与えず、役に立つよう私たちは最善を尽くすべきです。

社会的責任投資は、ベトナム戦争をきっかけとして、投資したお金が武器の製造を支えることに反発した投資家の間で静かに始まり、およそ50年が経過しました。現在では全世界で23兆ドルのマーケットにまで成長しています。米国では専門家によって運用される資金の22パーセントが社会的責任投資に投じられています。

かいつまんで言うと、社会的責任投資は次のことを目指しています。

・マイナスの影響を回避する
・プラスの影響を求める
・投資した企業の方針に影響を与える

いかにしてこれらの目標を追求していくのかというと、倫理や道徳に反する無責任な活動を行う企業への投資を避け、コミュニティや社会、環境に対して前向きな変化をもたらす投資を追求するために、社会や環境への影響に関する研究成果を利用しています。また、企業に説明責任を求め、行動を改善させるために株主アクティビズムを実践しています。さらに地元経済を支援し、発展途上国における経済的機会を拡大させるために、コミュニティ投資の要素も取り込んでいます。

今日では幅広い環境、社会、ガバナンス（ＥＳＧ）の要素が社会的責任投資にとどまらず、一般的なマネーマネジャーの間でも評価の対象に加わっています。金融の世界では、環境や資源をめぐる懸念が企業の損失リスクになりうることがますます認識されるようになりました。美徳ではなく、より高い長期的リターンを求めるプラグマティズムに突き動かされて、投資家はグリーン産業に目を向けるようになっています。例えば、石炭や石油に対する企業の投資は、将来的に利益となって還元されないかもしれません。今後数十年の間、化石燃料関連の企業が存続できるかどうか、投資家は真剣に疑っています。社会全体で見ると、気候変動への対策においてなかなか進展は見られませんが、保険会社や軍隊は気候変動をその予測に取り入れ始めています。

初期のころの評判を引きずり、社会的責任投資とはリターンを犠牲にすることで成り立つと思われがちですが、決してそうではありません。１９９０年代初頭以降、社会的責任投資やＥＳＧ投資のリターンは従来型の投資に決して引けを取らず、上回ることも少なくありません。さらに、社会的責任投資には社会的リターン、環境的リターン、そして良心的リターンという別の側面のリターンもあります。気候変動や政治的安定における不確実性が高いこの時代において、多くの人は無力感に苛まれています。社会的責任投資とは、あなた自身が社会の行く末を決められる１

つの手段です。

長期米国債：ジョーのプラン

ジョー・ドミンゲスは１９６９年、31歳の誕生日を迎えた直後にリタイアしましたが、当時は長期米国債や政府系機関債など、「買ったら後は放置」できるパッシブ・インカムの非常に健全な投資機会に恵まれていました。元本を毀損することなく、毎月の安定した投資収入を確実に得ることができたのです。

当時、これらの債券の金利は６・５パーセントを上回っている一方で、インフレ率は３パーセント以下でした。つまり、投資家にはかなり大きなリターンが確約されていたのです。それから30年間は高い金利を享受できる幸せな時代でした。１９８１年の景気後退期には金利がおよそ15パーセントまで高騰し、ジョーが亡くなった１９９７年でも６・５パーセントの水準を維持していました。彼の投資戦略はこのまたとない機会を利用したものだったのです。

早期リタイアをテーマとしたウェブサイト「The Money Habit」を立ち上げたＪ・Ｐ・リビングストンが作成したグラフ９‐１は、ジョーが長期米国債を選んだ理由を雄弁に物語っています。(2)

１９８０年にセミナーを開始したころ、ジョーは当然のように投資先として長期米国債を勧めていました。私たちの多くが彼の言う通りにして、経済的自立を享受してきたのです。第５章で紹介

9-1　10年米国債利回り

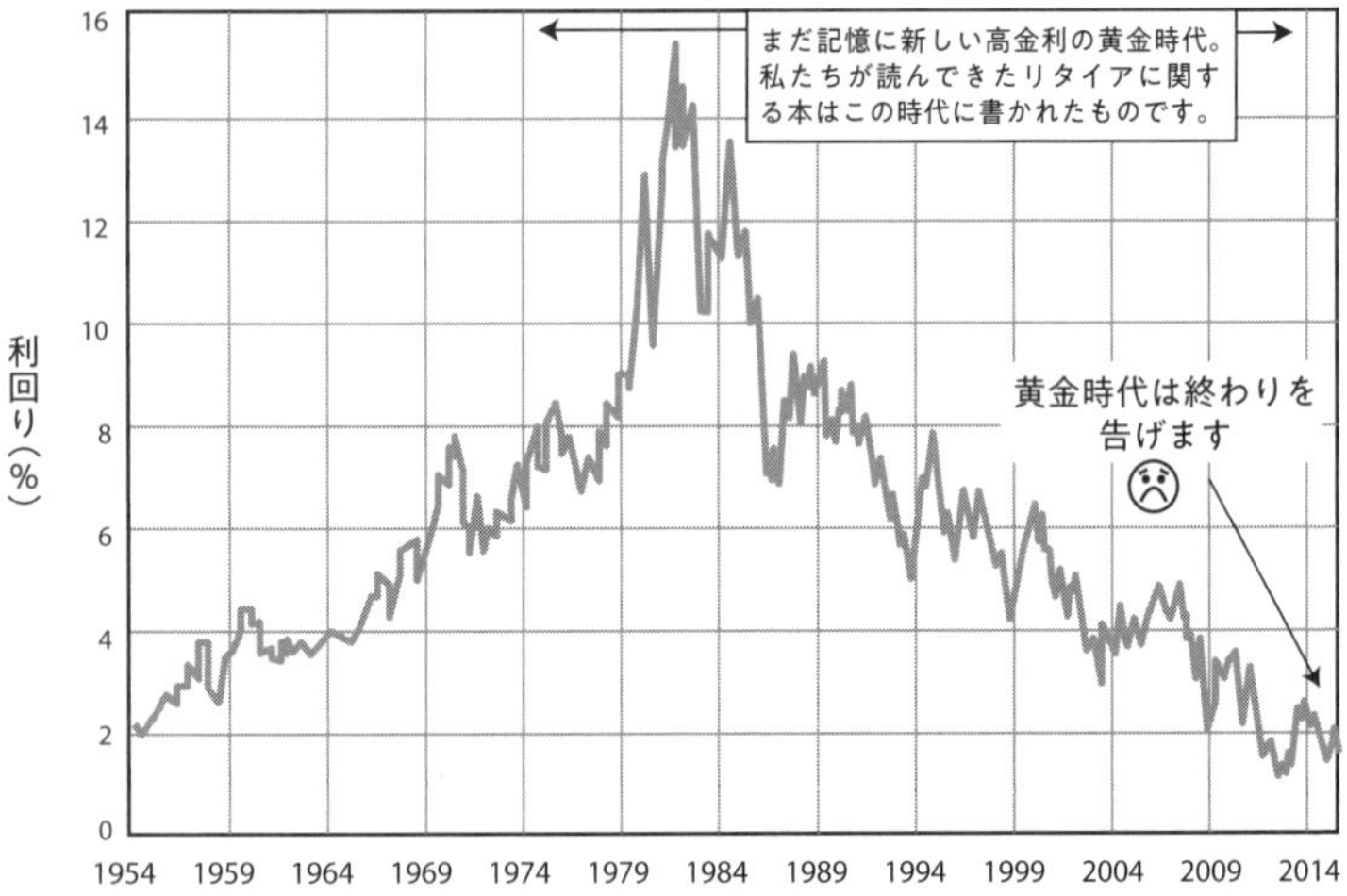

したマイク・レニッチもそうした仲間のひとりでした。彼は1992年に本書のプログラムを始め、忠実かつ厳密に実践してきました。

ところが2000年以降の本書の読者は、ジョーの投資戦略に対して羨望と軽蔑の念を持っています。当時の高い金利に関してはうらやむ一方で、株式市場で富をもっと大きくできた時代に債券に投資していた感覚について軽蔑するのです。本書を「あっ？　あの長期国債への投資を勧めている本だろ」などと一蹴します。実際はそうではありません。本書は雇われ仕事とは別に、亡くなるまで持続する安全かつ安定的な収入源を確保することを勧めていますが、その収入源はあくまで時代や環境に合わせてさまざまな選択肢を考慮すべきだと説いてます。ジョーにとっては、単にそれが長期米国債だったというだけです。

ジョーは1969年当時、自分の大切な資金を投資する上である基準を設定しました。彼は7万5000ドル、現在の価値に換算すると22万5000ドルほどの資金を貯めていました。平均8パーセントの年間リターンと仮定すると、現在の価値で2万ドル以下の年収にしかなりませんが、彼のライフスタイルではその金額で十分だったのです。ただ、足元の金利を仮定すると、4倍の投資元本（FIREコミュニティでよくたとえとして用いられる100万ドルに近い金額です）が必要となります。

ジョーの投資戦略はもはや時代遅れとなりましたが、その投資原則には時代を経ても色あせない教訓が含まれています。彼が設けた投資基準は以下のようなものです。

- 元本を毀損しない
- 利息が必ず支払われる（米国政府の信頼と信用が元本と利息の安全性を担保しています）
- 非課税
- 繰り上げ償還がなされない（ほとんどの長期国債は繰り上げ償還がなされません）
- 譲渡性や流動性が高く、世界中で売買できる——すぐに売買でき、手数料も安く、売買単位にも利便性がある（1000ドル、5000ドル、1万ドルなど）
- 購入しやすい——連邦政府からの直接購入、もしくは世界中の証券会社や銀行を通して買える
- 手数料が安い——仲介業者がおらず、運用管理手数料も販売手数料も不要

・デュレーション――償還期間の選択肢が多い。数カ月で償還を迎える短期債券もあれば、30年で償還を迎える長期債券もある

・長期的な収入の安定性――ＦＩｅｒには理想的。賃貸用不動産などにつきものの不安定な収入の変動を避ける

長期国債についての簡単な説明

債券とは、単純に借用証書です。発行者は、償還期日までに額面金額を保有者に払い戻すことを約束します。大半の債券は一定額（クーポンレート）の利子も支払います。利子は年率で表されますが、通常は半年に一度支払われます。

国債とは、政府による資金の借り入れです。数カ月おきに新規の国債が発行され、償還までの期間は10年、20年、30年などがあります。新規国債で調達した資金は、まず償還期日が近づいている古い国債の保有者への支払いに充てられます。残った資金が連邦政府の予算の赤字の埋め合わせに使われるのです。国の借金は政府にとって最優先の債務です。国債の元本と利子は期日が来たら、何よりも優先して必ず支払わなければなりません。支払いが滞れば、マーケットにおける米国政府の信用格付けが急落してしまいます。

ジョーと私が長期国債に投資していた当時は、世界が米国政府の返済能力に不安を抱いており、必要な資金を調達するために政府は高い金利を支払う必要がありました。ＦＩｅｒに最高の投資機会を提供してくれていたのです。30年国債は「買ったら後は放置」できる絶好の投資機会でした。

債券の価格は金利動向に左右されます。そのため償還期日前に債券を売却すると、購入価格よりも高かったり、安かったりすることがあります。満期まで保有すれば、金利に左右されることなく、額面金額を受け取ることができます。

国債は新規に発行された際には、トレジャリーダイレクトというプログラムを通して、米連邦準備制度理事会（ＦＲＢ）から直接、手数料なしで購入することができます。仲介業者は介入していないため、証券会社に払う仲介手数料は発生しません。また、証券会社などの仲介業者から既存の国債を購入することも可能です（手数料は最小限です）。

また、個人投資家はセカンダリーマーケット（流通市場）で別の投資家から債券を買うこともできます。購入価格は金利に左右され、額面金額を上回ることもあれば、下回ることもあります。また、購入する際に若干の手数料が必要となるかもしれません。米国政府に資金を貸すよりも生身の人間との取引を好んで、セカンダリーマーケットを愛用する個人投資家も少なくありません。

米国債の金利は長期と短期、いずれも２０１２年に２パーセントを下回り、いまだ低空飛行が続いています。この潮流がいつまで続くのかはわかりません。債券のリスクの低い部分は気に入っているものの、１種類の債券だけに資金を賭けたくない人は、複数の債券に投資する債券ファンドの購入も視野に入れましょう。

ジョー自身は社債への投資を勧めていませんでしたが、少しでも高い金利を求めるＦＩｅｒの方は魅力を感じるかもしれません。社債も米国債と同様に債務証書であり、半期もしくは四半期ごとに利子が支払われます。そして償還期日が来れば、元本を受け取ることができます。国債と同様にスタンダード&プアーズやムーディーズなどの格付け機関による信用格付けがありますが、投資する際はBBB以上の格付けのものを選んでください。

米国政府の十分な信頼と信用に付随する安全性を享受したい社会的責任投資の投資家は、国債ではなく政府系機関債への投資も視野に入れましょう。国債で調達した資金は軍事費や国債費が大半を占める連邦政府の歳出に充てられますが、政府系機関債はあなたが関心を寄せる特定のグループ(農家、学生、住宅保有者、零細企業)をサポートする役割を果たします。

注意事項

ジョーは新たに投資を始める人に最低限の情報だけを提供するよう心がけていました。ただ、次の警告だけは忘れませんでした。絶対確実なものなど何もありません。何もないのです。それが人生です。不確実性が嫌いなあなたは、単に運が悪かっただけです。もし誰かが何の努力もせずにお金を稼げる絶対確実な方法があると耳元でささやき、あなたがその口車に乗ってしまったら、あなたのことを愚か者と彼は呼んだでしょう。

ずいぶん昔、ジョーが関心のある友人だけに経済的自立のアプローチを教えていた時代の話です。彼らが経済的自立に到達したときに、ジョーはお祝いのプレゼントとしてある債券を手渡していました。黄ばみがかっている帝政ロシアの債券です。インターネット証券口座や登録債などなかったころ、債券には実際にクーポンが付いており、保有者は半年に一度、利子を受け取る際に、そのクーポン切り取って、銀行の窓口に持って行きました。ジョーがお祝いのプレゼントとして手渡した債券のクーポンは１９１７年の分まで切り取られていました――ロシア革命によって債券が無価値になるまでです。50年がたち、ジョーは二束三文で箱詰めのその債券を買い取りました――おしゃれな壁紙として使えると考えたのです。彼はその債券を新たなＦＩｅｒに手渡すことで、生涯安定的な収入をもたらすと考えられている投資資産も、地政学的、経済的な状況の成り行き次第で安全ではなくなることを肝に銘じてほしかったようです。すべての投資家は決して気を緩めないよう心がけましょう。

手数料の安いインデックスファンド：ＦＩＲＥ実践者のプラン

大多数のＦＩＲＥブロガーは、インデックスファンドへの投資を推奨しています。運用会社バンガードを１９７５年に創設したジョン・ボーグルは、手数料を抑えることで投資家に利益をもたらすという革新的なアイデアを思いつき、投資を誰もが利用できるシンプルなものに変えました。販売手数料をなくし、運用管理費用を最小限に抑えることで、普通の人でも投資の世界に足を踏み入れられるようにし、フィデリティやシュワブなどほかの運用会社にも新たな可能性を提供したのです。とくに収入の面で「十分」の水準を理解しているＦＩｅｒにとっては、インデックスファンドは債券を除くと最も「買ったら後は放置」を実践できる投資資産です。

伝説的な投資家であるウォーレン・バフェットも、「コストの安いインデックスファンドは大多数の投資家にとって最も賢明な株式投資のやり方です。例えば、定期的にインデックスファンドに投資するだけで、何も知らない投資家が投資のプロの大多数を出し抜くことができます」との持論を展開しています。(3)

インデックスファンドとは、パフォーマンスを株式市場の指数（ダウ平均、ＮＡＳＤＡＱ、Ｓ＆Ｐ５００など）や債券市場の指数と連動させる投資信託、もしくはＥＴＦのことです。インデックスファンドへの投資では、マーケットを出し抜こうとしているわけではありません。従来型のアクティブな運用をしたり、個別銘柄に賭けているわけでもありません。幅広い分散と売買の抑制を重視した、受け身の投資アプローチと言えるものです。できるだけリスクを抑えながら、あなたの目標——短期と長期——に沿った十分なリターンを目指すのです。だからこそ、手数料が安く、幅広い分散が可能なインデックスファンドは、ＦＩｅｒが実践すべき投資としてうってつけの商品です。

債券とは違って、株式インデックスファンドはマーケットの動きに合わせて上下に変動します。ミレニアル世代のＦＩＲＥファンは、ベビーブーマーが銀行を利用するような感覚で株式インデックスファンドを利用します。手持ちの現金を少なくし、資金の大半を株式ファンドに投資します。バブルの発生と崩壊を経験した人たちは、株式市場の金融商品を銀行預金のように扱うという発想に違和感を覚えるかもしれませんが、上がり続けるマーケットしか目にしたことがない若い人々には、インデックスファンドに投資しないことのほうがむしろ愚かに見えます。投資によるアップサイドや４０１ｋなどに付随する税優遇のほうに目が向くのです。

ただ過去90年の間に、株式市場は5度の暴落（32〜86パーセントの下落）を経験しました。下落後の回復期間は4～27年に及びます。非難を覚悟で、以下に具体的なデータの一部を紹介しておきます。

・世界恐慌：86パーセント暴落し、回復に27年かかりました
・1970年代半ば：46パーセント暴落し、回復におよそ10年かかりました
・1987年後半：ほんの3カ月で32パーセント下落し、回復に4年かかりました
・世界同時不況（2007～2009年）：50パーセント下落し、回復に6年かかりました

2000年前後のITバブルの崩壊と2007～2009年の金融危機の際には、株式市場の回復に10年もかかりませんでしたが、マーケットの循環的な性質がなくなったというわけではありません。一方、債券ファンドのボラティリティは低く、下落相場でもせいぜい数ポイント下落するくらいです。

インデックスファンドの哲学

ボーグルヘッズ（ジョン・ボーグルの信者たち）は自分たちがリスクを管理しながら、平均的な投資家――その多くは売買のタイミングを計ったり、次のホットなIT銘柄で一発当てようともくろんでいます――よりも高いリターンを得られると信じています。彼らの投資哲学を端的に表すと、手数料の安いインデックスファンドで分散投資し、長期間持ち続けるというものです。

どのようにして手数料を安く抑えているのでしょうか？　インデックスファンドは手数料の高いアクティブファンドとは違い、パッシブ運用です。つまり、銘柄選別は行いません。アクティブに運用されているファンドでは、ファンドマネジャーがマーケットの指数を上回ろうと独自の判断で投資資産を選びます。インデックスファンドは管理にあまり手間がかからないため、手数料を安く抑えられ、投資家にとってより大きな魅力を提示しているのです。手数料、つまり経費率はあなたの資産から一定のパーセンテージが徴収される仕組みです（インデックスファンドにも社会的責任投資の選択肢はあります。一般的な投資信託よりは手数料は安いですが、ほかのインデックスファンドよりは割高です）。

最後に、分散投資について考えなければなりません。多くのインデックスファンドは手数料が安く、シンプルですが、投資家にはまだ選択すべき要素が残っています。例えば、株式、債券、国内、海外、大型株、中型株、小型株などから資産を組み合わせなければなりません。米国債券インデックスファンドもあれば、海外株式インデックスファンドもあります。これらを組み合わせることで、世界の複数のマーケットに分散投資でき、全体的なリスクを抑えることができるのです。

会社の福利厚生を最大限に利用する

多くの会社の企業年金では手数料の安いインデックスファンドが提供されています。もしあなたの会社に企業年金制度がある場合は、パッシブ運用のインデックスファンドを検討してみてください。会社負担がある場合は、必ず満額まで利用しましょう。それだけの価値があります。働いている間に年金口座に拠出することで、将来に備えながら、税金を抑えられるのです。すぐに気づくと思いますが、前述したアドバイスに従えば、ファンドの選択肢は数種類に絞られます。簡単すぎて退屈に思えるかもしれませんが、それが正しいやり方だということです。長期投資とは一攫千金のスキームでも、細かく管理するものでもありません。

バンガードのような運用会社は、シンプルで付帯条件なしの投資手法を開拓しました。高額で複雑だったものが、誰にでも簡単に利用できるものになったのです。いまでは多くの運用会社がインデックスファンドに参入しています。最も大切なのは、何人たりとも——そうです、何人たりともです——市場の頃合いを見計らったり、将来を予測することなどできないということを理解することです。自分のリスク耐性を理解し、株式、債券、国内、海外のインデックスファンドに分散投資して、リスクを低減させましょう。

完璧なポートフォリオを構築することなど不可能であり、最も大切なのは1つの政府や企業に左右されるリスクの度合いを減らすことです。それぞれのファンドの経費率を比較検討しましょう。ほとんどの長期投資に言えることですが、ポートフォリオは頻繁に変えず、四六時中、情報を発信し続ける経済メディアに耳を貸してはいけません。あなたが投資資産の価格を気にするのは、それを買う日とそれを売る日だけです。

本当にインデックスファンドでいいの？

多くのＦＩＲＥムーブメントの著名人がメディアの注目を浴びるようになりました。派手な見出しには「早期リタイアしたい?」「30代前半でリタイアは?」「収入の半分を貯蓄に回せば早期リタイアできる」などといった文字が踊っています。これらの見出しにつられて多くの人がクリックすることに驚きはありません。ただ詳しく見てみると、FIREムーブメントの火付け役の多くが私たちが本章で概要を説明してきた投資戦略に従っていることがわかります。

『父が娘に伝える自由に生きるための30の投資の教え』の著者であるジェイエル・コリンズは、娘に送った一連の手紙の中でこの投資アプローチについて説明しています。手紙の中で、彼は次のようにはっきりと述べています。人々はお金が好きだが、お金の管理はシンプルにしたいと思っている。彼は父親としてのアドバイスを、「お金にだらしない人は避けよう」「稼いだお金の一部を貯蓄に回そう」など、短く箇条書きでまとめています。さらに単刀直入に、収入よりも少ない金額に支出を抑え、余った資金をバンガードのトータル・ストック・マーケット・インデックス・ファンド(VTSAX)に投資すべきだと娘にアドバイスしています。たった1つのファンドです。本当にそんなに簡単でいいのでしょうか?

FIREムーブメントのブロガーの中で最大のスターはおそらくミスター・マネー・マスタッシュです。彼は長い間、自身のインデックスファンドとの関係を声高に語ってきました。個別銘柄への投資を「与太郎の賭け」とすら呼んでいます。ブログの中で、彼は読者に対して10~15年間は働き、収入の半分以下の生活費で充実した生活を送り、残りのお金をインデックスファンドに投資するようアドバイスしています。多くの人とは対照的に、マーケットの暴落は株式のクリアランスセールだと考えています。不動産などほかの収入源も認めていますが、読者にはインデックスファンドを通じて自分のお金に働いてもらうことを推奨しています。

ミニマリストであるジョシュア・フィールズ・ミルバーンとライアン・ニコデマスはブロガーで、ベストセラーとなった『minimalism　30歳からはじめるミニマル・ライフ』の著者でもあります。ふたりは投資においてもミニマリズムを有言実行しました。おわかりの通り、投資の手段としてインデックスファンドを選んだのです。柔軟で、手数料が安く、信頼できます。彼らはバンガードやベターメント――シンプルな投資の世界に自動投資という強力な競合商品を提供している運用会社――など手数料の安い運用会社に変えたことで、大きな節約につながったことを強調しています。

最後に紹介するのがフルーガルウッズ夫妻です。ふたりは余剰資金をインデックスファンドに投資することを、「手軽でお得な資産運用戦略」と呼んでいます。ほかの人たちと同じですね。自分たちの投資戦略を説明するブログの中で、彼らは次のように核心をついています。「私たちの文化は投資というものに神秘のベールをまとわせたがります。はっきり言って、そんなものはいりません。他人にお金を払って資産を運用してもらう必要などないのです。なぜなら――よく聞いてください――手数料の安いインデックスファンドは、プロが運用するアクティブファンドを上回る実績を上げるからです[4]」

ボーグルヘッズから学ぶべきシンプルなルールは、次の4つです。

- いまの借金を返済して、将来は借金をしない
- 収入以下に支出を抑える

・余ったお金をインデックスファンドに投資する
・投資したファンドを長期間、保有し続ける

不動産

次に説明する戦略は不動産投資です。お気に入りのコミュニティにしっかりと根を下ろした後は、デュプレックス［2世帯が居住できる建物］やクアッド［4世帯が居住できる建物］など家賃収入を生み出す不動産を購入するのも悪くありません。コミュニティの人たちのために不動産を管理できるだけでなく、住人があなたの代わりに住宅ローンを返済し、長期の安定した収入をもたらしてくれるのです。

『*Set for Life*』の著者であるスコット・トレンチは、不動産のアドバイザー兼仲介業者で、ブロガーでもあります。彼は「もし一軒家を買えるお金があれば、投資用不動産も買えることを全国の人々が理解しつつあります。小さなデュプレックス、トリプレックス［3世帯が居住できる建物］、クアッドは、シングルファミリーの一軒家とほぼ同じ値段で買えることも少なくありません。4世帯以下が住む物件で堅実な信用スコアと収入さえあれば、その物件に1年間住むだけで、少ない頭金で買うことができます。私を含めて多くの人がすばらしい経験をしてきました。きちんと宿題をこなし、賃貸経営について基本的なことを学んだ人は、静かでフレンドリーな住人――経済的にそ

の物件を借りる資格があり、信用スコアも高い人——を獲得できています。一軒家に住むのと同じように、小さなメンテナンスの問題は解決しなければなりません。ただ収益物件の場合は、物件の管理をする見返りに住人から数千ドルの家賃をもらえるという違いだけです」と説明しています。(5)

以下が物件を評価する際に考慮すべきチェック項目です。

・今後数年間、もしくは一生あなたの生活の一部になってもいいと思える場所にある物件ですか？

・将来、地価が上がりそうな地域にある物件ですか？　その物件の価格は上がりそうですか？近隣は今後も魅力や治安を保てそうですか？

・家賃は総額でいくら稼げそうですか？

・費用はどれくらいかかりそうですか？（修理費、水道光熱費、税金、設備投資、空室期間、管理費などが考えられます。合計すると数万ドルの準備金を積み立てておく必要があります）

ほかの投資とは違い、不動産では流動性が低い資産にまとまった資本を投じることになります。もしすぐに売却して現金が欲しいときに、住宅市場が調整局面を迎えていれば、資産を失うことになるかもしれません。リスクはありますが、自分の足と頭を使って正しい物件を選べれば、賃貸用不動産は亡くなるまで安全かつ安定した収入をもたらしてくれる資産になります。

注意事項：不動産を転売したり、ぼろ家を買って修理し、高値で売却して儲ける不動産投資家もいます。一部のＦＩｅｒには、お金を蓄える段階でこの戦略を利用する人もいるかもしれません。ただ、これらの手法はＦＩｅｒのポートフォリオとしての基準を満たしていません。手間暇がかかり、リスクも大きく、貧しい住人を強制退去させなければならない――彼らは友人や知人に囲まれた、住み慣れた地域で住めなくなるかもしれません――可能性だってあります。

自分の家に設備投資して、経済的自立のビジョンと調和した生き方を実践するという不動産投資の手法もあります。再生可能エネルギーや農場インフラ（庭、納屋、小屋、檻など）に投資すれば、数十年にわたって配当の形で利益を享受できます。フルーガルウッズ夫妻は資金をインデックスファンドに投じる一方で、田舎に農場をつくっています。

ケントとベスは初めて出会ったとき、ふたりとも高給の専門職に就いていていました。お互い優雅な生活を送っていましたが、そこに惹かれたわけではありません。博士号を持つケントは気候変動に関して大きな前兆を捉え、南部の都市で再生可能エネルギーのコンサルタントを務めていました。彼は自分の住む都市をサステナビリティのモデルにすることを見込んでいましたが、自分のアイデアがほとんど行政の壁に阻まれることに辟易《へきえき》していました。ベスは自分の仕事が温暖化に加担していることを理解しており、彼女を悩ませていました。ふたりは仕事を辞めるためにお金を貯め、都会から離れた場所で小さな農場を経営することにしました。

ところが、干ばつがふたりを襲います。深い井戸が干からび、穀物はしおれました。ケントが大学院で研究した気候変動のモデルが突如、現実のものとなったのです。ふたりは気候変動の影響から逃れられる安全な場所を探すために、キャンピングカーで西に向かいました。数カ月後、太平洋岸の北西部でついに見つけたのは、８エイカー［約3万2０００平方メートル］の植物が青々と茂った土地でした。ブラックベリーの茂みに覆われた値段の安い、廃墟のような家屋もあります。土地の境界の一部が幹線道路に面していたため、土地一帯が商業地という扱いでした。ふたりは農場をつくり、子どもを育てることをフルタイムの仕事にしたのです。

多少の工夫も加えました。キャンピングカーに住みながら、廃墟と化していた家屋をブラックベリーの茂みから救い出し、1階をキッチン、バス付きの部屋に改装して、そこからの家賃収入でローンを返済しました。メインフロアが住居可能になると、キャンピングカーを賃貸に出しました。さらに離れの家屋も修理し、賃貸に出したのです。家賃収入は道路に近い場所に商業用の建物を建てる資金に充てました。たった6年でローンを完済し、その土地にある肥沃な土、あふれる水、そして貸し出している物件を、自分たちに与えられた自然の永続的な富だと考えるようになりました。

その土地を買ったときにひとり目の子どもが生まれ、定住したときにふたり目が生まれました。自然を知り尽くし、意識できる子どもを育てること。手ごろな住居を他人に提供すること。子育てと社会貢献にすべての時間を使い、自分たちの住むコミュニティを救命ボートにできるよう地域のネットワークを広げること。こうしたことが将来のため、そして地球のためにできる最善のことだと、ふたりは心から信じています。

また、不動産は必ずしも住む場所である必要はありません。ジョージ・カーリン〔米国のコメディアン〕がかつて述べたように、「あなたのものを置く場所」であるかもしれないのです。

トッド・Tは、彼ならではの不動産投資の形として、貸し倉庫を購入しました。日々の管理は業者に任せています。これはある意味、過剰消費から利益を得ていると言えます。人々は家の中にしまえないほど、モノを余分に持っているということです。皮肉は置いておいて、トッドの家族は貸し倉庫から十分な収入を得ており、日々の生活費を賄いながら、余ったお金を2棟目の倉庫の購入に充てました。彼は自由な時間を使って、コミュニティに奉仕することにしました。学校の役員など、大きな責任のある役職を務めています。自分の生活を支えるパッシブ・インカムがあるからこそ、彼は思い切ってコミュニティに奉仕することができるのです。

不動産はより大きな投資戦略の一部としても利用できます。

ドロシー・Eと夫のラリー・Dは1995年、40万ドルの資産を貯めて、経済的自立に到達しました。ふたりの物語は、このプログラムの価値をまさに体現しています。ふたりはレバレッジを効かせながら、最大で3棟の賃貸物件を所有しました。さらに、住んでいる家の一部も間貸ししました。不動産からの安定した収入に加え、趣味として余剰資金を個別銘柄や投資信託への投資にも回しています。

株式投資についての知識と教養を深めるために、彼らは全米個人投資家協会で教育を受け、その間にいくつかの投資クラブの設立にも手を貸しました。以下が彼らが従った投資原則です。「①決まった金額を定期的に投資する」「②利益や配当を再投資する」「③質の高い成長株と投資信託に投資する」「④資産を分散する」です。ラリーは「投資クラブに加入すれば、安全で楽しく個別銘柄への投資について学べるよ。投資クラブの利点はお金持ちになれることではなく、投資について学べることなんだ。クラブで知識を得たり、洞察力を磨いたりして、それを自身の投資に応用するのが楽しいんだ」と話しています。

さらにふたりは節税によって、支出を抑えています。税金という貯蓄の排水口を塞《ふさ》ぐのです。税金について隅から隅まで学んだラリーは、次のように指摘しています。

「稼いだお金をできるだけ失わないように、資産の半分以上は(401kなどの)課税繰延口座に入れるようにしてるよ。口座のお金を引き出しても罰則がかからなくなる十数年後までは、投資からのキャッシュフローの予測をスプレッドシード上できちんと管理してるんだ。仮にその前に経済的に何らかの問題が起きたときは、罰金を払う必要があるとはいえ、口座からお金を引き出すこともできるよ」

そして最後に、彼らは本書の教え通りのことを実践しています。常に収入の範囲内でやりくりするのです。結果、彼らは貯蓄を3倍に増やしました。ラリーはときどき収入のあるボランティアプロジェクトに従事し、ドロシーはパートタイムで好きな仕事をする――お金のためというよりも、好きだからやる――ことにしました。

私の選択：社会的責任を果たす収入源を複数持つ

幸運なことに、私は保有している債券の大半を1981～1997年の間に購入しました。金利が高かった時代に購入したので、表面利率が15パーセントの債券もありました。最低でも8パーセントでした。最後に購入した債券以外はすでに満期を迎えました。30年の期限が満期に達し、政府から資金は払い戻されましたが、再投資するとなると、金利は5パーセント以下になります。21世紀を迎えるまでは、債券が私にとって唯一の投資先でしたが、それ以降、分散投資するようになりました――自分の価値観には妥協しません。仮にあなたの価値観が私と同じでなくても、私の経験があなたの投資の参考になるかもしれないので、少しお話しさせていただきます。

私にとって、幸福かつ自由でいるためには、投資のやり方が自分の価値観と調和するものでなければなりません。私はこれまで、成長を重視した経済が環境汚染や気候変動などに与える影響について学んだことをきっかけに、過剰消費を終わらせるための活動を30年間行ってきました。私はお金でお金を稼ぐことを忌み嫌うほど純粋主義者ではありませんが、投資をする際には自分の価値観に沿った行動を心がけています。電気自動車を運転し、太陽光発電事業にも投資しています。地元の農産物直売所で野菜を買い、地元の農家にも投資しています。より多様性のある地域経済を育てるために活動し、地元の企業にも投資しています。自分が住むコミュニティの高齢化のトレンドを食い止めたいと思い、所有しているマンションの一部を若い人に貸し出しています。どこにお金を投じるのかは、私という人間を反映する行為です。それはあなたにとっても言えることです。決して避けることはできません。

不動産

ジョーと私と何人かの友人は1986年、共同でシアトルに大きな平屋を13万7000ドルで購入しました。その建物には20年間、私たちが運営するNPOのニュー・ロードマップ財団がオフィスを構え、6人以上の人が住んでいました。私はその建物の一部を所有しており、売却するまでの20年間、家賃なしの生活ができました。さらにその間、資産価値が3倍に跳ね上がったのです。

こうした経験は偶然ではありましたが、私に深い感銘を与えました。もし賃貸の家に住んでいれば、私が払った家賃の総額は20年でゆうに7万5000ドルを超えたでしょう。私はむしろほかのハウスメートから家賃を徴収する立場にいて、売買可能な有形資産——7部屋のベッドルームがある家——の所有者でもありました。20年の間に、数十人の人に住む場所を提供しました。住環境は世界でも有数でした。さらに、富の柱の1つであるコミュニティも提供してくれました。多くの内々の取引——散髪、健康アドバイス、節税アドバイス——が、コミュニティの内部で行われていたのです。私にとっては、これこそがまさに社会的責任投資でした！

その建物を売却した後、いま住んでいるウィドビー島のコミュニティで家を買うことができましたが、その経緯にも物語があります。

シアトルの建物を売却して得た資金は銀行口座に預けていましたが、金利はせいぜい1パーセントにしかなりません。一方、当時の国債の表面利率は3パーセントでした。もっと国債を買うべきかどうか、私は悩んでいました。そんなとき、シアトルで住んでいた家を思い浮かべながら、私は同じような建物を探すことにしました。デュプレックスが候補の1つでした。一方の家に私が住んで、もう一方の家を賃貸に出せます。町全体が静まり返っていたある雪の降る日、私が借りていたマンションから半マイルほど丘を上がったところに、手ごろな価格の家をインターネットで見つけました。私はソレルのブーツを履いて重い脚を引きずりながら歩いて丘を上り、月並みな「箱のような家」を見つけました。ライトグリーンのスリーベッドルームの家でした。非常に大きく、醜い建物です。

裏に回ると、デッキを見つけました。その階段を上がると、スライド式のドアの向こうにベーカー山、ノースカスケード国立公園、ピュージェット湾の景色が広がっていたのです。海辺の町としてトップにランキングされる、美しい町の中にある絶景の家でした。私の心はざわつき始めました。ただ、その家を買うには借金が必要でした。私は生涯現金主義を貫いており、その規律を破りたくはありませんでした。

この場所は消費する場所ではなく、生産する場所、お金を失う場所ではなく、お金を生み出す場所、財産を減らす場所ではなく、財源を増やす場所でなければなりません。私はいくつかの可能性について検討しました。ガレージを林業従事者、もしくはボートやキャンピングカーの所有者に貸し出すことができます。１階のバスルーム付きの大きなファミリールームをほかの人に貸し出すこともできます。歩いて家に戻る間に、スーパーのレジのようにカッチンという音が頭の中で響き渡りました。どう対処すべきかわかったのです。すでに心の中では値引き交渉を始め――一度に５０００ドル値引きしてもらうつもりでした――、どうやって不動産会社を説得すべきかリハーサルを繰り返していました。

それから、２つの幸運が立て続けに起こりました。まず、ウィドビー島で仕事に就いたばかりの知人にファミリールームを借りないか尋ねてみたところ、共同でその家を買うことを提案してきたのです。彼女も家を売却して資金が手元にあり、ふたりの資金を合わせれば丘の上の家を現金で買うことができました。さらに、その家を所有していた銀行が長らく処分できなかったことを理由に、４万ドルもの値引きを快諾してくれたのです。まさに掘り出し物件です。建物の検査でメンテナンス上の問題は見つかりましたが、対応可能なもので、私たちはすぐに購入を決断しました。

９年後、共同所有者は母親の面倒をみるために実家に戻らなければならなくなり、私が彼女の持ち分を買い取りました。私はさらにガレージをワンルームの部屋につくり変え、それらの部屋を貸し出すことで、申し分のない家賃を得ています。家の裏には大きな庭があり、南の太陽をたっぷり浴びています。夏にはＡｉｒｂｎｂ《エアビーアンドビー》を利用してゲストルームを貸し出しています（観光地に住んでいる特権です）。私の計算では、年間８パーセントのリターンを実現しており、この低金利の時代を考えると、すばらしいリターンです。私が歳を取れば、移植手術の費用を賄うためのローンの担保としても利用できるかもしれません。介護をしてくれる人にタダで住む場所を提供しつつ、１日数時間、身の回りの世話をしてもらうことも考えています。

社会保障

社会保障が私の3番目の収入源です。私は通常より2年前倒しで、年金を受給することにしました。2年間待ったところで、その後に20年間もらい続けなければトータルの支給額はいまと変わらない計算になるからです。私の寿命は果たしてそれほど持つでしょうか？　年金制度もそのころまで持続するでしょうか？　いまの家を買った直後で、ちょうど手持ちの現金が少なかったころです。多くの会社勤めのベビーブーマーと違い、私には上乗せしてもらえる企業年金はありません。幸運なことに、多くのベビーブーマーと違い、私は多様な投資資産を保有しており、生活をわずかばかりの年金に頼っていません。

地元企業への融資

債券、不動産、社会保障に次ぐ第4の収入源は、地元企業への融資です。「コミュニティを信頼する」というのは決して私が表向き標榜しているだけの哲学ではなく、普段の生活で実践していることです。また、それを比較的安全にやる方法も知っています。

ある近くのコミュニティで、先見の明のある人たちが集まり、ユニークなネットワークを立ち上げました。ＬＩＯＮ（Local Investing Opportunities Network）という名前で、ビジネスのアイデアがあるのに資金を持たない地元の小さな企業やＮＰＯと投資家を仲介する役割を果たしています。

事業者を招待してビジネスプランを提出してもらい、関心のある投資家がその事業者と会い、詳しい話を聞いた上で、投資金額や期間を交渉してもらうというモデルです。

私にとってコミュニティと人間関係は中核ともいえる富であり、私も自身の小さなリボルビングファンドを通じて、これまでおよそ8万ドルを地元の企業に融資してきました。金利は一律5パーセントで、利息ではなくモノ——猫用トイレ、野菜、卵、鳥かごなど——で受け取ったこともあります。すべてのケースで借り手からは感謝していただき、友人としての関係も築けました。事業が成功した暁には、コミュニティ全体も豊かになります。田舎のコミュニティが生き残っていくには経済は不可欠であり、非常に大切なことです。

グリーンエネルギー

あるグループが面倒な審査や手続きをかいくぐって、巨大な太陽光発電パネルを私たちの島に設置する認可を取得したとき、私も事業主体となる有限責任会社に出資することにしました。政府からのインセンティブと売電による売り上げもあり、私は結果的に3つの利益を得ました。島への太陽光発電設備の設置——将来的なエネルギーの自給自足への投資——を支援でき、リスクなしで3パーセントのリターンを得ながら、工事を地元企業に任せることで地域の経済発展も支えたのです。

これまでもグリーンエネルギービジネスや社会的責任を果たす事業を見つけ、投資しようとしてきましたが、簡単にできた試しがありませんでした。そのため、私はこの分野を専門とするファイナンシャルアドバイザーと契約することにしました。自分で積極的に資産を運用することにはあまり興味がないため、彼に支払う手数料は金額以上の価値があります。もし自分で投資機会を調べたり、その作業に伴うストレスで健康を害すれば、確実に手数料以上の費用を必要としたはずです。

彼は私の投資哲学に沿ったアドバイスをしてくれます。彼は私のコミュニティが採用した隣町への投資戦略を考える際にも非常に役に立ちました。また、彼の会社は私のアプローチと合致した投資原則を採用しています。私は自己資金――債券からの利子収入――の一部を使って、通常よりリスクを取り、彼が探してくれた企業に投資することにしました。太陽光発電の企業とコーヒーの生活協同組合の株式を持っています。それ以外の資金はＣＳＲ企業と債券ファンドに投資しています。もしファイナンシャルアドバイザーを利用するのであれば、ただ誠実なだけではなく、必ずあなたと価値観の合う人を探してください。

副業

最近の多くのＦＩｅｒと同じように、私も副業でお金を稼いでいます。オンラインショップの運営、イーベイでの商品販売、コンサルティング、コーチング、犬の散歩、ブログの執筆、子どもの家庭教師、夏のツアーガイド、私が行っている会議での基調講演まで、創造力を発揮すれば、どんなことでも副業になります。本の執筆は副業の王道であり、本書の趣旨にもぴったり当てはまります。好きなときに取り組めますし、自分のほかのさまざまな活動とも調和しますし、途中でやめても経済的自立の生活には何ら支障はありません。

〈投資する際に検討すべきチェックリスト〉

①あなたの価値観と調和していますか？
②あなたのリスク耐性に合っていますか？
③全体的な分散効果をもたらしますか？
④現在、そして将来にわたって必要な収入をもたらしますか？
⑤投資資産のすべて、もしくは一部は簡単に売却できますか？
⑥投資資産を買うとき、もしくは売却するときに、どれくらいの手数料が生じますか？
⑦この投資によって、税金にどのような影響がありますか（節税効果は高いですか）？

あなたの考え方、生き方、リスク耐性に合ったポートフォリオを構築しましょう。自分の欲求を満たすために、リターンではなく良心を優先するのです。すべてはあなた次第です。

結論

これであなたはいつでも、お金――そしてお金の専門家たち――に手渡してしまった力を取り戻すことができます。自分の生命エネルギーの良心的で、知識も豊富な管理者になる準備はできています。本書で学んだことを自分の生活に活かし、その貴重な生命エネルギーを私たち人類、そして地球が直面している課題の解決に使っていただければ、それ以上望むべきことはありません。あなたの成功を祈っています。

ステップ9のまとめ

安定した収入をもたらす長期投資についての知識と教養を深め、あなたのニーズを満たす安定収入を長期的に得られるよう、自分の資金をしっかりと管理しましょう。

次の質問を自分に問いかけてみよう

・年齢を重ねても借金しないで済むように、いくらお金を貯めていますか？
・ピンチの際、余剰資金をつくるためにできることは何ですか？
・自己資金を投資する際に、誰／何を信頼しますか？
・これまでどのような投資の経験をしてきましたか？　これからはどうしたいですか？
・投資に持ち込みたい価値観や信念はありますか？
・お金や人生に対するあなたのリスク耐性は？
・あなたにとって経済的自立とは何を意味しますか？

(12) R. Ray, M. Sanes, and J. Schmitt, "No-Vacation Nation Revisited," Center for Economic and Policy Research, https://cepr.net/report/no-vacation-nation-2013.

(13) Catherine Clifford, "Less Than a Third of Crowdfunding Campaigns Reach Their Goals," *Entrepreneur*, January 18, 2016, https://www.entrepreneur.com/article/269663.

(14) Desmond Morris, *The Biology of Art* (New York: Alfred A. Knopf, 1962), 158–9.

第8章

(1) David Olson, *The American Church in Crisis: Groundbreaking Research Based on a National Database of over 200,000 Churches* (Grand Rapids, MI: Zondervan, 2008).

(2) "Religion," Gallup, http://www.gallup.com/poll/1690/Religion.aspx.

(3) Susan Heavey, "U.S. Families Shift As Fewer Households Include Children: Census," Reuters, August 27, 2013, http://www.reuters.com/article/us-usa-families-idUSBRE97Q0TJ20130827.

第9章

(1) A. Desclé, L. Dynkin, J. Hyman, and S. Polbennikov, "The Positive Impact of ESG Investing on Bond Performance," Barclays, https://www.investmentbank.barclays.com/our-insights/esg-sustainable-investing-and-bond-returns.html#tab3.

(2) "10-Year Treasury Yield," The Money Habit, https://i1.wp.com/themoneyhabit.org/wp-content/uploads/2016/09/10-Yr-Treasury-Yield-Augmented.jpg?resize=1024%2C717. Source: Board of Governors of the Federal Reserve System (US), "10-Year Treasury Constant Maturity Rate," Federal Reserve Bank of St. Louis, https://fred.stlouisfed.org/series/GS10.

(3) John C. Bogle, *The Little Book of Common Sense Investing: The Only Way to Guarantee Your Fair Share of Stock Market Returns*, 2nd edition (Hoboken, NJ: Wiley, 2017).

(4) Mrs. Frugalwoods, "Our Low Cost, No Fuss, DIY Money Management System," *Frugalwoods: Financial Independence and Simple Living*, January 24, 2017. http://www.frugalwoods.com/2017/01/24/our-low-cost-no-fuss-diy-money-management-system/

(5) Scott Trench, 著者へ送ったメールでの説明, April 10, 2017.

（4）Donella H. Meadows, Dennis L. Meadows, and Jorgan Randers, *Beyond the Limits: Confronting Global Collapse, Envisioning a Sustainable Future* (White River Junction, VT: Chelsea Green Publishing Company, 1993), 216.

（5）US Department of Commerce, *2015 Characteristics of New Housing*, https://www.census.gov/construction/chars/pdf/c25ann2015.pdf.

（6）Michael Phillips and Catherine Campbell, *Simple Living Investments for Old Age* (San Francisco: Clear Glass Publishing, 1984, 1988).

（7）Bill McKibben, Hundred Dollar Holiday: *The Case for a More Joyful Christmas*, reprint ed. (New York: Simon & Schuster, 2013).

（8）The Dalai Lama and Galen Rowell, *My Tibet* (Berkeley and Los Angeles: University of California Press, 1990), 55.

第7章

（1）E. F. Schumacher, *Good Work* (New York: Harper & Row, 1979), 3–4.

（2）Robert Theobald, *The Rapids of Change* (Indianapolis: Knowledge Systems, 1987), 66.

（3）Studs Terkel, *Working* (New York: Ballantine Books, 1985), xiii.

（4）Kahlil Gibran, *The Prophet* (New York: Alfred A. Knopf, 1969), 28.

（5）Marshall Sahlins, *Stone Age Economics* (Chicago: Aldine-Atherton, 1972), 23.

（6）Benjamin Kline Hunnicutt, *Work Without End: Abandoning Shorter Hours for the Right to Work* (Philadelphia: Temple University Press, 1988), 311.

（7）Ibid., 309.

（8）Ibid., 313–14.

（9）Arlie Russell Hochschild, *The Time Bind: When Work Becomes Home and Home Becomes Work*, 2nd ed. (New York: Holt, 2001).

（10）Jonnelle Marte, "Nearly a Quarter of Fortune 500 Companies Still Offer Pensions to New Hires," *Washington Post*, September 5, 2014.

（11）B. Cheng, M. Kan, G. Levanon, and R. L. Ray, *Job Satisfaction*: 2014 Edition, Conference Board, June 2014 [September 2015], https://www.conference-board.org/publications/publicationdetail.cfm?publicationid=3022&centerId=4; https://www.conference-board.org/press/pressdetail.cfm?pressid=6800.

第4章

（1）George Bernard Shaw, "Epistle Dedicatory," *Man and Superman* (New York: Penguin Classics, 2004).

（2）Joanna Macy, Presentation at Seva Foundation's "Spirit of Service" conference, Vancouver, BC, May 1985.

（3）Viktor E. Frankl, "The Feeling of Meaninglessness: A Challenge to Psychotherapy," *American Journal of Psychoanalysis* 32, no. 1 (1972): 85–9.

（4）人生の目的テスト。著作権は Psychometric Affiliates, Box 807, Murfreesboro, TN 37133 が有する。このテストを利用する際は必ず許可が必要です。

（5）Medard Gabel, "Buckminster Fuller and the Game of the World." In Thomas T. K. Zung (ed.), *Buckminster Fuller: Anthology for the New Millennium* (pp. 122–128). New York: St. Martin's Griffin, 2002.

第5章

（1）全米保険監督官協会によると、2013 年の米国民の自動車保険に対する平均支出額は 841.23 ドルです。*Auto Insurance Database Report 2012/2013*（2015）, http://www.naic.org/documents/prod_serv_statistical_aut_pb.pdf.

（2）Drazen Prelec and Duncan Simester, "Always Leave Home Without It: A Further Investigation of the Credit-Card Effect on Willingness to Pay," *Marketing Letters* 12, no. 1 (2001): 5–12. このテーマに関する画期的な研究の1つです。

（3）Neil Gabler, "The Secret Shame of Middle-Class Americans," *Atlantic*, May 2016.

第6章

（1）*The American Heritage Dictionary of the English Language*, Fifth Edition (New York: Houghton Mifflin, 2016).

（2）Thorstein Veblen, *The Theory of the Leisure Class* (New York: Modern Library, 1934), xiv.

（3）Martin Merzer, "Survey: 3 in 4 Americans Make Impulse Purchases," Creditcards.com, November 23, 2014, http:// www.creditcards.com/credit-card-news/impulse-purchase-survey.php.

(6) Robert Ornstein and Paul Ehrlich, *New World New Mind*(New York: Doubleday, 1989).

(7) Benjamin Kline Hunnicutt, *Work Without End: Abandoning Shorter Hours for the Right to Work* (Philadelphia: Temple University Press, 1988), 44.

(8) Ibid., 45–46.

(9) Victor Lebow, in *Journal of Retailing*, quoted in Vance Packard, *The Waste Makers* (New York: David McKay, 1960), as excerpted in Alan Durning, "Asking How Much Is Enough," in Lester Brown, *State of the World 1991* (New York: W. W. Norton & Company, 1991), 153.

(10) D. J. Holt, P. M. Ippolito, D. M. Desrochers, and C. R. Kelley, *Children's Exposure to TV Advertising in 1977 and 2004* (Washington, DC: Federal Trade Commission Bureau of Economics, 2007), 9.

(11) Michael Sebastien, "Marketers to Boost Global Ad Spending This Year to $540 Billion," *Advertising Age*, March 24, 2015, http://adage.com/article/media/marketers-boost-global-ad-spending-540-billion/297737/.

第2章

(1) Elizabeth Arias, Melonie Heron, and Jiaquan Xu, "United States Life Tables, 2013," *National Vital Statistics Reports* 66, no. 3 (2017): 1–64.

(2) Kira M. Newman, "Six Ways Happiness Is Good for Your Health," *Greater Good Magazine*, July 28, 2015, https://greatergood.berkeley.edu/article/item/six_ways_happiness_is_good_for_your_health.

第3章

(1) Bob Schwartz, *Diets Don't Work!* (Galveston, TX: Breakthru Publishing, 1982), 173.

(2) "Footwear Industry Scorecard," NPD Group, https://www.npd.com/wps/portal/npd/us/news/data-watch/footwear-industry-scorecard/.

(3) Belinda Goldsmith, "Most Women Own 19 Pairs of Shoes— Some Secretly," Reuters, September 10, 2017, http://www.reuters.com/article/us-shoes-idUSN0632859720070910.

注

イントロダクション

(1) "integrity." Merriam-Webster.com. 2017. https://www.merriam-webster.com (September 9, 2017).

第1章

(1) Douglas LaBier, *Modern Madness* (Reading, MA: Addison-Wesley, 1986), as discussed in Cindy Skrzycki, "Healing the Wounds of Success," *Washington Post*, July 23, 1989.

(2) Organisation for Economic Co-operation and Development, How's Life? 2015: *Measuring Well-being* (Paris: OECD Publishing, 2015), http://dx.doi.org/10.1787/how_life-2015-en.

(3) B. Cheng, M. Kan, G. Levanon, and R. L. Ray, *Job Satisfaction: 2015 Edition: A Lot More Jobs—A Little More Satisfaction* (The Conference Board, 2015), https://www.conference-board.org/publications/publicationdetail.cfm?publicationid=3022&centerId=4; https://www.conference-board.org/press/pressdetail.cfm?pressid=6800.

(4) David Walker, *A Look at Our Future: Retirement Income Security and the PBGC*, National Academy of Social Insurance Policy Research Conference, January 20, 2006, http://www.gao.gov/cghome/2006/nasrevised12006/nasrevised12006.txt.

(5) 3.7兆ドルの債務を米国の総人口およそ3億2500万人で割ると、1人当たり1万1000ドル以上になります。Board of Governors of the Federal Reserve System, "Consumer Credit? G19," December 11, 2017, http:// www.federalreserve.gov/releases/G19/Current/.

［著者］
ヴィッキー・ロビン（Vicki Robin）
作家、社会投資家。持続可能なライフスタイルの第一人者。
1945年、オクラホマ州生まれ。ブラウン大学を優秀な成績で卒業。映画業界で働いたのち、ジョー・ドミンゲスに出会う。1984年、ニューロードマップ財団を立ち上げ、消費削減と持続可能な社会の実現を目指した活動を行う。1992年に『Your Money or Your Life』（本書の初版）を出版すると、たちまちベストセラーとなり、シンプルなライフスタイルと経済的自立が全米で注目される。昨今のFIREムーブメントの先駆けとして、全米の若者にいまでも大きな影響を与えている。

ジョー・ドミンゲス（Joe Dominguez）
1939年、ニューヨークのスパニッシュハーレム生まれ。貧しい環境で育つが、ウォール街で10年間働いて資産をつくり、1969年にセミリタイア。リタイア後はボランティア活動を行い、講演等の収益はすべて寄付する。ヴィッキー・ロビンとともに『Your Money or Your Life』を執筆すると、大ベストセラーに。1997年、がんを患い死去（享年58）。

［訳者］
岩本正明（いわもと・まさあき）
1979年生まれ。大阪大学経済学部卒業後、時事通信社に入社。経済部を経て、ニューヨーク州立大学大学院で経済学修士号を取得。通信社ブルームバーグに転じた後、独立。訳書に『FIRE 最強の早期リタイア術』（ダイヤモンド社）、『FIRE 最速で経済的自立を実現する方法』（朝日新聞出版）などがある。

お金か人生か
——給料がなくても豊かになれる9ステップ

2021年5月18日　第1刷発行
2024年12月5日　第3刷発行

著　者——ヴィッキー・ロビン／ジョー・ドミンゲス
訳　者——岩本正明
発行所——ダイヤモンド社
〒150-8409　東京都渋谷区神宮前6-12-17
https://www.diamond.co.jp/
電話／03･5778･7233（編集）　03･5778･7240（販売）
装丁————三森健太（JUNGLE）
装画————れのすか
DTP————荒川典久
校正————久高将武
製作進行——ダイヤモンド・グラフィック社
印刷／製本—勇進印刷
編集担当——田口昌輝

ISBN 978-4-478-11198-7